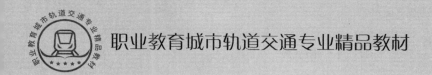

职业教育城市轨道交通专业精品教材

Chengshi Guidao Jiaotong Keyun Zuzhi
城市轨道交通客运组织
（第2版）

秦　越　曹剑波　主　编
荣炜倪　彭小晴　副主编

人民交通出版社股份有限公司

北京

内 容 提 要

本书为职业教育城市轨道交通专业精品教材。本书从企业岗位需求和教学实践的角度出发,对城市轨道交通客运组织工作进行了全面分析。全书共分9个单元,主要内容包括:城市轨道交通客运组织概述、城市轨道交通车站、城市轨道交通车站运作管理、城市轨道交通车站客运设备设施、城市轨道交通自动售检票系统、车站设备日常操作及应急故障处理、城市轨道交通车站客流组织、城市轨道交通车站突发事件应急处理办法、城市轨道交通客运服务。

本书可作为职业教育城市轨道交通专业及相关专业的教材和教学参考用书,还可作为城市轨道交通客运岗位的职业培训教材,同时也可供从事城市轨道交通规划、建设和运营的专业技术人员参考。

图书在版编目(CIP)数据

城市轨道交通客运组织/秦越,曹剑波主编.—2版.—北京:人民交通出版社股份有限公司,2024.1
ISBN 978-7-114-19268-5

Ⅰ.①城… Ⅱ.①秦… ②曹… Ⅲ.①城市铁路—轨道交通—客运组织 Ⅳ.①U239.5

中国国家版本馆 CIP 数据核字(2024)第 016695 号

书　名:	城市轨道交通客运组织(第2版)
著作者:	秦　越　曹剑波
责任编辑:	时　旭
责任校对:	孙国靖　刘　璇
责任印制:	刘高彤
出版发行:	人民交通出版社股份有限公司
地　址:	(100011)北京市朝阳区安定门外外馆斜街3号
网　址:	http://www.ccpcl.com.cn
销售电话:	(010)59757973
总经销:	人民交通出版社股份有限公司发行部
经　销:	各地新华书店
印　刷:	北京市密东印刷有限公司
开　本:	787×1092　1/16
印　张:	14
字　数:	332千
版　次:	2010年6月　第1版 2024年1月　第2版
印　次:	2024年1月　第2版　第1次印刷　总第16次印刷
书　号:	ISBN 978-7-114-19268-5
定　价:	43.00元

(有印刷、装订质量问题的图书,由本公司负责调换)

Preface 第2版前言

　　随着我国城镇化规模不断扩大,人员流动与机动车数量快速增加,现有城市交通基础设施面临着巨大的挑战。城市轨道交通对改善现代城市交通拥堵局面、调整和优化城市区域布局、促进国民经济发展发挥的作用,已是不容置疑的客观现实。在城市化进程加快、新一线城市经济崛起的背景下,我国城市轨道交通迎来快速发展,城市轨道交通运营规模不断扩大,城市轨道交通运营人才紧缺问题亟待解决。

　　本套城市轨道交通专业教材自2010年出版以来,在教学、科研和培训工作中发挥了很大的作用,深受使用院校师生的好评。为体现城市轨道交通发展中新技术、新材料、新设备、新工艺和新标准的应用,更好地适应职业教育"校企合作,工学结合"的人才培养模式,满足实际教学需求,人民交通出版社股份有限公司根据使用院校师生反馈的意见和建议,组织相关专业教师、企业技术人员,对本套教材进行了全面修订。

　　本书在编写过程中,挂钩"岗课赛证",实操任务引领,结合教学实践,融入大量案例分析、知识链接、单元检测,渗入思政理念,侧重培养学生解决实际问题、拓展思考的能力、爱岗敬业的内在素养、遇事冷静处理的能力。

　　本书突出了车站设备故障应急处理、车站突发事件应急处理和车站客运服务等内容,对城市轨道交通专业的中高职师生及从业人员有一定的指导和借鉴作用。此外,本书参照北京、广州、武汉等城市最新建成的城市轨道交通线路,介绍了目前国内最先进的轨道交通技术设备,并配有大量实图,有助于读者立体和感性地学习。

　　本书编写分工如下:秦越编写单元3、6、8、9,曹剑波编写单元7,荣炜倪编写单元2、4,彭小晴编写单元1,江薇编写单元5。全书由秦越、曹剑波担任主编并负责统稿,荣炜倪、彭小晴担任副主编,江薇参编。

　　本书的编写引用了大量国内外作者发表的有关城市轨道交通的文献,以及城市轨道交通运营企业的运营资料和相关文献,在此谨向有关专家致以衷心的感谢。

　　由于编者水平有限,书中不足之处,敬请读者批评指正。

编　者

2023年10月

Contents 目录

单元 1　城市轨道交通客运组织概述 ································ 1
  1.1　城市轨道交通客运组织基础 ································ 2
  1.2　城市轨道交通客运组织架构 ································ 5

单元 2　城市轨道交通车站 ································ 9
  2.1　城市轨道交通车站的概念与分类 ································ 10
  2.2　城市轨道交通车站设计 ································ 13

单元 3　城市轨道交通车站运作管理 ································ 33
  3.1　车站行政管理 ································ 34
  3.2　车站日常运作 ································ 39

单元 4　城市轨道交通车站客运设备设施 ································ 46
  4.1　城市轨道交通车站行车技术设备 ································ 47
  4.2　城市轨道交通车站运营保障系统 ································ 53

单元 5　城市轨道交通自动售检票系统 ································ 75
  5.1　城市轨道交通自动售检票系统概述 ································ 76
  5.2　城市轨道交通 AFC 系统组成结构 ································ 79
  5.3　票卡 ································ 89
  5.4　AFC 系统终端设备及其构造 ································ 99

单元 6　车站设备日常操作及应急故障处理 ································ 114
  6.1　车站日常消防设备的运用 ································ 115
  6.2　自动扶梯、厢式电梯的操作程序及故障处理 ································ 122
  6.3　站台门操作程序及故障处理 ································ 127
  6.4　AFC 设备操作与常见故障处理 ································ 132

单元 7　城市轨道交通车站客流组织 ································ 147
  7.1　城市轨道交通客流概述 ································ 148
  7.2　城市轨道交通客流分析 ································ 152
  7.3　城市轨道交通车站客流组织 ································ 154
  7.4　城市轨道交通突发事件客流组织办法 ································ 163

单元 8　城市轨道交通车站突发事件应急处理办法 ·· 172
　8.1　车站突发事件的处理原则及报告程序 ·· 173
　8.2　车站突发事件应急处理办法 ··· 175
　8.3　自然灾害车站应急处理办法 ··· 186
　8.4　车站应对大型传染病应急处理办法 ·· 190

单元 9　城市轨道交通客运服务 ·· 204
　9.1　城市轨道交通客运服务类型 ··· 205
　9.2　城市轨道交通客运服务内容及礼仪 ·· 206
　9.3　乘客纠纷处理 ·· 213

参考文献 ·· 218

单元 1　城市轨道交通客运组织概述

教学目标

▶ **知识目标**

1. 了解城市轨道交通客运组织的概念；
2. 掌握城市轨道交通客运工作的特点和基本要求；
3. 了解城市轨道交通客运组织架构及车站管理模式。

▶ **能力目标**

1. 能说出城市轨道交通客运组织的概念；
2. 能说出城市轨道交通客运组织工作的特点和基本要求。

▶ **素质目标**

1. 树立爱岗敬业的职业精神；
2. 培养细致耐心的工匠精神。

▶ **建议学时**

2 学时

案例导入

"人进去，相片出来；饼干进去，面粉出来。"这是人们对北京地铁早晚高峰拥挤程度的无奈调侃。为了改变这种情况，提升乘客的乘车体验并满足乘客的出行需求，北京地铁运营线路总里程提升至807km。为了输送巨大的客流，北京地铁早晚高峰列车的行车间隔大多小于2.5min，停站开关门的时间均以秒计算。不仅是北京，国内许多一线城市的城市轨道交通也面对着巨大的客流问题。

面对如此大的客流，如何才能保证每位乘客的安全出行？对于客运组织工作，应该如何做到优质、高效？

1.1 城市轨道交通客运组织基础

1.1.1 城市轨道交通客运组织的概念

城市轨道交通客运组织是指通过合理布置客运有关的设备、设施,对客流采取有效的分流或引导措施来组织客流运送的过程。

从定义可以看出,城市轨道交通客运工作的管理对象主要分为以下两类:

(1)设备、设施:即合理布置客运有关的设备、设施。

(2)客流:即对客流采取有效的分流或引导措施。

在对以上两类对象进行有效管理的基础上,实现"乘客运送"这一客运任务。

客运组织工作是城市轨道交通运营生产的重要组成部分,客运服务质量直接反映城市轨道交通运营企业的管理水平。客运组织工作必须实行统一领导、分级管理的原则,运行控制中心(Operation Control Center,OCC)负责全线的客运组织工作,车站的客运组织由车站站长或值班站长负责。客运组织工作需建立健全各项工作制度,运营、乘务、维修等各部门之间应密切配合,共同维护好站、车秩序,完善服务细节,提升工作效率和服务质量。

1.1.2 城市轨道交通客运组织工作的特点

(1)客运组织服务的对象是市内交通乘客,不办理行李包裹托运服务。

(2)全日客流分布在时间上有较为明显的高峰(一般为早晚高峰)和低谷之分,高峰时段客流量集中,时间性强,在空间上又有不同的区间客流分布。针对客流的变动情况,要赋予客运组织工作新的内容。

(3)全年客流分布在时间上按季、月、周、节假日有较大起伏。客运组织工作要预先准备,经常演练,从容应对。

1.1.3 城市轨道交通客运组织工作的宗旨

(1)安全。为保证乘客安全乘车,要制订并严格执行各项安全制度,采用先进的安全控制系统,所有的运营设备定期检查,保证其处于良好状态。

(2)准时。运营生产各部门相互配合,严格按照列车运行图组织工作,确保列车按运行图规定的时间运行。

(3)迅速。运营生产各部门相互配合,提高列车运行速度,缩短列车间隔时间,减少设备故障,确保乘客快捷到达目的地。

(4)便利。车站内、外导向标识明显,地下通道、出入口与地面其他交通工具衔接紧密,方便乘客换乘。

(5)优质服务。客运服务工作人员应严格遵守职业道德,礼貌待客,耐心、正确地解答乘客问询,主动、热情地为乘客服务。

车站客运工作是完成城市轨道交通运输任务的重要组成部分。客运工作直接面对乘客,能否安全、准时、迅速、便利地为乘客提供优质服务,是反映城市轨道交通运营管理水平的标志之一。

1.1.4 城市轨道交通客运组织工作的基本要求

客运组织工作主要在车站完成,车站客运作业包括售检票作业、乘客问询、客流疏导、站台服务等。

车站客运组织工作的基本要求如下。

(1)站容整洁。车站内、外应明亮、整洁,各种设备和设施摆放整齐、有序;站台、站厅、通道及出入口墙壁光洁,地面无痰迹和废物;卫生间清洁、卫生。

(2)导向标识清晰、完备。车站内、外应有清晰、完备的导向标识系统,为乘客全过程、不中断地提供导向信息。车站外应有明显标识引导乘客进站,在车站出入口应设置醒目的城市轨道交通标识(图1-1);乘客进站后应有指示客服中心、进站方向、紧急出口等各方向的引导标识(图1-2);在站台应设置列车运行方向、换乘方向等导向标识(图1-3)。此外,还应设置警示性和服务性导向标志,如城市轨道交通运营线路图、列车运行时刻表、票价信息、卫生间、公共电话、车站周边公交线路与公共设施指南等。

图1-1　车站出入口站名标识

a)

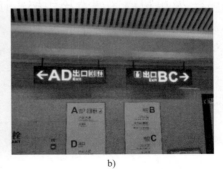

b)

图1-2　站内导向标识

a)

b)

图1-3　换乘导向标识

(3)优质服务。客运服务人员应遵守职业道德、文明礼仪,规范地为乘客提供服务;对老、弱、病、残、孕等需要帮助的乘客,应主动、热情地提供协助,耐心、正确地回答乘客提出的问题,帮助乘客解决疑难问题;应经常征询乘客的意见,及时完善服务细节,不断提高客运服务水平。

(4)遵章守纪。客运服务人员应认真执行各项客运规章制度,服从命令、听从指挥。执行客运工作任务时,客运服务人员应按规定着装并佩戴标志,仪表整洁,体现良好的精神风貌。

(5)掌握客流规律。分析客流统计资料,掌握车站客流在时间、空间上的分布与变动,对可预见发生的大客流做好充分的准备工作,及时应对。

(6)搞好联劳协作。客运作业人员应与OCC、列车司机、故障维修部门、公安、消防等有关部门和人员加强联系,密切配合,协同工作,确保列车按图运行,保障行车安全与乘客安全。

(7)安全准时。保证乘客进站、出站和乘车的安全,确保列车按列车运行图规定的时间运行。

(8)方便迅速。导向标识清晰准确,售票检票设备操作方便,行车路线清晰明了,确保乘客快捷地到达目的地。

思政点拨

2009年3月7日晚,一列巴黎郊区地铁列车撞上了10余名刚看完球赛的球迷,造成2人死亡、多人受伤的严重事故。事故原因是这些球迷当天看球赛太兴奋,不顾指示牌提示,进入轨道栏杆内的隔离区沿轨道行走。

这起事故显示了车站客运组织工作存在严重失误,违反了"安全准时"中关于安全的工作要求。如果客运组织工作做到位,乘客根本不会出现在不该出现的地方,也就不会有这起事故的发生。客运组织工作人员要严格遵守自己的岗位职责,敬业爱岗,确保客运工作正常、有序进行。

知识链接

乘坐城市轨道交通线路发生紧急情况时,乘客应该怎么做?

(1)发生紧急情况时,应及时利用车站、站台墙上的手动火灾报警器按钮报警或直接报告车站工作人员,以便其及时采取相应措施。

(2)紧急情况下,应保持镇定,不要盲目奔跑,听从工作人员的指挥或广播指引,按照指示牌或紧急疏散标志有序疏散。

(3)当车站发生火灾时,尽可能使用简易防护,如使用湿毛巾等捂住口鼻,按照疏散方向俯身贴近地面撤离;如果身上着火,千万不要奔跑,可就地打滚或用厚重衣物压灭火苗;也不可乘坐车站内的垂直电梯。

(4)当车站发生毒气事件时,逃到安全地点后,使用流动清水清洗裸露在外的皮肤。

(5)当车站发生停电故障时,请保持镇定,听从车站广播或工作人员指引。

提醒:如果没有其他意外发生,不要使用应急设备。

1.2 城市轨道交通客运组织架构

1.2.1 城市轨道交通系统运营管理模式

城市轨道交通系统运营管理可按功能分为两个部分(图1-4):一个是体现城市轨道交通基本功能的旅客运输服务系统,主要任务是组织列车运行和进行客运服务;另一个是运营保障系统,主要是运营设备维护修理体系,它的任务是确保线路、供电系统、车辆、通信信号设备、机电设备等系统状态良好,使城市轨道交通系统安全、可靠、高效地运行。

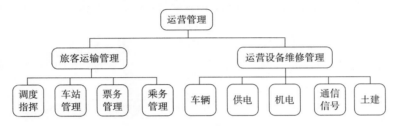

图1-4 城市轨道交通运营管理模式

1.2.2 城市轨道交通客运组织管理模式

1) OCC组织架构

OCC是城市轨道交通系统的核心,负责全线路的调度指挥工作,客运组织部门以及设施保障部门的运营组织生产工作必须以调度指挥机构的组织计划与组织命令为依据而进行。城市轨道交通系统由OCC统一指挥,各个部门协调运作,保证列车安全、正点运行。OCC组织结构如图1-5所示。

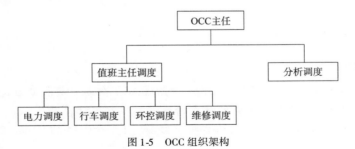

图1-5 OCC组织架构

2) 车站管理模式及组织架构

车站是城市轨道交通系统的重要组成部分,是企业与服务对象的主要联系环节。车站管理的核心任务是安全、迅速、方便地组织客流集散,并做好行车组织工作。随着城市轨道交通车站的不断发展变化,其设备设施及岗位设置也不尽相同,各客运岗位的工作职责及作业程序也存在很大差异。一般来说,车站常驻人员有站务运营人员、保安人员、保洁人员、设备维修人员、地铁公安人员等。

城市轨道交通车站以安全、高效地输运乘客为宗旨,车站应该根据行车计划、施工计划以及客运组织计划等生产任务的要求建章立制,合理设置岗位及组织排班,并有序安排各岗位员工履行职责,协调运作。城市轨道交通车站通常设置中心站站长、值班站长、值班员(行车、客运)和站务员等岗位。车站管理模式采用值班站长负责制,负责当班期间车站的行车安全、客运服务、票务、环境清洁、事件处理、人员管理等工作。在值班站长的指挥下,各岗位工作人员按照岗位职责和工作流程开展工作。图1-6所示为国内多数城市轨道交通车站组织架构。

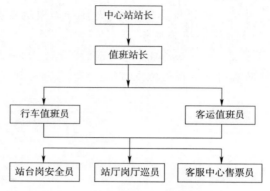

图1-6 城市轨道交通车站组织架构

除车站的站务工作人员外,城市轨道交通车站通常还有维修、商铺、公安等外单位(部门)驻站人员。车站日常运作以车站运输组织为核心,维修人员、商铺人员、公安人员等应以服务于车站运输组织为前提开展工作。车站一般成立站内综合治理小组,各个驻站单位(或与车站运作相关单位)参加,综合治理小组的组织由站长担任。综合治理小组的主要任务是协调、解决车站的综合治理工作。综合治理小组成员相互通报相关信息,尤其在重大节假日或大型活动前,车站应将有关运营服务信息及站内客运应急方案通报各单位。发生特殊情况时,由值班站长负责指挥处理,可以调动站内的维修人员、商铺人员、公安人员协助处理。

 思政点拨

2023年1月7日下午,武汉地铁3号线龙阳村站工作人员杨曼正在站厅巡视,突然迎面走来一位女乘客,对方有点急,似乎在四处张望找人。站在进站闸机正对面的杨曼看见这位乘客,发现她一只鞋的鞋带松掉了,同时又注意到对方是一名孕妇,便不假思索地蹲下帮她系上鞋带。

"我当时没想太多,只是觉得孕妇乘客不方便弯腰系鞋带,便帮一下她。后来,我看见她另一只鞋的鞋带也有点松,但没有散,也帮她重新系紧了。"杨曼说。后来这名女乘客不停对她说谢谢。"系鞋带这件事,我觉得只是举手之劳,对方也确实不方便蹲下,这只是一件小事。"杨曼笑说。

许多网友纷纷为杨曼点赞,不少网友评论"她蹲下的样子好美""好暖心"。

如果你是杨曼,你会关注到这名孕妇,并上前帮忙吗?

单元1 城市轨道交通客运组织概述

 知识链接

  在许多城市中，城市轨道交通为向有需要的乘客提供便捷、舒适的出行服务，推出了"爱心预约"的特色服务。
  (1)服务对象：老年人等行动不便的特需乘客；携带大件行李的乘客；需照看多名儿童的乘客；其他需要帮助的乘客。
  (2)预约服务内容：特需乘客轮椅接送服务；大件行李搬运服务；孕妇、婴幼儿协助进站服务；其他合理且符合政策法规的服务。
  (3)预约方式：一般可拨打各车站24h"爱心预约"电话，站内工作人员会根据预约时间提前准备轮椅等辅助器材到达预约地点，跟进乘客出行全程，为特需乘客群体提供定制化服务。

 单元检测

一、单选题

1. 车站的客运组织由(　　)负责。
  A. 站务员　　　　B. 调度员　　　　C. 票务员　　　　D. 当班值班站长
2. 城市轨道交通车站客运作业不包括(　　)。
  A. 售检票作业　　B. 乘客问询　　　C. 清扫地面　　　D. 站台服务
3. 交通运输部门的生命线是(　　)。
  A. 快速　　　　　B. 安全　　　　　C. 准时　　　　　D. 服务
4. (　　)负责全线的客运组织工作。
  A. 客服中心　　　B. 车站控制室　　C. OCC　　　　　D. 车辆基地

二、多选题

1. 全日客流分布在时间上有明显的(　　)和(　　)之分。
  A. 高峰　　　　　B. 低峰　　　　　C. 平峰　　　　　D. 低谷
2. 客运组织的宗旨有(　　)。
  A. 安全　　　　　B. 准时　　　　　C. 迅速
  D. 便利　　　　　E. 优质服务
3. 全年客流分布在时间上按(　　)有较大起伏。
  A. 季　　　　　　B. 月　　　　　　C. 周　　　　　　D. 节假日
4. 城市轨道交通系统可按功能分为两个子系统进行管理，一个是(　　)；另一个是(　　)。
  A. 旅客运输服务系统　　　　　　　B. 运营保障系统
  C. 旅客运输操作系统　　　　　　　D. 运营服务系统

三、判断题

1. 定期检查所有的运营设备，保证其处于良好状态。　　　　　　　　　　(　　)

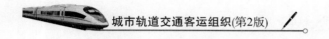

2. 运营生产各部门只要严格按列车运行图组织工作就能保证行车安全。（ ）
3. 人流和车流的行驶路线应严格分开,保证安全。（ ）
4. 城市轨道交通系统统一由 OCC 指挥。（ ）
5. 车站管理模式采用站长负责制。（ ）
6. 车站管理的核心任务是安全、迅速、方便地组织客流集散,并做好行车组织工作。（ ）
7. 车站日常运作以车站管理为核心。（ ）

单元 2　城市轨道交通车站

教学目标

▶ **知识目标**
1. 能说出车站的概念和作用;
2. 能根据具体车站实例,分辨出车站的种类;
3. 能识别车站的各个组成部分,并说出其名称和作用;
4. 能说出站厅、站台层、出入口等车站区域的布局和设计要点。

▶ **能力目标**
能在全面了解车站的概念、作用和分类及组成和布局的基础上,根据车站布局,合理配置客运有关的设备、设施。

▶ **素质目标**
能在学习车站平面布局的设计原则和车站平面布局的过程中,初步建立客运组织工作的乘客至上的服务意识与安全规范的工作意识。

▶ **建议学时**
6 学时

案例导入

2021 年 12 月 26 日,武汉地铁又新增了 3 个新成员——5 号线、16 号线和 6 号线二期。其中,5 号线的开通使徐家棚站 7、8 号线站外换乘成为了过去时;同时,徐家棚站成为武汉地铁面积最大的换乘站。庞大的地下空间也意味着漫长的换乘过程,这使得徐家棚站一度被民间冠以武汉地铁"换乘王"的美名。武汉地铁三条新线开通之前,7 号线和 8 号线的徐家棚站分开设置,大致呈"二"字形平行分布,是两个独立的车站,乘客需要出站才能换乘,新线开通后,5 号线的徐家棚站把两条平行的车站串联起来,三站合一,变成"工"字形。

如图 2-1 所示,徐家棚站 8 号线换乘 7 号线的常规版比较简单,只要明确换乘方向并跟着换乘指示标识即可。乘客在 8 号线下车后跟随指示标往列车中部走,坐上第一个自动扶梯来到 8 号线的徐家棚站站台与站厅的夹层,这里设置有一处洗手间,洗手间的拐角处有一条悠长的弧形坡道,从这条坡道可以直达 5 号线站厅一角,乘坐第二个自动扶梯向下,随后就进入"风吹芦苇荡"的艺术墙通道,走过平地式电梯,只需再乘坐三个向下的自动扶梯,就可以来到 7 号线站台层了。

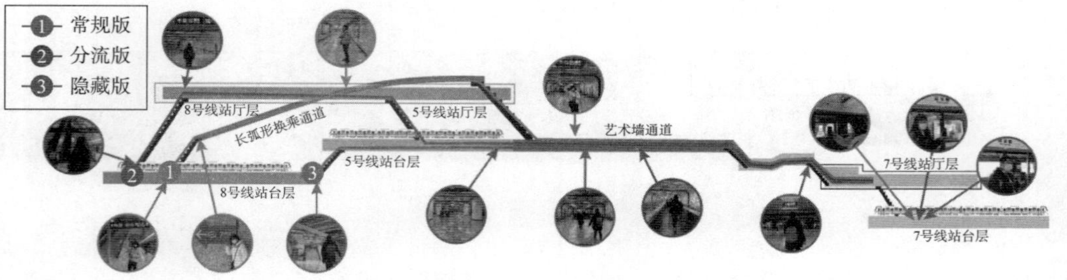

图 2-1　徐家棚站 8 号线换乘 7 号线线路图

2.1　城市轨道交通车站的概念与分类

2.1.1　城市轨道交通车站的概念

城市轨道交通对客流的服务功能首先是通过车站实施的,它是出行者进入(接受)和离开(结束)运输服务的接口,是系统服务功能的主要执行设施。

城市轨道交通车站是客流的节点,也是乘客出行的基地,乘客候车、上下车、换乘都是在车站进行的。车站还是列车到发、通过、折返、临时停车的地点。一些车站还具有购物、集散及作为城市景观等功能,所以车站的设置、分布、位置、平面布局等因素,不仅影响运营效益,而且关系到是否满足乘客的需求。

就运输企业内部而言,车站不仅是线路上供列车到、发及折返的分界点,保证行车安全和必要的通行能力,而且也是客运部门办理客运业务和各工种联合劳动协作进行运输生产的基地;就运输企业外部而言,车站是乘客旅行的起点、终点以及换乘的地点,是运输企业与服务对象的主要联系环节。

城市轨道交通车站的功能一般包括以下几点:①车辆的折返、存车、停车检修、临时待避等;②为乘客提供同种交通方式或不同交通方式间的换乘服务;③为乘客提供上下车服务;④为乘客提供休息、餐饮等增值服务;⑤乘客的集中和疏散。

2.1.2　城市轨道交通车站的分类

1)按与地面相对位置分类

根据车站内线路与地面的高低关系,可以将车站分为三种形式,如图 2-2 所示。

(1)地下车站。

地下车站是线路平面在地面以下的车站(图 2-3)。城市轨道交通地下车站一般都分布于城市人流密集区、商业发达的区域和换乘枢纽站,车站的建立会对周边商业带来更大的拉动,所以站点在规划建设过程中应该充分考虑未来站点周边的结构规划。

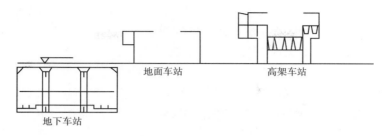

图 2-2　地下车站、地面车站、高架车站示意图

（2）地面车站。

地面车站是线路平面在地面的车站（图 2-4）。地面车站造价比较低，但会对城市轨道交通线路所经过的区域造成分割，一般修建在用地面积不受限制的区域（如市郊地区）。在城市中心区范围，由于已有的地面建筑往往难以改变，地面空间资源十分有限，所以一般不采用地面车站的形式。

图 2-3　地下车站　　　　　图 2-4　地面车站

（3）高架车站。

高架车站是线路平面在地面以上的车站（图 2-5）。高架车站多采用双层设计，站台层在上方，站厅层在下方，也可以将高架桥的站外广场设置为站厅层。

城市轨道交通在地面和高架上的车站一般设置在较空旷或者土地资源不紧张的地域，这些站点的周边相对于地下车站并不具备高度发达的商业和客流量。而综合商业中心与地区活动广场相衔接，组成了一个区域性的交通枢纽和公共活动中心。

图 2-5　高架车站

2）按运营性质分类

（1）中间站（一般站）。

中间站仅供乘客上下车之用，是城市轨道交通线路中最常见的一种车站，尤其是城市轨道交通线网建设初期，线路交叉点数目不多的时候。与车辆基地或停车场相连的中间站应有联络线路。有的中间站设有折返设备，可供列车折返和进行列车运行调整，以便在相邻区段上组织密度不同的行车和恢复正常的列车运行秩序，城市轨道交通线网中的车站大多属于中间站。

（2）区域站（折返站）。

当城市轨道交通线路在地域上表现为客流不均衡时，为了在满足乘客乘车需求的同时提高运营效率,可按客流量安排行车密度,中间设置区域站,使列车在站内折返或停车,区域站也称折返站。有了区域站就可以在与之邻接的两个区段上组织不同密度的行车,一般至市中心区段的密度较高,而至郊区区段的密度较低。

(3)换乘站。

换乘站是能够使乘客从一线转乘另一线的车站。它除了配备供乘客上下车的站台、楼梯或电梯之外,还要配备供乘客由一线站台至另一线站台的设施,如天桥等。

(4)枢纽站。

枢纽站是位于两条或多条城市轨道交通线路交叉的地方,可以在两个或多个方向上接车和发车,用于多条线路间的换乘以及城市轨道交通与其他交通方式间的换乘。

(5)起(终)点站。

起(终)点站是线路两端的车站,除供乘客上下车外,还能供列车折返、停留和临时检修用。为便于列车运营组织安排,终点站除布设折返线路外,一般还有存车线,以备列车暂时存放;与停车场或车辆端相连的终点站还有出入段或出入停车场的联络线。如果线路需要延长,则终点站可作为中间站或区域站来使用。

3) 按车站规模大小分类

城市轨道交通车站规模主要根据车站远期预测客流以及所处位置确定,可分为下列三类:

(1)大型车站。高峰每小时客流量达 3 万人次以上为大型车站。

(2)中等车站。高峰每小时客流量在 2 万~3 万人次为中等车站。

(3)小车站。高峰每小时客流量在 2 万人次以下为小车站。

4) 按车站结构横断面形式分类

按照车站结构横断面形式分类,城市轨道交通车站一般可分为矩形断面(图 2-6a)、拱形断面(图 2-6b)、圆形断面(图 2-6c)、其他类型断面。

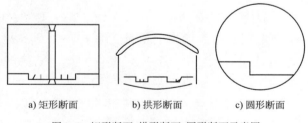

a) 矩形断面　　b) 拱形断面　　c) 圆形断面

图 2-6　矩形断面、拱形断面、圆形断面示意图

🎓 知识链接

1. 高架车站的分类

高架车站按站桥结构形式分类,一般可分为站桥合一车站和站桥分离车站。

(1)站桥合一车站:高架车站的结构和站内轨道结构设置在一起。

(2)站桥分离车站:高架车站的结构和站内轨道结构分开设置的。

2. 城市轨道交通车站的布局形式及结构类型

（1）城市轨道交通车站的设计，从建筑布局的形式可分为浅埋式和深埋式。浅埋式车站由于车站的埋置深度浅，带来一系列的经济效益，如土方减少、技术难度减小、出入口通道客流上下高度减小等，这可大幅节省车站在地下的建设投资。建设这种车站的前提是，地面下没有各种城市管线通过，也不在城市主要道路下，并得到城市轨道交通线路走向的允许。深埋式车站因受周边环境的影响和线路走向的制约，必须较深地建于地下，随之而来的是因深基坑等造成的各项技术难度加大、土方增加、投资较大和客流上下高度的增加。

（2）城市轨道交通车站设计从结构的类型可分矩形箱式车站和圆形或椭圆形的隧道或暗挖车站。矩形箱式车站，基本上采用地下连续墙后大开挖的现浇钢筋混凝土结构，施工时对周边的环境影响较大，土方量也大，对地面交通影响也大。圆形或椭圆形的隧道或暗挖车站，基本可采用盾构掘进的方式，土方量减少，同时对周边环境的影响也大幅减少，但对技术要求则较高，且需更大的盾构掘进等机械和设备。

城市轨道交通车站一般宜设在线路直线段上，车站的形式选择应根据线路条件和所处环境特点，因地制宜地进行比选确定，结合建筑造型、结构类型和施工方法，合理地利用城市建筑空间，做到与周围建筑结合好，拆迁少，对地面交通干扰小，对地下管线影响小、改移方便，换乘车站需对换乘形式、使用功能以及综合经济指标等多方面进行比较，换乘节点应根据远期线网的情况分别采用同步实施或是预留接口的实施条件。

2.2 城市轨道交通车站设计

2.2.1 城市轨道交通车站的组成

城市轨道交通车站由车站主体、车站出入口及通道、通风道及地面通风亭三大主要部分及其他附属建筑组成，整体布局结构框架图如图2-7所示。

（1）车站主体。

车站主体是列车在线路上的停车点，其既是供乘客集散、候车、换乘车及上下车之处，又是城市轨道交通运营设备设置的中心和办理运营业务之处。车站由站台、站厅、设备用房、管理用房和生活用房等部分组成。

①车站站台由乘降平台、楼梯（自动扶梯）、站台门、运营管理用房、行车道等组成，是供乘客上下列车及候车的场所。站台的大小取决于远期预测的高峰小时客流量，站台有效长度即站台计算长度，其量值为远期列车编组有效使用长度加上停车误差[我国《地铁设计规范》（GB 50157—2013）规定停车误差为1~2m]。

②车站站厅是换乘列车的中转层，其主要作用是集散客流，为乘客提供售检票等服务。因此，站厅内需要设置售检票、问询等为乘客提供服务的设施。站厅层一般分为付费区和非付费区。站厅层内设有设备用房、管理用房等。根据客流的大小，在不影响客流集散的同时

还可以设置商业用房。车站站厅的作用是将由出入口进入的乘客迅速、安全、方便地引导至站台乘车,或将下车的乘客同样引导至出入口出站。

③设备用房是安置各类设备、进行日常维修及保养设备的场所。设备用房主要包括环控室、变电所、综合控制室、通信设备室、信号设备室、通信测试房、消防泵房、配电等。

④管理用房是车站工作人员的办公场所,它包括车站控制室、站长室、票务室、值班室及警务室等。

⑤生活用房是车站工作人员的日常生活场所,包括更衣室、休息室、茶水间、卫生间等。设计时,一般只考虑给工作人员使用,容量较小,故不对外开放。

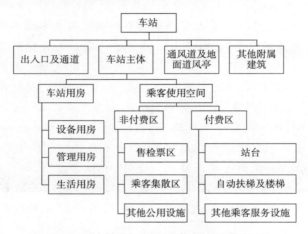

图 2-7　城市轨道交通车站整体布局结构框架图

(2)车站出入口及通道。

车站出入口及通道是车站的门户,其主要作用是集散客流、供乘客换乘其他交通工具或供轨道交通之间换乘。也有些出入口及通道,还兼具行人过街的作用。为方便乘客及疏散客流,一个车站设有多个出入口,一般不少于2个。

出入口通道可分为地道式和天桥式,通道宽度根据客流量计算确定。净高一般设为2.6m。地下车站宜采用地道式出入口通道,高架车站多采用天桥式出入口通道。

(3)通风道及地面通风亭。

地下车站需设置环控系统。地面车站和高架车站都修建在地面以上,原则上采用自然通风。地下车站一般设1~2个通风道,区间隧道中部设区间隧道通风道。

地面通风亭是地铁隧道、车站通风及设备维修的地面出口,通常通风口高于地面2m。进风口与排风口水平距离大于5m,合建时排风口高于进风口5m,地面通风亭在设计时可与地面开发建筑合建,风井独建时可结合地面绿化及城市建筑塑造城市景观。

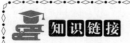知识链接

风亭及冷却塔

风亭是主要为城市轨道交通车站提供换风的设施。快捷和舒适是城市轨道交通作

为现代交通工具的特点之一,城市轨道交通车站和区间是通过通风空调环控系统来控制和保持适宜的温度、湿度,为乘客、列车提供舒适的候车环境和良好的运行环境,保证火灾状况下烟气的排除、新鲜空气的输送。而地面风亭作为城市轨道交通通风环控系统的一部分,也是城市轨道交通车站和区间与外界进行空气交换的端口。风亭的设置一般遵循与城市环境结合原则,如图2-8所示。

冷却塔(图2-9)是主要为中央空调提供散热的设备,能间接消除车站的余热,为乘客创造舒适的过渡性环境。城市轨道交通冷却塔采用超低噪声型设备,满足相关规范要求,对周边的影响减到最小。城市轨道交通运营企业会定期对冷却塔进行清洗、检测及水处理。卫生防疫部门也会定期对作为冷却剂的普通自来水的水质进行检查。

图2-8 地面风亭　　　　　　　　　图2-9 冷却塔

2.2.2 城市轨道交通车站分布及位置

1)城市轨道交通车站设置原则

一般地,城市轨道交通站点布设应遵循以下原则:

(1)站点选址应与城市土地开发现状、土地利用规划、道路网建设现状及规划等结合起来,充分考虑城市后续发展的需要,与城市规划发展相协调,充分体现总体的发展战略规划。

(2)有利于区域经济发展。

(3)以人为本,最大限度地满足旅客出行的便利要求,合理选址,方便居民换乘,提高居民出行质量,应尽可能布设在大型客流集散点,并提供足够方便的进出站条件。

(4)经济技术可行,尽量避开地质不良的地段,尽可能减少对周围环境的干扰。

(5)符合交通安全规范要求,站点设置以保证路段交通畅通有序为前提。

(6)考虑列车性能发挥,站点尽量均衡分布,站间距在道路安全等条件许可的前提下,依据便民原则,参照相关标准设置。

2)城市轨道交通车站分布

影响车站分布的主要因素主要有客流吸引、乘客出行时间、工程与运营成本、沿线土地开发、城市规模、线路长度、城市轨道交通线网及城市道路网状况等。

(1)客流吸引。

①大型客流集散点。大型客流集散点往往是城市的政治、经济活动中心,是城市的窗口

地段,不但客流量大,而且集中,对地面交通压力很大。城市轨道交通通过车站吸引大量客流,对缓解城市交通压力发挥重要作用,所以城市轨道交通在大型集散点必须设置车站。

②在车站分布数量上,除大型客流集散点及铁路车站外,其他车站的设置主要受人们对站间距离的要求所支配。一般而言,车站分布较密,市民步行到车站距离短,节省步行时间,可以增加短程乘客的吸引量;车站分布较疏,减少乘客在车内的时间,可以增加线路两端乘客的吸引量,但由于乘客步行距离及时间加长,城市轨道交通在综合交通中的客流吸引能力会降低。

(2)乘客出行时间。

乘客出行时间包括乘客到站时间、检票进站候车时间、区间运行时间、停站时间、检票出站时间、出站后到达目的地时间,如图2-10所示。到站时间为乘客从起始位置出发,采用步行、自行车或公交车等常规交通工具到达起点车站所花费的时间;检票进站时间为乘客进入城市轨道交通车站出入口,经过通道、安检、检票后到达站台候车所花费的时间;区间运行时间为乘客从站台进入列车,经过隧道、中间站到下车之间所花费的时间;停站时间为乘客在运行的列车上经过运行中间车站,列车在运行中间车站停车所花费的时间;检票出站时间为乘客到达目的地车站,下车后从站台到站厅检票,经过通道到达城市轨道交通车站出入口所花费的时间;出站后到达目的地时间为乘客从城市轨道交通车站出口出发,采用步行、自行车或公交车等常规交通工具到达目的地位置所花费的时间。

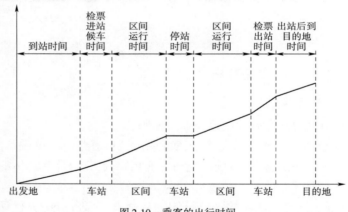

图2-10 乘客的出行时间

根据图2-10,可以将乘客出行时间总结为三段时间:接驳时间(从出发地到起点站、从终点站到目的地的时间)、在车站的检票及候车时间、在列车上的运行时间。设置合理站间距的目的之一就是方便乘客,尽可能节省乘客的出行时间。

①车站分布对接驳时间的影响。

根据针对到站客流的调查,步行到城市轨道交通车站的客流一般占总客流的一半以上。当站间距较大时,会导致乘客从出发地到起点站的距离或从终点站到目的地的距离增加,从而导致乘客总的出行时间增加;当站间距较小时,则会减少乘客的接驳时间,从而减少乘客总的出行时间。

②站间距对候车时间的影响。

对于全体乘客而言,候车时间主要与发车间隔有关。当站间距较大时,列车能够达到较高的运行速度,列车周转率提高,从而可以缩短发车间隔,减少乘客的候车时间;反之,会增加乘客的候车时间,从而导致乘客总的出行时间增加。

③站间距对乘车时间的影响。

当站间距较小时,会导致列车没有达到最大允许的速度就被迫减速,同时站间距较小增加了站点的设置数量,从而增加了列车运行时间和运行中间车站的停车时间,导致乘客总的出行时间增加;当站间距较大时,设站较少一方面可以充分发挥系统的性能以提高列车的走行速度,另一方面还可以减少制动减速和起动加速以及停车所产生的延迟,从而缩短乘客的乘车时间。

(3)工程与运营成本。

城市轨道交通建设费用高昂,其中车站比区间线路造价更高。根据有关资料测算,单从土建工程造价比较,车站每延米的造价约是区间线路的2.4倍。

从工程造价角度来看,大站间距可以减少车站数量,从而节约车站的土建工程投资,但同时也将引起部分客流向邻近车站转移,导致邻近站规模增大。因此,从整条线路来看,大站间距虽然会降低工程造价,但究竟能降低多少还需视具体情况而定;而小站间距由于车站数量较多,故车站总投资会相应增大。

从运营角度来看,大站间距可提高列车的运行速度,从而减少列车的周转时间,故在发车间隔不变的情况下,相应的车辆配属数会减少。同时,大站间距的设站数量相对于小站间距要少,故相应的车站配套设施和管理维护人员也可相应减少,从而节省日常支出,降低运营费用;而小站间距则正好相反。根据相关资料,列车运行速度约与站间距离的平方根成正比。站间距离缩短会降低运行速度,从而增加线路上运行的列车对数。此外,因频繁起停车而增加的电能消耗、轮轨磨耗等,均将增加运营成本。

(4)沿线土地开发。

从沿线土地开发这一方面来看,较密的车站设置将进一步带动沿线土地的开发,促使沿线土地升值,从而给沿线区域带来巨大的社会经济效益。

(5)城市规模。

城市规模包括城市建成区和规划区域面积及人口。一般来说,城市区域面积越大,乘距就越长。例如,莫斯科与圣彼得堡市中心区轨道交通乘客的平均出行距离各为10.0km和6.1km;而同一城市在市区与郊区的乘客的平均出行距离也有差别,莫斯科与圣彼得堡郊区的平均出行距离各为14.0km和9.5km。乘距长时,轨道交通应以长距离乘客作为主要服务对象,车站分布宜稀一些,以提高轨道交通乘客的出行速度;反之,车站分布宜密一些。

此外,我国地域辽阔,分布在各地的城市人口密度差异很大,人口密度越高,则在同样大的吸引范围内,交通客流量越大,因此车站分布宜密一些。

(6)线路长度。

一条线路的长度,短则几千米,长则几十千米。不同的线路长度,车站的疏密宜有所不同。短线路宜多设站,长线路宜少设站。

(7)城市轨道交通线网及城市道路网状况。

在两条城市轨道交通线路的交叉点应设换乘站,在与城市主干道交叉时,为了让乘坐城市其他交通工具的乘客方便换乘城市轨道交通,也宜设车站。除上述各因素外,线路平面、纵断面、站址的地形、地质条件,城市公交线网及车站位置等,也会对城市轨道交通车站分布造成一定的影响。

综上所述,车站的间距大小会对客流量、乘客出行时间、工程费、运营费以及车站在城市中的作用等多方面产生不同的利弊影响,在分布车站时应综合考虑,合理确定。

《地铁设计规范》(GB 50157—2013)给出了"车站间距在城市中心区和居民稠密地区宜为1km,在城市外围区宜为2km,超长线路的车站间距可适当加大"的指导意见,但是具体到每个城市中,不同线路的长度、跨越的区域、沿线的客流情况都不一样,不能采取单一的站间距标准。因此,要对影响站间距的因素进行深入分析,从而确定合理的站间距。

在进行城市轨道交通特别是位于郊区的轨道交通线路车站分布时,应尽量避免人为地追求按预定的大站间距进行设站的现象,始终贯彻"以人为本、按需设置、技术可行、经济合理"的车站分布基本理念。对于已运营线路,车站已经建设完成,无法改变车站分布,有些区段可能存在站间距较小影响乘客出行时间和列车运行状态的问题,可以考虑采取大站快运的运输组织方式。国外有些城市的轨道交通大站快运方式已经较为成熟。例如,东京的京王线,全长37.9km,设站34座,该线路有普通、通勤、急行、特急四种列车运输组织方式。其中,普通列车站停车,平均停车间距为1.11km,可以增加客流吸引范围;通勤快速列车停靠19个车站,平均停车间距是1.99km;急行列车停靠13个车站,平均停车间距为3.2km;特急列车只停靠7个车站,平均停车间距高达6.3km。

3)城市轨道交通车站位置

根据车站与地面道路及其他建筑物之间的位置关系,车站位置大致可分为以下几种:跨路口站位,路口各个角均设出入口;偏路口站位,不易受路口地下管线影响,减少施工对路口交通干扰,但会降低车站的使用效能;站位设于两路口之间,主要用于两个主要路口相距较近的场合;贴道路红线外侧站位,一般在有利的地形地质条件下采用。

车站在选址时,同线路走向原则上一致,也应尽量避开地质条件差、历史文物保护区等。例如,南京地铁明故宫站在选址时,共提出过以下三个方案。

(1)"中轴线"方案。

"中轴线"方案(图2-11)与明故宫位置高度重合,未来与6号线形成上下交会点,利于形成换乘站,方便乘客换乘,且出入口能够在明故宫东侧和西侧同时设置,有利于吸引客流,缺点是对明故宫地下文物影响明显。

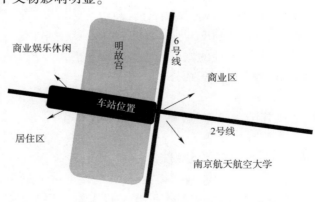

图2-11 明故宫站"中轴线"方案

(2)"西移"方案。

"西移"方案(图2-12)即将明故宫站向西移动。由于明故宫景区西侧居住区密集,潜在客流量大,该方案可以在避让文物保护区的同时保证客流量,缺点是与地铁6号线相距较远,将来两线换乘不便。

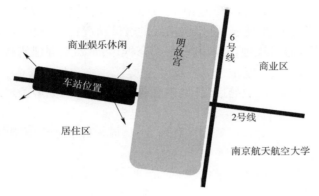

图2-12 明故宫站"西移"方案

(3)"东移"方案。

"东移"方案(图2-13)即将明故宫站向东移动。其优点是避开了明故宫遗址,与地铁6号线交会,利于后期形成换乘站,方便乘客换乘,缺点是明故宫景区西侧居民小区不多,虽然有一所大学,但是在客流覆盖上该方案明显不如"西移"方案。

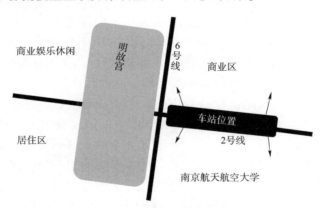

图2-13 明故宫站"东移"方案

考虑到对文物保护、与未来地铁线路形成便捷的换乘条件等方面,虽然客流覆盖情况不佳,最终还是选择了"东移"方案。

2.2.3 城市轨道交通车站的平面布局

1)城市轨道交通车站平面布局的设计原则

(1)一致性原则。

车站选址要与城市规划、城市交通规划及城市轨道交通路网规划的要求相一致,以满足远期规划的要求。

(2) 适用性原则。

车站选址要综合考虑该地区的地下管线、工程地质、水文地质条件、地面建筑物的拆迁及改造的可能性等情况;设计应能满足远期客流集散量和运营管理的需要,应具有良好的外部环境条件,最大程度地吸引乘客;要满足客流高峰时所需的各种面积及楼梯通道等宽度要求,以及设备用房和管理用房的要求。

(3) 协调性原则。

车站总体设计要注意与周围环境相协调,如与城市景观、地面建筑规划相协调。

(4) 安全性原则。

车站要有足够明亮的照明设施、足够宽的楼梯及疏散通道,具有指示牌及防灾设施等。

(5) 便利性原则。

车站站位应尽可能地靠近人口密集区和商业区,最大程度地方便乘客出行。

(6) 识别性原则。

车站设计应体现现代交通建筑的特点,简洁、明快、大方,并易于识别,同时车站及车辆线路都要有明显的特征和标志。

(7) 舒适性原则。

车站的设计要以人为本,要有舒适的内部环境和现代的视觉观感,并解决好通风、温度和卫生等问题。

2) 车站平面布局设计

(1) 车站平面布局布置。

①站厅层布置。应分区明确,依据站内结构及设施配置情况对客流进行合理的组织,避免和减少进出站客流的交叉,合理布置管理用房、设备用房,应满足各系统的工艺要求。站厅层布置要考虑突发性客流特点,留有足够的乘客集散空间,并创造快捷的进出站条件。

②站台层布置。需以车站上下行远期超高峰小时设计客流量来计算站台宽度,根据线路走向及换乘要求确定站台形式。根据车站需要,布置设备或管理用房区。

③车站出入口布置。《地铁设计规范》(GB 50157—2013)规定:"车站出入口的数量,应根据客流需要与疏散要求设置,浅埋车站不宜少于4个出入口。当分期修建时,初期不得少于2个出入口。小站的出入口数量可酌减,但不得少于2个"。车站的出入口应设置于道路两边红线以外或城市广场周边,需要具有标志性或可识别性,以利于吸引客流,方便乘客。

此外,车站平面布置还应考虑服务设施,包括电梯、售票机、空调通风设施等。

(2) 站厅与站台的设计。

站厅层和站台层在进行建筑平面布局时必须时时紧密地同时考虑,如它们的宽度和长度,所需楼梯的数量、位置、设备用房上下的孔洞等,如图 2-14 所示。

①设计时首先由站台层着手,根据列车编组确定站台的有效长度。

②再根据站台两端应有的设备用房确定车站的初步长度。

③同样根据计算所得的站台宽度加上上下行车道的宽度,确定车站的总宽度。

(3) 站厅层布局。

站厅的布局方式主要取决于车站的售检票方式(人工、半自动和自动售检票)。一般站厅有两种布置方式:一种为分别在站台两端上层设置站厅;另一种为在站台上层集中布置,有些车站站厅还可以考虑与地下商业建筑连接在一起布置。如深圳、广州等大城市的一些大型枢纽车站,大都采用了联合设计方案。

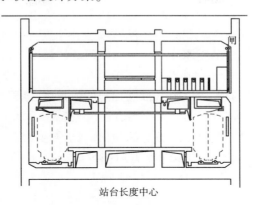

图2-14　站台层剖面图(尺寸单位:mm)

大部分车站站厅层主要是为乘客提供售检票等服务和车站人员工作、各系统设备集中设置的场所,大致分为公共区和车站用房区域。图2-15为站厅布置模拟图。

图2-15　站厅布置模拟图

①站厅层公共区布局。客流通道口主要位于站厅层的公共区,分左右两侧布置,有利于地面道路两侧出入口的均匀布置。根据《地铁设计规范》(GB 50157—2013),通道口最小宽度不能小于2.4m。公共区是乘客集散的区域,可以划分为付费区和非付费区。进站乘客在非付费区完成购票后通过检票设备进入付费区,到站台乘车;出站乘客通过检票设备后进入非付费区后出站。

非付费区内除了设置必要的售检票系统设备外,还可根据站厅面积大小设置商铺、自助银行、公共洗手间、自动售货机、公用电话等便民设备设施,布置原则以不影响乘客出入为首要条件。自动售检票系统设备主要设置在站厅层,按乘客进出站流向合理布置,向乘客提供购票、检验车票等服务。自动售检票系统主要包括自动售票机、自动充值机、验票机以及进出站闸机等。

按照进站客流的流动路线特点,有一部分客流从入口进站后首先需要买票,所以售票设备一般设在站厅非付费区内。随着城市经济的不断发展,大部分城市轨道售票设备都采用自动售票机,还有一些城市轨道车站采用人工售票设备,有些车站则是采用人工售票与自动售票相结合的设备。

人工售票处应设在进站流线的前端,而售票室的设置不能占用通道,必须保证在流线畅通的情况下尽可能将售票室设在流线一侧。根据我国的交通习惯,车站出入口流线应为右进左出,所以售票室也应以设在入口右侧为宜。自动售票机也应同理设置。

另外,售票设备的设置还应考虑根据车站规模大小来配备。考虑城市轨道车站出入口特点,每个出入口基本都是双向使用,因此,自动售票机如果设在入口进站客流一侧,虽然方便了乘客购票,但客流量大时会造成进出站客流拥堵;若售票机配置数量太多又分散,则将会增加投资,造成一定程度的浪费。所以,自动售票机的放置位置及配置数量既要考虑方便入口乘客购票,也要考虑车站设备的利用率,其设置位置根据每个车站的站厅层的规模和结构,集中摆放在一个或两个区域,尽量避开直接进站上车无须购票的乘客流线和出站乘客流线。售票区域大小应留有余地,以满足客流高峰时期的需要,因为售票区域担负着为乘客提供其他交通咨询等业务。

②站厅层车站用房布局。辅助用房的数量设置应结合车站客流规模和业务量来具体设置,如果业务量比较大的车站,可考虑将办理特殊票务业务的服务用房和办理咨询业务的服务用房分开设置。票务服务用房的位置可考虑避开大部分客流,单独设置一个区域,而将咨询服务用房设置在进出站乘客流经的某个区域。这样设置的成本相对较高,包括人员成本和设备成本。如果业务量不大,则可考虑混合设置在乘客方便的区域,这样可节约成本。

其他用房包括洗手间、更衣室等。车站站厅层一般设有公共洗手间,有条件的车站还专门设置残疾人专用洗手间。有些车站将公用电话安装在站厅层和站台层,方便乘客使用;有些车站将公用电话安装在通道一侧。

根据各城市轨道交通设施状况的不同,有些城市在大中型轨道车站内设置银行或自助银行,一般设在站厅层,为乘客提供兑零、取款、存款、转账服务。

(4)站台层布局。

站台主要是供列车停靠、乘客候车及乘降车的区域。按站台与轨道线路的位置关系,站台可分为岛式站台、侧式站台和混合式站台。

①岛式站台。上、下行线分布在站台的两侧。站台面积可以得到充分利用,乘客换乘方便。例如,北京、上海、广州等大多数城市轨道中间站站台均属岛式车站,如图2-16所示。

 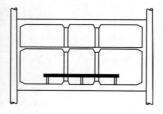

图2-16　岛式站台

②侧式站台。站台分别分布在上、下行线两侧,乘客乘降车互不干扰,不易乘错方向,站台横向扩展余地大,如图2-17所示。

③混合式站台。既有岛式站台,又有侧式站台的混合式站台,一般多为始发/终到站,设有道岔和信号联锁等设备,如图2-18所示。

 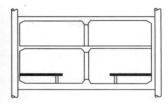

图 2-17　侧式站台

 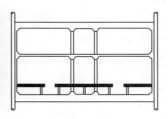

图 2-18　混合式站台

站台也分为公共区和设备区,一般两端为设备区,中间为公共区。设备区也设有设备用房和一些管理用房。

车站站台的有效长度一般按车辆的编组长度加上车辆停靠的误差来决定,对于远期列车编组为 6~8 辆的轨道交通系统,站台长度一般在 130~180m 之间。城市轨道交通车辆长度示意图如图 2-19 所示。

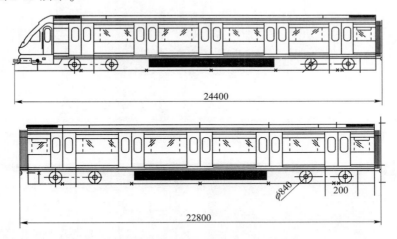

图 2-19　城市轨道交通车辆长度示意图(尺寸单位:mm)

(5)站台立柱、站台门或安全护栏的设计。

①立柱。站台立柱是站台建筑的一部分,如图 2-20 所示。根据车站规模的大小,其设置数量也不尽相同。立柱位置的设置应考虑不能占用乘客通道,尽量避免遮挡乘客或工作人员的视线,同时车站可以很好地利用立柱的表面积来完成其他功能,如悬挂宣传牌、导向标志、广告等。根据站台宽度不同,有的车站设置双排立柱,有些车站设置单排立柱。

②安全护栏、站台门、安全门。安全护栏或站台门都是为了保证乘客在站台上乘降安全

的需要而设置。针对城市轨道交通车站站台高的特点,为有效防止乘客乘降前后在站台边沿掉入轨道的事故发生,车站应设置护栏或站台门。目前,北京、深圳、广州、上海等城市新建城市轨道交通线路全部安装了站台门设备。上海城市轨道交通车站地面部分有些车站设置有安全护栏,如图2-21所示。安全护栏和站台门的设置根据车站具体情况而定。站台门相对护栏造价要高,但安全程度也高,适合在大量城市轨道交通车站设置,如图2-22所示。同时站台门还能节约车站空调能源,降低列车噪声,为乘客提供良好的候车环境。

图2-20　站台立柱

图2-21　安全护栏

图2-22　站台门

安全护栏虽然造价低,视线也较开阔,但还是存在安全隐患,适合在轻轨或地铁地面部分车站设置。由于目前国内各城市轨道交通的设备大部分采用进口设备,而各城市进口设备的来源各有不同,因此在站台门和护栏的技术装备方面尚存在一定差异。站台门虽然在维护上有一定的投入,但其安全效益是长远的。

(6) 车站出入口布局。

车站出入口是车站的门户,除了功能设计需要科学先进外,还需要具备美观、大方等艺术特点。出入口是地面客流与城市轨道交通车站的衔接口,也是城市轨道管理辖区的分界点。出入口一般都设有一定数量和类别的导向标志引导乘客的出行。图2-23所示为武汉城市轨道交通车站出入口,图2-24所示为车站导向标识。

图2-23 武汉城市轨道交通车站出入口　　图2-24 车站导向标识

车站位置确定以后,不管是地下还是地上轨道,车站出入口及通道的设计都很重要。一般情况下,如果车站设在地面交通道路的干道大型交叉路口,应按照地面道路的数量来设置出入口数量。

单独设置的车站出入口的位置一般选在城市道路两侧、交叉路口及有大量人流的广场附近。出入口宜分散均匀布置,以便最大程度地吸引乘客。单独修建的地面出入口和地面通风亭,其位置应符合当地城市规划部门的规划要求,一般设在建筑红线以内,不应妨碍行人通行。此外,要考虑城市人流流向来设置出入口,不宜设在城市人流的主要集散处,以免发生堵塞,且应设在较明显的位置,便于识别。车站出入口和地面通风亭不应设在易燃、易爆、有污染源并挥发有害物质的建筑物附近,与上述建筑物之间的防火安全距离应符合有关规范的规定。应尽可能创造条件使车站出入口、风亭与周围建筑物相结合,尽可能减少用地和拆迁。车站出入口应尽可能与城市过街地道、天桥、下沉广场相结合,以方便乘客,节约投资。

如果城市轨道交通车站设在地面街道交叉路口下方,则车站出入口应分别设在交叉路口的四个角。如果是两条以上道路交叉口下方,为了避免乘客和行人横过道路,一般应在各个角都设置出入口,如香港地铁的车站出入口最多可达十几个。如果车站位置在社区附近,则出入口位置尽量设在靠近社区出入口,最大程度方便居民乘车。如果车站设在大型购物休闲地带,则车站出入口应设在与购物休闲出入口最近的地点,或者有些出入口可直接设在购物中心的一楼或地下一层,这样极大地方便了乘客,减少了地面露天走行距离。

车站出入口的位置一方面要考虑到地下通道的顺畅,同时又不宜过长;另一方面也要考虑能均匀地、尽量多地吸纳地面客流。此外,出入口被称为生命线,还应考虑防灾设计要求。每个城市轨道交通车站,其人员出入口不得少于两个,且必须位于车站的两端。另外,车站出入口的设计还应考虑与周边物业接驳,尽量与地面交通车站、停车场靠近,形成较佳的换乘组合;尽量与地面建筑结合,可设在地面建筑物内,也可独立设置,并承担部分过街客流。

(7)通道设计。

乘客从车站出入口到站厅层或从站厅层到站台层需要通过一定的通道,通道是联系城市轨道交通车站出入口和站厅层的纽带。不管是地下还是地上车站,一般从立体结构上分为三层或两层,大型换乘枢纽站分层更多,所以每层之间的联系通道设计也将直接影响站内乘客流线的组织。通道的设计应以乘客流动的路线为主要考虑依据,遵循两个原则,即减少进出站乘客流线的交叉和最大限度缩短乘客从出入口到站台的走行距离。

通道主要由楼梯、电梯和步行道构成。由于地下或高架车站一般由地下两、三层或地上两、三层组成,因此,各层之间都设有楼梯、自动扶梯或垂直电梯,以方便不同需要的乘客进、出车站和乘车。

①楼梯。有些车站从出入口到立体一层的通道为步行楼梯,进站客流和出站客流混用,没有严格划分区域,这样当客流较大时就容易产生进出站客流对流的情形,对客流组织不利。有些车站既有步行楼梯也有自动扶梯,自动扶梯有效地将进出站客流分开,避免对流或拥挤。在人流量大的车站,一般在步行楼梯中央设置栏杆,有效地将进出站客流引导分开,如北京西直门地铁站出入口,人流疏解护栏一直延伸到地面街道数十米。

车站立体一层到立体二层之间的通道应按照进出站客流流线设计,严格分流,以免客流过大或产生紧急情况时进出站客流因对流而产生事故,因而对闸机的状态设置以及导向标志都应配合通道的设计。

通道坡度的设计也很重要。坡度大,很容易造成乘客的疲劳感和不安全感;坡度太小,会增加车站占地面积和施工的工程量。因此,应科学地设计坡度,当通道台阶数量多时,在不同段设置缓解平台,同时应尽量减少工程量和占地面积。

楼梯一般采取26°~34°倾角,其宽度单向通行不小于18m,双向通行不小于24m。当宽度大于36m时,应设置中间扶手,且每个梯段不宜超过18步。楼梯在车站发生紧急情况时,主要用于车站向外疏散乘客,所以车站楼梯平时应保持畅通,任何物品不得堆放在楼梯处,任何人员不得滞留在楼梯处。

②电梯。电梯是垂直电梯、倾斜方向运行的自动扶梯、倾斜或水平方向运行的自动人行道的总称。城市轨道交通电梯系统设计应遵循如下标准:直升电梯,其平台须距离路面150~450cm;为方便轮椅使用者,应设置斜坡;采用玻璃外墙增加站内透明度,各层电梯门宜安排在相反方向。自动扶梯,每座车站至少有一个出入通道设置自动扶梯;当通道提升超过72m时,宜设上行扶梯;提升高度超过10m时,宜设上、下行扶梯;站厅层与站台层之间宜设上、下行扶梯;客流量不大且高差小于5m,可用楼梯代替下行扶梯;自动扶梯需沿整个车站平均分布。

自动扶梯一般采取30°左右倾角,两台相对布置的自动扶梯工作点间距不得小于16m;扶梯工作点至前面影响通行的障碍物间距不得小于8m;扶梯与楼梯相对布置时,自动扶梯工作点至楼梯第一级踏步的间距不得小于12m。车站出入口若不受提升高度的限制,应设置上、下行自动扶梯。站厅层与站台层之间,一般宜设上、下行自动扶梯,对客流量不大的车站(且高差小于5m时),可用楼梯代替下行自动扶梯。当发生火灾时,车站的自动扶梯须停止运行,作为固定楼梯来疏散乘客。车站人员应引导乘客正确搭载自动扶梯,对乘客不正确使用自动扶梯的行为应及时制止,以免发生危险。若自动扶梯运行时突然加减速,有异常声音或振动时,应阻止乘客继续搭乘,待无人后停止运行,并通知专业人员检修。

自动扶梯一般在扶梯的右下侧设有"紧急停止按钮"(高差较大的自动扶梯在扶梯的中部也设有"紧急停止按钮"),一旦在自动扶梯运行中发生乘客失足摔倒或其他紧急情况时,应立即按下"紧急停止按钮",使自动扶梯停止运行,并采取相应的救护措施。

> **知识链接**
>
> 人群感应探头——自动扶梯的"眼睛"
>
> 乘坐自动扶梯时,当乘客离扶梯较远时,扶梯保持低速运行状态,而一旦乘客踏上梯级,扶梯会自行提高运行速度。
>
> 那么,自动扶梯是如何做到"心领神会"的呢?
>
> 在扶梯的上下入口平台处,装有两个"小眼睛"(图2-25),这便是人群感应探头。当乘客进入感应范围内时,就能准确地被识别、检测和感应,根据感应信息调节运行速度。保证在无人乘梯时慢速行驶,降低能源消耗;有人乘梯时提高速度,提升乘坐体验。
>
>
>
> 图2-25 自动扶梯人群感应探头

检修人员在作业时是会用围挡圈出作业区域的,但有时候,乘客们会发现电梯不动。其实,电梯静止有两种可能,一种可能是电梯故障停梯,还有一种可能是电梯处于静止待机模式。

目前,车站的绝大多数自动扶梯都采用变频运行,分为正常运行、慢速运行、静止待机等三种模式。电梯有人乘坐时,处于正常运行模式速度一般为 $0.65m/s$ 或 $0.5m/s$;无人乘坐时,电梯会进入慢速运行模式,最后进入静止模式。区分电梯故障停止还是待机停止,可以通过电梯出入口处类似交通灯的装置来判断,这个灯称为交通流量灯(图2-26)。正常运行的电梯,入口处的交通灯显示为绿色,出口处显示为红色或横杠。而当扶梯故障停梯时,交通流量灯是无任何显示的,遇到这种情况时,请选择楼梯或者其他正常运行的电梯。

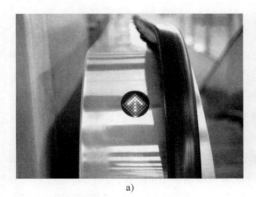 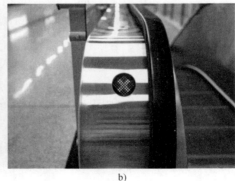

a) b)

图 2-26 自动扶梯交通流量灯

3) 城市轨道交通车站的其他布局

(1) 无障碍设计。

无障碍设计突出的是"以人为本"的设计理念。针对城市轨道交通车站设置位置的不同,可以采取三种不同的无障碍设计方法。

第一种设计方法为车站位于道路地面以下,出入口位于道路的两侧,乘坐残疾人的轮椅可通过楼梯旁设置的轮椅升降台下到站厅层,如图 2-27 所示,然后再经设置于站厅的垂直升降梯下达到站台。为盲人设置盲道,盲道从电梯门口铺设通至车厢门。

图 2-27 残疾人辅助升降装置

第二种设计方法为车站建于街道内的地下,车站的垂直升降梯可直接升至地面。

第三种设计方法要求盲道的铺设必须连贯,在站台层的上行和下行两个方向都需要铺设,但一般只需在站台中心处的车厢门设至垂直升降梯门口,如图 2-28 所示。

(2) 风亭及风道设计。

风亭及风道的面积取决于当地的气候条件、环控通风方式和车站客流量等因素,由环控专业计算确定。对于地面风井,具体有如下几种处理方法:

① 与地面开放建筑合为一体,风井建于地面开发建筑内。

② 在城市街区中风井独立设置,结合绿化及城市建筑小品,分化形体。

(3) 防灾设计。

防灾设计包括人防设计、紧急疏散设计、车站消防设计、车站防洪涝设计及内部环境设计等要素。

①人防设计。在车站的人防设计中,应结合六级抗力等级设防,"平、战结合";将一个车站加一个区间隧道作为一个防护单元,在相邻防护单元间要设置一道防护隔断门;在出入口密闭通道的两端各设一道活置式门槛防护密闭门;每个车站还要设置不少于两个人防连通口,且连通口净宽不小于15m。在附近没有人防工程或暂不知是否有人防设施的情况下,人防连通口做完后,通道要预留出接口;在风口进排风口及活塞风口须设置一道防护密闭门;内部装修应考虑防震抗震要求。

②紧急疏散设计。在车站的紧急疏散设计中,车站内所有的人行楼梯、自动扶梯和出入口宽度的各项总和应分别能满足在紧急情况及远期高峰小时设计客流量下,将一列满载列车的乘客和站台上候车的乘客(上车设计客流)及工作人员在6min内疏散到安全地区的需求。此时,车站内所有的自动扶梯、楼梯均为上行,其通过能力按正常情况下的90%计算。垂直电梯不计入疏散能力之内。车站设备用房区内的步行楼梯在紧急情况下也应作为乘客紧急疏散通道,并纳入紧急疏散能力内。车站通道、出入口处及附近区域,不得设置和堆放任何有碍客流疏散的设备及物品,以保证疏散的畅通性。

③车站消防设计。车站内须划分防火分区,中间公共区(售检票区或站台)为一个防火分区,设备用房区为另一个防火分区;有物业开发区的车站,物业开发区为独立的防火分区。每个防火分区内设两个独立的、可直达地面的疏散通道;所有的装修材料均按一级防火要求控制。

④车站防洪涝设计。车站防洪涝设计按有关设防要求执行,地面站应考虑防洪要求,如城市轨道交通车站的出入口一般都设计有防洪闸口。

⑤照明、标识、色彩及其他公用设施配置。照明在城市轨道交通车站室内环境中起相当重要的作用,它不仅保证城市轨道交通运行所需的照度要求,而且在光照艺术处理下,可增添人们对地下空间的亲和感,在城市轨道交通车站中照明灯具的布置主要有整体照明、局部照明和灯箱照明。

图2-28 直升电梯与盲道

整体照明是城市轨道交通车站照明的主要形式,它要考虑布置方式及照明灯具的形式,一般以长条形日光灯为主,光色温在4000~5000K之间,具有较好的显色系数。也可组合其他形式的荧光灯和一些筒灯(白炽应急灯)布置,灯具尽量以直接露明的方式布置(注意眩光的隔挡),这样有利于提高光照效率和便于维修更换灯具。

灯具的布置形式要和顶面用材形式有机结合,这样才能取得较好的光照艺术效果。

灯箱照明在城市轨道交通中应用较多(图2-29)。广告灯箱的引进,在增加了车站光照度标准的同时,还增添了车站内部的色彩和人情气氛;指示标识灯箱则是城市轨道交通车站功能的重要信息亮点,人们通过它的指引,可以安全无误地完成旅程;而标识灯箱的艺术造型又是体现现代化城市轨道交通车站室内环境的元素之一。

图2-29　灯箱照明

4)城市轨道交通车站建筑节能

根据《地铁设计规范》(GB 50157—2013)相关内容,城市轨道交通地上车站采用自然通风和天然采光,不宜采用中央空调,但站台层宜根据气候条件设置空调候车室。地上车站的设备与管理用房的建筑围护结构热工设计应符合现行国家标准《公共建筑节能设计标准》(GB 50189—2015)的有关规定。地上车站站台层雨篷应采取隔热措施。

地下车站在满足功能前提下,应控制其规模和层数。位于严寒地区的地下车站出入口,应在通道口设置热风幕。地下车站降压变电所位置应接近车站负荷中心设置。设于地面的控制中心楼和车辆基地内的办公楼、培训中心、公寓、食堂等公共建筑,其围护结构的热工设计应符合现行国家标准《公共建筑节能设计标准》(GB 50189—2015)的有关规定。

 思政点拨

为进一步提升轨道交通窗口服务水平,武汉地铁持续深化"微笑服务"品牌,282座车站围绕"9+1"标准,全面参与第二届"十佳车站"创建工作,打造态度优、举止优、效率优、技能优、环境优的服务优质、特色鲜明的暖心服务示范站、志愿服务示范站、清廉地铁示范站,切实察民情解民忧暖民心,用"实招硬招"提升市民出行的舒适感、幸福感和获得感。

汉正街站是全国首个在室内模仿室外实景的城市轨道交通车站,车站站厅艺术墙采用汉白玉雕塑还原汉正街繁荣街景,展现了方言和码头文化魅力,传播出武汉城市文化,有"最美城市轨道交通车站"之称,日均客流常居6号线首位。

车站设立了乘客点单墙,通过开展"一笑倾城"车站开放日活动、"情暖重阳节"知心日活动,收集乘客意见,及时回访乘客。针对车站乘客大件行李多的问题,车站设置了爱心帮扶区,为乘客提供红糖、桌子、椅子、矿泉水、餐巾纸、烧水壶等便民物品,让身体不适、行动不便的乘客能够短暂休息。车站推出节日早晚安语音播报,由车站员工参与录制,并于重大节日时播放,用暖心话语传递美好,其中端午节、中秋节语音播报均被市级媒体长江日报宣传报道,为广大乘客送去问候。为进一步为乘客提供指路服务,车站手绘爱心指路牌,标注附近知名地点,为乘客出行提供指引。

思考:车站设施设备布局一般依据哪些因素?武汉汉正街车站的做法体现了武汉地铁服务的什么理念?

单元实训

1. 任务描述

车站服务员(站务员)是轨道交通行业内直接面对乘客并提供客运服务的人员,其服务包括售票、检票、站台监护、问询、充值、便民服务等内容。车站服务员(站务员)主要分为站厅售票岗、站厅巡视岗、站台监护岗。你作为一名城市轨道交通车站资深站务员,接到了一项培训任务:要向第一批来实习的城市轨道交通站务员进行培训,让他们尽快熟悉车站布局和车站组成部分、设施设备布局。

2. 任务目标

(1)认知车站布局,能叙述出车站组成部分,熟悉车站设施设备布局。

(2)培养学生的表达能力。

3. 任务要求

(1)学员4人一组,可到具体的车站进行角色扮演,一部分扮演资深站务员介绍车站不同区域名称和设施设备布局情况,另一部分作为"实习生"进行记录,可作为评价培训(汇报)情况的依据。

(2)学生可反复演练,逐步完善演练效果。

(3)各组设置观察员1名,用摄像机、手机等视录设备将演练过程拍摄下来,使用观察清单记录和分析该小组任务完成情况的关键点的时间把控程度。演练视频也是教师评价依据之一。

(4)演练后应对演练效果进行评价,并汇报说明演练中存在的问题,提出改进措施。

4. 任务实施与评估标准

(1)任务实施:能正确认知车站布局、车站组成部分,熟悉车站设施设备放置位置,按照本次"培训"任务,编制小组演练方案和角色分工,并进行互换;依据汇报(培训)方案完整有序地完成任务,汇报(培训)完毕做好自我评估总结和汇报。

(2)评估标准:汇报(培训)方案思路清晰,有可操作性,分工明确,准备得当,组织有力,

小组成员能用语规范,介绍全面、正确,熟练度较高,学生小组总结和评价能发现本组演练中的问题和不足并提出改进意见,汇报话语流畅,表达准确、得体、清楚。

5. 检测评价

完成本次课程,根据同学在角色扮演中的表现,结合"培训"任务的要求,给予客观评分。

项目	类别		
	组员自评	小组自评	小组互评
团队和谐(10分)			
团队分工(15分)			
车站认知内容全面正确(30分)			
车站认知熟悉度(15分)			
汇报效果与总结(30分)			
总分(100分)			

单元检测

一、单选题

1. 城市轨道交通车站是轨道交通客流的集散地,以下不属于车站组成部分的是(   )。
   A. 出入口   B. 车辆基地   C. 冷却塔   D. 风亭

2. 按《地铁设计规范》(GB 50157—2013),车站出入口与站厅相连的通道,长度不宜超过(   )m。
   A. 50   B. 100   C. 150   D. 200

3. 进站导向标识站外路引一般在沿城市轨道交通方向(   )m范围内连续设置。
   A. 500   B. 600   C. 800   D. 1000

4. 在车站紧急疏散通道设计中,车站内所有人行楼梯、自动扶梯和出入口宽度总和应分别能满足远期高峰小时设计客流量,(   )min内将一列车满载乘客和站台上候车乘客(上车设计客流)及工作人员疏散到安全地区。
   A. 5   B. 6   C. 7   D. 8

二、多选题

1. 城市轨道交通线路上,办理运营业务和为乘客提供服务的建筑设施和场所包括(   )。
   A. 始发站   B. 中间站   C. 换乘站   D. 终点站

2. 为方便乘客乘车,车站站点的设置应(   )。
   A. 与城市其他路网规划相配合
   B. 在市区居民集中的地点
   C. 在沿城市主要交通干道的路口
   D. 在商业繁华地段以及主要工业区等人流集中的地点

三、判断题

1. 站厅是指车站内与线路相邻,供乘客上、下列车的平台。   (   )
2. 公共区是乘客集散的区域,可以划分为付费区和非付费区。   (   )

单元 3　城市轨道交通车站运作管理

教学目标

▶ 知识目标

1. 掌握车站的岗位划分、岗位工作职责和一般作业流程；
2. 掌握对车站进行一般巡查的作业，并做好相关记录。

▶ 能力目标

1. 能够规范城市轨道交通系统内乘客的行为；
2. 能够掌握车站开启和关闭程序；
3. 能够配合值班站长进行车站的开启和关闭工作。

▶ 素质目标

具备认真负责、不惧枯燥的工作态度。

▶ 建议学时

6 学时

案例导入

　　2016 年 7 月 6 日上午，微博、朋友圈被武汉暴雨的消息刷屏了。连续暴雨冲击之后，武汉城区交通陷入瘫痪，多个城市轨道交通车站被倒灌沦陷，地下车库被淹。有网友表示，醒来一看全是水。

　　因天气原因，武汉地铁 2 号线、4 号线多个出入口突然进水，部分站点采取临时封闭措施。武汉地铁 4 号线为保证乘客安全，关闭了中南路站和梅苑小区站，全力抽排渍水。

　　城市轨道交通车站是供旅客乘降、换乘和候车的场所，应保证乘客使用方便，安全、迅速地进出车站。因此，城市轨道交通车站的运作管理，对于城市轨道交通的正常运营有着重要意义。

3.1 车站行政管理

3.1.1 车站管理模式及组织架构

(1)车站是城市轨道交通系统的重要组成部分,是企业与服务对象联系的主要环节。车站行政管理的核心任务是安全、迅速、方便地组织客流集散,并做好行车组织工作。随着城市轨道交通车站设施设备的不断发展变化,我国各大城市轨道交通车站的设备设施及岗位设置也不尽相同,各客运岗位的工作职责及作业程序也存在很大差异。一般来说,我国绝大多数都是由值班站长负责车站内日常管理事务,其上级是站区长,很多城市中间已不再设站长一职。

一般情况下,车站实行层级负责制,由上至下的顺序依次为站务经理、站区长、站长、值班站长、督导员(综控员或行车值班员、站务员),信息汇报实行逐级汇报,特殊情况下可越级管理、越级汇报。

(2)除开车站的站务工作人员外,城市轨道交通车站通常还有维修、商铺、公安等外单位(部门)的驻站人员。车站日常运作以车站运输组织为核心,维修、商铺、公安人员等以服务于车站运输组织为前提开展工作。

车站常驻人员除了包括值班站长、督导员(综控员或行车值班员)、站务员等以外,还包括保洁员、设备维修人员、地铁公安、商铺管理人员等。

3.1.2 车站各岗位工作职责

1)站区长(中心站站长)的岗位职责

(1)确保各车站人员提供高品质的乘客服务。

(2)在处理故障或事故时,指导各车站人员根据相关的规则及程序协助处理故障或事故,并做好恢复、善后及预防的工作,保证及时、安全、高效地处理突发事故和恢复客运服务。

(3)确保与公安及政府应急抢险部门及其他公交机构保持沟通合作,以便在发生重大交通故障或事故时能及时处理。

(4)负责指导并加强车站系统的安全作业、服务质量等。

在员工管理方面,确保所管辖内车站工作的安排、指导、检查、监督、评价和考核工作能适当及公平公正地执行,减少内部冲突,保持车站团队的伙伴合作精神,营造积极向上的良好工作气氛。

2)值班站长的岗位职责

(1)值班站长需要对本班站务人员进行管理,对值班员、站务员的工作进行指导、监督;负责对保洁、护卫、商铺人员、施工人员、安检人员等驻站人员进行属地管理;同时负责管理本车站的有效列车运作及客运服务工作,确保站务人员能按要求提供安全、可靠及高效率的车站服务。

(2)负责本班的安全生产工作。当车站发生突发事件、事故时,值班站长负责牵头处置。

在车站发生异常情况或突发事件时,及时启动预案,控制局面,减少和避免人员伤亡及财产损失,尽快恢复运营。随时保持与中心行车调度员、电力系统调度员和站务人员的联络畅通,掌握有关行车和相关设备的情况。及时处理车站发生的行车事故,减小对乘客的影响。当车站的设施设备发生故障或出现突发情况时,应采取有效措施保证车站的正常使用,并将故障情况通知有关单位。

知识链接

车站控制室须24h有人员管理。当值班站长离开车站控制室时,须找一名符合资格的同事暂时替代其职务。

(3)负责本班客运服务工作。组织车站员工为乘客提供优质服务,处理乘客投诉事件,组织车站的客流控制。同时,还负责监督和牵头本班的票务相关工作,严格执行公司的票务规章制度,确保本班票务收益安全、运作顺畅。

(4)其他工作(只列举其中的一小部分)包括开关站时开关车站出入口、夜间配合一些站内施工、运营开始前进行线路检查和站台门设备测试、检查审核车站的票务报表、处理车站邮箱收到的邮件、组织自然站的中班交接班会、对下班人员进行服务工作点评、摆放和回收客运组织所需的铁马栏杆、监督班中各岗位的工作执行情况、完成站长临时安排的工作等。

在员工管理方面,要协助制订站务人员的排班表,确保站务工作的安排、指导、检查、监督、评价和考核工作能公平、公正地执行,减少内部冲突,以营造及维持站务室内的团队伙伴合作精神。

3)站务员的岗位职责

站务员按照不同的工作内容又可以划分为三个不同的岗位:客服中心岗(票务员)、站厅岗(厅巡)、站台岗(安全员)。

(1)票务员的岗位职责。

①负责在客服中心售票,处理坏票、补票,保证票款的正确和安全。

②帮助乘客换取福利票,及时处理乘客的无效票。

③帮助乘客兑换零钱,处理乘客投诉和乘客问询工作。

④票务员应根据城市轨道交通规章制度为乘客提供优质服务。

(2)站厅岗的岗位职责。

①发现乘客携带超长、超大、超重物品时,应禁止其进站,并做好相应的解释工作。

②发现精神不正常乘客应该禁止其进站乘车,及时汇报车站控制室,必要时请求警务人员或同事的协助,保护自身安全。

③负责保证重点旅客(年老体弱者、小孩、残疾人、携大件物品乘客等)的安全。

④负责巡查站厅、出入口,保证设备设施的正常运行,并做好相关巡查记录,发现安全隐患时应及时报修,发现有故意损坏城市轨道交通设施设备的应及时制止,并上报车站控制室。

⑤留意地面卫生,发现积水、垃圾、杂物等应及时通知保洁人员处理,同时设置警示牌,防止乘客摔倒。

⑥站厅、出入口发生治安安全事件时,应及时赶到,保护现场,寻找两名及以上目击证人。
⑦负责站厅、出入口的客流组织工作,防止乘客过分拥挤,必要时采取相应的限流措施。
⑧负责更换钱箱、票箱,引导不能正常进出闸机的乘客到客服中心办理。
⑨关注乘客动态,如发现违反城市轨道交通相关规定(乘客守则)的应及时制止。

(3)安全员的岗位职责。

①随时关注站台乘客动态,当车辆进站时,应于靠近站台紧急停车按钮(图3-1)处站岗,防止乘客在关门时冲上车夹伤。

图3-1 站台紧急停车按钮

②负责维持站台顺序,组织乘客有序乘降,如发现乘客有违规行为,应及时制止,并做好解释工作。
③解答乘客问询,关注行动不便乘客,必要时扶其上下车。
④清客完毕,需要向列车司机显示"一切妥当"的信号。
⑤巡查站台,发现问题及时采取相应的处理措施。
⑥维持列车服务,如复位乘客报警器。
⑦简单处理车门、站台门故障(图3-2),协助值班站长进行事故处理。

图3-2 站台门故障

⑧负责站台、自动扶梯的客流组织(客流高峰时限流)工作,必要时采取一定措施。

知识链接

夏天的时候,我们经常可以在城市轨道交通车站入口处看到躺卧休息的人,这主要是因为城市轨道交通车站内可以免费乘凉。此外,还会时不时地在列车上碰到乞讨人员,让人烦不胜烦。

交通运输部在2019年发布了《城市轨道交通客运组织与服务管理办法》(简称"《办法》"),对乘客在地铁内一系列行为进行规范,《办法》于2020年4月1日起施行。在乘客行为规范方面,《办法》明确了影响运营安全的10类禁止性行为,以及影响秩序的7类约束性行为。

10类禁止性行为包括:

(1) 拦截列车,提示警铃鸣响时强行上下列车,车门或站台关闭后扒门。

(2) 擅自操作有警示标志的按钮和开关装置,在非紧急状态下启动紧急或者安全装置。

(3) 携带有毒、有害、易燃、易爆、放射性、腐蚀性以及其他可能危及人身和财产安全的危险物品进站、乘车。

(4) 攀爬或者跨越围栏、护栏、护网、站台门等,擅自进入驾驶室、轨道隧道或者其他有警示标志的区域。

(5) 向轨道交通线路、列车以及其他设施投掷物品。

(6) 损坏车辆、站台门、自动售检票等设备,干扰通信信号、视频监控设备等系统。

(7) 损坏、移动、遮盖安全标志、监测设施以及安全防护设备。

(8) 在车站、列车内吸烟,点燃明火。

(9) 在运行的自动扶梯上逆行、推挤、嬉戏打闹。

(10) 影响运营安全的其他行为。

7类约束性行为包括:

(1) 在车站或者列车内涂写、刻画或者私自张贴、悬挂物品。

(2) 携带动物(导盲犬、军犬除外)进站乘车,携带有严重异味、刺激性气味的物品进站乘车。

(3) 推销产品或者从事营销活动,乞讨、卖艺及歌舞表演,大声喧哗、吵闹,使用电子设备外放声音。

(4) 骑行平衡车、电动车(不包括残疾人助力车)、自行车,使用滑板、溜冰鞋。

(5) 在列车内进食(婴儿、病人除外)。

(6) 随地吐痰、便溺、乱吐口香糖、乱扔果皮、纸屑等废弃物,躺卧或踩踏座席。

(7) 在车站和列车内滋扰乘客的其他行为。

3.1.3 站务员作业流程

1) 票务员作业流程

(1) 班前。

①首班车到达以前,按规定着装,学习重要文件,听取值班站长安排。

②领取现金备用金、票卡、钥匙、对讲设备等。
③检查自动售检票设备、备品备件及对讲设备情况,做好售票准备。
(2)班中。
①严格按照售票作业程序售票,如果乘客使用大面值的纸币购票,应提醒乘客当面点清票款。
②在帮助乘客充值时提醒乘客看显示器金额,让乘客确认。
③当班过程中需保持客服中心的整洁,票证报表、钱袋摆放整齐。
④当硬币、车票、发票数量不够时,向车站控制室报告。
⑤售票结束后,票务员进行设备设施的交接,将本班的报表、车票、所有现金收拾好拿回票务室。
⑥整理钱、票,带回票务室结算。
⑦班中如果需要替换岗位时,做好票务钥匙、票务设备、对讲设备的交接工作。
注意:不能让非当班人员随意进出(非当班人员需有高一级人员的授权方可进入)。
(3)交班。
①退出半自动售票机(Booking Office Machine,BOM),将抽屉里的钱和车票整理放入票盒。
②将硬币清理好装回硬币袋。
③拿走本班的钱袋,尽快回票务室结账。
2)站厅岗站务员和站台安全员作业流程
(1)班前。
①签到,阅读文件,接受上级交代的工作及了解注意事项。
②领取相关的对讲机设备和钥匙。
③巡视车站及设备。
④带齐工作备品,准时到岗,配合值班站长做好车站开启工作。
(2)班中。
①站台安全员。
a.列车进站时,站务员需站在紧急停车按钮旁边,以便发生事故时及时按下,保证乘客安全;工作时间内要求保持站立姿势,不得坐在灭火器或站台座椅上。
b.当列车进站时,提醒乘客不要拥挤,不要手扶车门,注意列车和站台门之间的空隙。
②站厅岗站务员。
a.引导乘客使用自助售检票设备。
b.运营时间内巡查车站设备,并做好相关记录。
c.回收闸机的票卡,补充自动售票机(Ticket Vending Machine,TVM)的票卡及找零钱箱。
d.发生紧急情况时,第一时间内报告车站控制室。
e.在上下行末班车到站前××min,在TVM上,每组闸机前应摆放告示牌停止售票。
(3)班后。
①末班车开出后,清理站台,确认车站没有滞留乘客,无异常情况后汇报。

②协助关闭车站的相关设备。
③配合值班站长做好车站关闭工作,将相关钥匙和对讲设备交还给车站控制室。

3.2 车站日常运作

车站日常运作的主要工作包括车站开启、车站关闭和车站巡查。

3.2.1 车站开启

(1)在车站开启前,值班站长必须确保:
①所有站台端门/站台门已完全关闭和妥善锁定,并经手控开关(端门后方)试验。
②所有消防设备的性能良好并妥善固定。
③送电前接触轨下及附近没有杂物,接地装置已放回原位。
④车站公共区不存在安全隐患。
⑤各项设备功能正常。

> **知识链接**
> 　　在车站日常运作过程中,凡是在车站或相关附属建筑物内工作的员工,均须依从当值的车站的值班站长在职权内发出的指示。

(2)车站开启的主要流程。
值班站长在开站前安排人员完成以下工作:
①首班车到站前××min:
a. 按规定试验道岔夜间开启车站前巡视;
b. 试验开关安全门;
c. 检查站台和线路出清情况,确保所有工程领域或影响车站运营的工作都已撤销,所有物品人员都已撤离轨道,并汇报行车调度员。
②首班载客列车到站前××min:
a. 开启车站建筑自动化系统(Building Automation System,BAS),并检查其运行情况;
b. 确认已完成对 TVM 的补币、补票;
c. 领取票卡和备用金;
d. 确认各岗位人员到岗。
③首班车到站前××min:
a. 开启照明;
b. 自动售检票(Auto Fare Collection,AFC)设备开启;
c. 全站巡视完毕;
d. 出入口大门、扶梯开启;
e. 向乘客广播候车的注意事项。
(3)开启车站入口注意事项。

①一般情况下,车站出入口必须在首班载客列车到达车站前10min开放。

②需要时,可提前开启车站出入口,方便乘客购票,开门前要做好一切运营准备。车站和车站出入口必须在运营时间内开放,除非:

  a. 实施车站管制而有必要暂时关闭车站和车站出入口;

  b. 发生紧急情况;

  c. 在获得运营经理授权的情况下(必须通知行车调度员)。

3.2.2 车站关闭

(1) 末班车开车前,值班站长必须确保:

①换乘站的列车接驳按编定的安排进行,获行车调度员特别指示的情况除外。

②车站内搭乘有关行车线列车的乘客已登上该末班车。

③列车司机收到一切妥当的手信号。

④所有人员必须离开车站范围,获授权留下的人员不在此范围内。

⑤要确定个别人员是否获授权于非行车时间内留在车站,必须向行车调度员查询。

⑥锁上所有出入口前,值班站长必须确保最后一名乘客已离开车站。

⑦末班车离站后,必须关闭和锁上所有车站的出入口,防止闲杂人员进入。

⑧所有出入口必须在整段非行车时间内关闭。

⑨有关员工或获授权的工作队必须从指定的出入口进入车站。

⑩开启该出入口需使用其个人获发的钥匙或通行卡,或向获授权的人员借用钥匙或通行卡。不允许非所属站区非当班员工在车站留宿。

(2) 车站关闭流程。

①末班车到达前××min,值班站长应播放末班车广播,检查站厅、站台等岗位情况。站务员应在进站闸机前摆放停止服务告示牌。

②末班车到达前××min,值班员应播放停止售票广播,关闭TVM,并通知停止售票和进站检票工作。值班站长应确认所有TVM、入口闸机已关闭,停止售票广播。

③末班车开出前,值班站长和站务人员应进行检查,确认站台乘客均已上车,向列车司机展示"末班车手信号"。

④末班车开出后,客服中心站务员应收拾票、钱,整理客服中心备品,注销BOM,回票务室结账。

⑤车站督导员应与客服中心站务员结账。

⑥运营结束后,值班站长应清站,确认出入口关闭,扶梯、照明、AFC设备全部关闭。

> **知识链接**
>
> 最后一班载客列车离站前,不得关闭车站,如需临时关闭车站,值班站长必须:
>
> (1) 通知行车调度员和车站员工。
>
> (2) 确保在各出入口展示有关的乘客资讯。

(3) 非运营时间内进入车站,应遵循如下规定:

①获发紧急入口钥匙的员工,通过指定的入口直接进入车站,无须得到值班站长的预先批准;进入车站后立即向值班站长报告。

②没有钥匙的员工,应首先联系值班站长(需要授权才能进入)。

③对于在车站有专门作业,已经获授权的承包人,值班站长应根据其提供的相关信息(工作部门、进站目的等)判断是否准许其进入。

> **知识链接**
>
> 当企业员工进入车站设备用房时,必须获得相关设备管理人员和车站维护人员的许可;值班站长应向设备管理人员和车站维护人员确认进入设备房的申请已经提出;其他人员如果没有设备管理人员和车站维护人员的提前通知或书面同意,不得进入设备用房。

3.2.3 车站巡查

车站巡查作为站厅岗站务员和站台安全员日常工作的重要内容之一,其主要目的就是及时查明和消除隐患,避免事故的发生。

车站巡查时,需要定期巡查车站所有公共区,主要包括:站台(地面、相关设备、乘客是否在安全线以内候车等)、通道(地面、相关设备,有无乘客在通道内滞留等)、扶手电梯(携带大件行李的乘客,行动不便的老年人等)、自动人行道。

(1)客流。

①随时关注客流情况,避免因人多拥挤而构成危险。

②迅速移去任何阻碍客流的障碍物。

③做好在发生紧急情况时疏散乘客的准备:广播、通告、应急方案。

(2)消除隐患。

①及时清理地面积水、液体、泥泞或其他污渍。

②遇雨雪天气时,及时铺设防滑用品及清扫出入口外积雪。

③避免在湿滑砖面和金属踏板上撒上沙粒。

④当隐患不能彻底消除时,设置适当的防护警示标志。

⑤在接触轨停电后,方可允许进入轨道区域。除非车站员工获授权处理紧急事宜,但必须穿好绝缘鞋,做好自身防护。

(3)乘客管理。

①防止儿童在车站范围内嬉戏。

②防止乘客携带任何危险品、攻击性物品或有害物品进入城市轨道交通系统范围。

③防止乘客运送可能会导致意外、滋扰其他乘客或损坏公司财物的物品。

④要求携带笨重物品或行李以及使用轮椅的乘客使用垂直电梯,切勿使用扶手电梯,以免构成危险。

(4)电扶梯及自动人行道。

有关员工在停止电扶梯或自动人行道前,必须确保梯级和踏板上均没有人,在紧急情况下除外。

（5）站台。

①维持站台舒适安全的候车环境。

②在特殊情况下协助列车进行事件处理。

③确保站台设备正常，发生故障及时报修。

④对任何非正常的情况保持警觉，如突发事件、安全门故障等。

⑤确保岗位上不得代人存放物品。

⑥提供适当协助，确保列车按运行时刻表时间离站。

⑦确保车门和站台门在即将关上时，劝阻乘客切勿抢上，冲击安全门。

⑧提高警惕，留意发生任何事故或异常情况。

（6）特别注意。

①站台边缘或列车附近是否存在任何隐患，如乘客扒站台门、站在站台边缘或站台安全门上，或在附近摆放物品。

②留意车门、站台门的关闭情况，特别注意是否有乘客可能被门夹住。

③一旦出现异常情况，及时按动紧急停车按钮。

（7）车站房间。

有关员工必须经常巡查其可进入的房间，确保已关闭所有不需要的照明；房间清洁，没有垃圾；无其他异常情况。

3.2.4 车站巡查作业表

车站巡查可以消除车站安全隐患，因此，在车站的日常运作中，车站巡查占有极其重要的位置。车站巡查可以分为站厅巡查、站台巡查和车站出入口巡查，而作为车站当班的工作人员需要认真填写巡查表，记录巡查的大致情况。站厅巡查表见表3-1。

站厅巡查表　　　　　　　　　　　　表3-1

车站：_____　　日期：_____　　检查人：_____

检查项目	是否正常工作	备注及解决
1. AFC设备		
2. 消防栓和火灾报警器		
3. 广告板		
4. 地面瓷砖、排水管盖		
5. 扶手电梯及电梯		
6. 乘客信息显示系统		
7. 标识牌		
8. 照明		
9. ……		
10. ……		

单元3 城市轨道交通车站运作管理

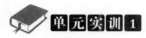
单元实训 1

1. 任务描述
假如你在站厅岗值勤,当班时发现有50多人聚集在车站门口,迟迟不肯进站,应如何处理?当班时,若看到有乞讨人员进站应如何处理?如果是乞讨人员辩解说"我不是要在地铁里乞讨,而是坐车去某个地方",应如何处理?应放其进站吗?

2. 任务目标
(1)培养学生处理城市轨道交通内乘客不规范行为的能力。
(2)培养学生理论应用于实践的能力。

3. 任务要求
(1)学员4人一组,分演车站不同岗位工种,按照演练步骤,根据本单元所学内容,制订本组演练方案,桌面演练应急处理情况。
(2)学生可反复演练,逐步完善演练效果。
(3)各组设置观察员1名,用摄像机、手机等视录设备将演练过程拍摄下来,使用观察清单记录和分析该小组演练问题及演练程序中关键点的时间把控程度。演练视频也是教师评价依据之一。
(4)演练后应对演练效果进行评价,并汇报说明演练中存在的问题,提出改进措施。

4. 任务实施与评估标准
(1)任务实施:能对乘客在地铁内一系列违规行为进行规范,遵循处理的规章规范,按照应急预案基本程序编制小组演练方案;依据演练方案完整有序地完成桌面演练;演练完毕后做好自我评估总结和汇报。
(2)评估标准:演练方案思路清晰,程序正确完整;桌面演练准备得当,组织有力,分工明确,小组成员扮演各岗位的应急工作程序执行准确,节奏紧凑,动作和用语规范,关键点控制得当;本组演练总结客观全面,意见中肯,能发现本组演练中的问题和不足并提出改进意见,汇报话语流畅,表达准确、得体、清楚。

5. 检测评价
完成本次课程,根据同学在角色扮演中的表现,结合训练的要求,给予客观评分。

项目	类别		
	组员自评	小组自评	小组互评
团队和谐(10分)			
团队分工(15分)			
角色设置(10分)			
工具使用(5分)			
规范使用工具(5分)			
处理程序(15分)			
处理技巧(15分)			
汇报效果(25分)			
总分(100分)			

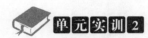单元实训 2

1. 任务描述

下雨时,短时间内有大量乘客在出入口处避雨,车站工作人员应该怎么办?

要点提示:

工作准备:天气预报有雨,应提前检查排水通道、抽水泵。

提醒乘客:各位乘客请注意!请不要堵塞出入口,谢谢合作!

放置警告牌:雨天湿滑,小心滑倒!

2. 任务目标

(1)培养学生处理城市轨道交通系统内遇乘客突发状况的处置能力。

(2)培养学生理论应用于实践的能力。

3. 任务要求

(1)学员4人一组,分演车站不同岗位工种,按照演练步骤,根据本单元所学内容,制订本组演练方案,桌面演练应急处理情况。

(2)学生可反复演练,逐步完善演练效果。

(3)各组设置观察员1名,用摄像机、手机等视录设备将演练过程拍摄下来,使用观察清单记录和分析该小组演练问题及演练程序中关键点的时间把控程度。演练视频也是教师评价依据之一。

(4)演练后应对演练效果进行评价,并汇报说明演练中存在的问题,提出改进措施。

4. 任务实施与评估标准

(1)任务实施:能对乘客在城市轨道交通系统内的突发状况进行应对,遵循处理的规章规范,按照应急预案基本程序编制小组演练方案;依据演练方案完整有序地完成桌面演练;演练完毕后做好自我评估总结和汇报。

(2)评估标准:演练方案思路清晰,程序正确完整;桌面演练准备得当,组织有力,分工明确,小组成员扮演各岗位的应急工作程序执行准确,节奏紧凑,动作和用语规范,关键点控制得当;本组演练总结客观全面,意见中肯,能发现本组演练中的问题和不足并提出改进意见,汇报话语流畅,表达准确、得体、清楚。

5. 检测评价

完成本次课程,根据同学在角色扮演中的表现,结合训练的要求,给予客观评分。

项目	类别		
	组员自评	小组自评	小组互评
团队和谐(10分)			
团队分工(15分)			
角色设置(10分)			
工具使用(5分)			
规范使用工具(5分)			
处理程序(15分)			

续上表

项目	类别		
	组员自评	小组自评	小组互评
处理技巧(15分)			
汇报效果(25分)			
总分(100分)			

单元检测

单选题

1. 运营前( )min,车站应做好运营设备、人员的检查和准备工作,完成后向行调汇报。

    A. 10   B. 20   C. 30   D. 40

2. 售票员与( )一起清点回收的所有现金、车票,并填写相关报表台账。

    A. 行车值班员   B. 客运值班员   C. 站台岗   D. 厅巡

3. 下列哪项属于值班站长的岗位职责?( )

    A. 对本站进行全面巡视,发现问题立即汇报并整改

    B. 负责掌握本站客流情况

    C. 负责本班行车组织、施工组织作业

    D. 负责按照站台接发列车标准接发列车,监视列车运行状态

单元 4　城市轨道交通车站客运设备设施

教学目标

▶ **知识目标**

1. 能说出车站行车技术设备的种类和功能；
2. 能解释出车站运营保障系统中的不同设备如何保障车站安全、高效地进行客运服务；
3. 能识别与各类运营保障系统相关的主要设施以及说出其功能和结构组成。

▶ **能力目标**

在了解车站行车技术设备的构成和车站运营保障系统中的设备功能和结构的基础上，运用车站技术设备进行客运服务。

▶ **素质目标**

在学习设备种类和功能以及练习操作的过程中，养成遵守安全作业的习惯，具备良好的安全责任意识和乘客至上的服务理念。

▶ **建议学时**

10 学时

案例导入

大家乘坐地铁注意到车站中的摄像头了吗？和人类眼睛一样，监控摄像机只是视觉的"终端"，在其背后有强大的"视觉神经系统"——闭路电视（Closed-Circuit Television，CCTV），也就是我们常说的视频监控系统，它主要由网络交换机、视频服务器、监控终端、编解码器、存储服务器、摄像头等设备组成。

闭路电视监视系统是保障城市轨道交通行车组织和安全的重要手段；调度员和车站值班员可以利用它实时监视列车运行、车站客流及设备设施运行情况，它是提高行车指挥透明度的辅助通信工具；当车站发生灾情时，闭路电视将作为指挥抢险的重要辅助工具。

例如，目前武汉轨道交通运营线路车站内，每天有 28000 余路摄像机（图 4-1）同时在线，它们安装在出入口、步梯、扶梯、垂梯、换乘通道、站厅、闸机和站台等重要位置，为乘客的出行安全提供保障（图 4-2）。

单元4　城市轨道交通车站客运设备设施

图4-1　摄像头

图4-2　站厅处摄像头分布图

CCTV的存在不仅可以让大家行得更安心,也可以让大家行得更暖心。行车值班员通过CCTV时刻关注车站动态,当看到有携带有大件行李的乘客、徘徊犹豫的乘客、行动不便的乘客等,便会马上通过对讲机呼叫车站工作人员前往提供帮助;当遇到乘客与朋友走散、物品遗失等突发情况,便会及时通过CCTV查找线索(图4-3);工作人员还可以通过它实时掌握列车运行、客流情况、重点设备运行等情况。

图4-3　监控终端

上万路摄像机的正常运转,离不开背后通信维护人员的默默守护,在日常维护中,他们会定期对车站摄像机终端及后台设备进行巡检,调整摄像机监控角度、清晰度、亮度,并对监控录像存储时长、质量进行检查,确保每一路摄像机都处于最佳状态,避免出现监控盲区和监控录像缺失的情况。

除了日常维护外,运营企业通号中心通信维护人员还会定期对CCTV系统开展多级维护,检查网管、交换机、终端及服务器状态,进行系统数据备份、摄像机调试等工作,提供高质量的实时显示,确保录像清晰可查,为行车组织、安全保障、乘客服务等工作提供有力保障。

监控视频稳定输出的每一帧画面,都是运营背后维保人的汗水付出,让城市轨道交通车站的"千里眼",无死角、全方位保障乘客安全出行。

4.1　城市轨道交通车站行车技术设备

4.1.1　线路

为保障车站行车及从车站出入车辆基地等目的设置的线路主要包括正线和辅助线(车场线是车辆基地内的各种作业线,在这不作介绍)。

1)正线

正线指连接车站并贯穿或直股伸入车站的线路,供列车日常运行的线路,包括主线和支线。城市轨道交通系统的正线均采用上下行分行,一般实行右侧行车惯例,以便与城市地面交通的行车规则相吻合(世界上除了英联邦、日本等部分国家和地区外,绝大部分国家和地区道路交通均实行右侧行车规则)。统一规则为:以线路的起点为基准。

(1)列车从线路起点向终点运行为下行,反之为上行。

(2)线路从起点到终点,里程由小到大称右线,反之为左线。

正线按线路形态分,可有地下线、高架线和地面线;根据城市轨道交通运营的特点,城市轨道交通线路的正线应为双线;在运营中有上下行之分;在设计中有左右线之别。

2)辅助线

辅助线是为空载列车提供折返、停放、检查、转线及出入车辆基地作业所提供的线路。

(1)折返线。

折返线用于组织列车的折返(包括始发站、终点站的折返和小交路折返点折返)作业,实现行车的合理调度和正常运行。

(2)存车线(图4-4)。

当线路较长,车辆段(或停车场)的布置偏离线路一端时,为满足早晚收发车的需要宜在远方的折返站上增设存车线,用于列车夜间停放和技术检查。

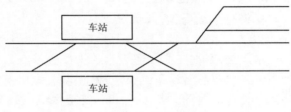

图4-4 存车线

(3)停车线(图4-5)。

停车线用于运行中故障列车的临时停放,也可用于组织临时交路和夜间设备维修时工程车折返。停车线也称故障车停车线或故障列车待避线。

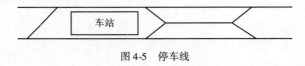

图4-5 停车线

(4)渡线。

渡线设于两条正线(或辅助线)之间,主要是配合折返线、存车线和停车线等各种辅助线的功能需要而设。设于两正线间的渡线用于增加运行的灵活性,特别是方便组织临时交路和夜间工程车折返。

(5)安全线。

安全线是列车运行进路的隔开设备之一,其主要功能是防止车辆基地出入基地线或岔线(支线上运行的列车未经许可进入正线,确保正线行车安全)。

4.1.2 轨道

轨道(图4-6)是城市轨道交通系统的重要组成部分,它的主要作用是引导列车运行和承受列车荷载。轨道主要由钢轨、扣件、轨枕、道床、道岔及其他附属设备组成。

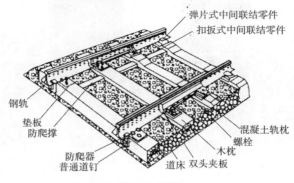

图4-6　轨道

1）钢轨

钢轨（图4-7）直接承受城市轨道交通列车荷载，并通过扣件、轨枕、道床传递至路基。它的功用在于引导机车车辆的车轮前进，承受车轮的巨大压力，并传递到轨枕上。一般采用的钢轨正线为60kg/m重轨，车辆段、车场一般采用50kg/m重轨。

钢轨的断面形状采用具有最佳抗弯性能的"工"字形断面，由轨头、轨腰以及轨底三部分组成。

2）扣件

扣件（图4-8）是用于连接钢轨与轨枕的零件。它主要是将钢轨固定在轨枕上，保持轨距并阻止钢轨的横、纵向移动，并且能够起到减振作用。扣件分为直角扣件（十字扣件、定向扣件）、旋转扣件（活动扣件、万向扣件）、对接扣件（一字扣件、直接扣件）等。

图4-7　钢轨

图4-8　十字扣件

3）轨枕

轨枕（图4-9）是承垫于钢轨之下，用于支承、固定钢轨，并且将钢轨承受的压力和应力传递到道床之上的部件。轨枕主要有钢筋混凝土轨枕、木制轨枕、混凝土轨枕、特种混凝土轨枕。

4）道床

道床（图4-10）是指轨枕之下、路基之上的部分，其主要作用是支撑轨枕，把轨枕上部的巨大压力均匀地传递给路基面，并固定轨枕的位置，阻止轨枕纵向或横向移动，大大减少了路基变形,同时还缓和了车轮对钢轨的冲击,便于排水。

图 4-9　轨枕

图 4-10　道床

5)道岔

道岔(图 4-11~图 4-14)是一种使列车车辆由一股道转入另一股道的线路连接设备,通常在重点车站、车辆基地、停车场大量使用。道岔的种类主要有单开道岔、双开道岔、三开道岔、交分道岔等。

图 4-11　单开道岔

图 4-12　双开道岔

图 4-13　三开道岔

图 4-14　交分道岔

 知识链接

道岔开通方向的判断如下:
(1)站立于轨道中央,面对尖轨(人距尖轨不超过 1m)。
(2)开通左位时,右侧尖轨密贴基本轨,左侧尖轨与基本轨有空隙(图 4-15)。

（3）开通右位时,左侧尖轨密贴基本轨,右侧尖轨与基本轨有空隙(图4-16)。

图4-15 开通左位道岔示意图

图4-16 开通右位道岔示意图

4.1.3 信号

城市轨道交通信号系统是指挥列车安全运行的关键设备。城市轨道交通具有高密度、短间隔、短站距和快速等特点,因而对信号系统的安全性、抗干扰性、可靠性、自动化程度等都提出了很高的要求。因此,信号基础设备的可靠运转,是信号系统不间断工作的基础。城市轨道交通信号基础设备包括地面信号机、转辙机、轨道电路、应答器等设备。

1) 地面信号机

城市轨道交通系统的自动化程度比较高,一般采用"地面信号显示与车载信号系统相结合、以车载信号显示为主"的运用方式,地面信号作为列车运行的辅助信号,平时地面信号都是由列车自动控制(Automative Train Control,ATC)子系统自动控制,设置成自动信号或连续通过信号,它根据列车运行时刻表和列车实时信息自动动作,只有在人工控制的情况下,才由调度员或行车值班员排列进路、开放信号。因此,这些信号机在ATC系统下,只是作为后备系统使用的。

2) 转辙机

转辙机用于实现对道岔的转换和锁闭,是道岔控制系统的执行机构,反映道岔的位置和状态,是直接关系行车安全的设备。转辙机设备除转辙机本身外,还包括锁闭装置和各类杆件及安装装置,它们共同完成道岔尖轨的转换和锁闭。

3) 轨道电路

轨道电路是利用线路的钢轨和机械绝缘节(或电气绝缘)构成的电路。它是信号系统的重要基础设备,它的性能直接影响行车安全和运输效率。轨道电路广泛应用于列车的检测,城市轨道交通不设轨道电路的情况下,也可以在轨道区段的两端设置计轴器,以检测列车。

轨道电路是以线路的两根钢轨作为导体,两端设置电气绝缘,接上送电和受电设备构成的电路。当设有轨道电路的某段线路上空闲时,轨道电路上的继电器有足够的电流通过,吸起被磁化的衔铁,闭合前接点,从而接通色灯信号机的绿灯电路,显示绿色灯光,表示前方线路空闲,允许列车占用。当列车进入该线路区段时,由于轮对电阻很小,使轨道电路短路,继电器吸力减弱,释放衔铁,使之搭在后接点上,接通信号机的红灯电路,显示禁行信号。

轨道电路的这一工作性能,能够防止列车追尾和冲突事故,确保行车安全。所以,轨道电路是检测列车占用轨道区段的专用设备。

轨道电路的另一个重要作用是能发现钢轨发生断裂。在充当导线的钢轨安全无事时,轨道电流畅通无阻,继电器工作也正常。一旦前方钢轨折断或出现阻碍,切断了轨道电流,就会使继电器因供电不足而释放衔铁接通红色信号电路。此时,线路虽然空闲,信号机仍然显示红灯,从而防止列车发生事故。

4)应答器

应答器也是信号系统的基础设备,随着ATC系统的普及,应答器在城市轨道交通中得到广泛的应用。应答器一般由地面应答器、车载应答器两部分设备构成。

(1)地面应答器。地面应答器是一种可以发送数据报文的高速数据传输设备。信号系统为每一个地面应答器分配一个固定的坐标,当有列车车载应答器天线在有效的作用范围内时,地面应答器会实现对车的数据传输。

(2)车载应答器。每个地面应答器对应于线路的某一个固定的坐标,所以列车收到地面应答器信息可以对列车走行里程进行精确的定位及矫正。列车收到前一个地面应答器信息后,可判断该应答器的特性、位置。如果接收到的地面应答器信息与预期不同,车载应答器解码设备会有相应的表示或相应的输出,以便车载ATP设备作出相应的反应,并采取相应的安全措施。

4.1.4 通信

城市轨道交通通信系统是保证列车安全运营的重要设备,主要由传输系统、电话系统、无线调度系统、录音系统、广播系统、闭路电视、时钟系统、乘客信息系统、民用通信系统等组成。

(1)传输系统,是城市轨道交通通信系统的基础,是系统各站点与中心及站与站之间的信息传输,不同线路信息交换的通道。

(2)电话系统,为城市轨道交通管理、运营和维修人员提供语音通信,由公务电话、调度电话和站内及轨旁电话三个子系统组成。

①公务电话。公务电话以数字程控交换机设备为核心,连接办公室、OCC、车站、设备室等电话分机,以满足城市轨道交通对内和对外的通信。为保证安全和减少成本,使用专网网络构建。

②调度电话。它为运营、电力、维护和救灾等提供有效的通信,为控制信息的行车调度员、环控调度员、电力调度员、设备维修调度员等提供专用直达通信。

③站内和轨旁电话。站内电话是为了适应站内岗位之间频繁通话建立的独立的内部电话系统。站内电话主要提供车站内部通信和与相邻车站、联锁站间直达通信。站内电话是一个车站内部的电话系统,一般采用小型交换机实现。

轨旁电话是系统运营和维护及应急需要,让列车司机和维修人员在紧急情况下及时联系车站及相关部门。轨旁电缆连接轨旁电话与站内交换机,轨旁电话机具有抗冲击性和防潮等特性,区间内150~200m安装一部电话,3~4部轨旁电话机并接使用同一号码,通常在

单元4 城市轨道交通车站客运设备设施

一条区间线路设几部电话交叉配置以提高可靠性。轨旁电话可同时接站内电话和公务电话,通过插座或开关实现号码转换。

(3)无线调度系统,是调度与列车司机通信的唯一手段,也是移动作业人员、抢险人员实现通信的重要手段。为了保证调度和列车司机通话的可行性,城市轨道交通并没有采用公众移动通信网络通信,而是建设了轨道交通专用的无线调度通信网络。

(4)录音系统,确保城市轨道交通控制中心调度员与车站运营人员之间调度指令和安全指令的正确保存,可对每个话路进行录音、监听、回放及识别来电号码,并运用信息化、网络化的技术,为城市轨道交通调度提供现代化的管理手段,提高管理部门信息的收集、处理能力、联动及反应能力,为各级管理人员提供准确、及时的分析数据,提高管理的工作效率。

(5)广播系统,是城市轨道交通运营行车组织的必要手段,它对乘客广播,通知列车到站、离站、线路换乘、时间表变更、列车误点、安全状况,播放音乐改善站厅、站台、列车车厢的候车和乘车环境;进行防灾广播,遇突发或紧急情况,组织指挥事故抢险,提高应急响应能力;在办公区、站台、站厅、运用库、段内道岔群附近、人行道,对运营人员广播,发布有关通知信息,要求协同配合工作。

(6)闭路电视,控制中心调度管理人员、车站值班员、站台管理人员和列车司机实时监控车站客流、列车出入站、旅客上下车,以提高运营组织管理效率,保证列车安全、正点,同时借助车站和中心录像进行安全及事故取证。

(7)时钟系统,是为运营准时、服务乘客、统一全线设备标准时间而设置的。系统采用全球定位系统(Global Position System,GPS)标准时间信息。

(8)乘客信息系统,根据现行列车时刻表设定的信息和列车交通状况,通过乘客信息系统向乘客提供自动、实时、可视或广播告示。

(9)民用通信系统,是为旅客提供在地铁内的无线通信、广播、无线上网等服务。主要有城市广播、中国移动全球移动通信系统(Global System for Mobile Communications,GSM)通信、通用无线分组业务(General Packet Radio Service,GPRS)上网、中国联通 GSM、中国电信码分多址(Code Division Multiple Access,CDMA)通信和 3G/4G(第三/四代移动通信技术)服务等。

4.2　城市轨道交通车站运营保障系统

城市轨道交通车站系统运营设备包含的范围比较广泛,主要包括:自动售检票系统(此系统在本书单元5中有详细介绍,本节不作赘述)、电扶梯系统设备、站台门系统、乘客信息系统、环控系统、给排水系统、防灾报警系统、照明与低压配电等。

4.2.1　电扶梯系统设备

电梯、自动扶梯系统由电梯、自动扶梯及轮椅升降机组成。电梯是以电动机为动力的垂直升降机,装有箱状吊舱,用于多层建筑乘人或载运货物。自动扶梯是以台阶式踏步装在履带上连续运行,主要设置于站厅与站台间或出入口与站厅间。轮椅升降机一般设于车站出入口与站厅间,方便行动不便的旅客使用。电扶梯系统是城市轨道交通系的重要组成部分,每天担负着运送大量乘客的任务。电梯、自动扶梯系统作为城市轨道交通车站疏散乘客的重要工具,对客流的及时疏散和满足乘客对乘降舒适度的要求起到了至关重要的作用。车站应根据预期客流量及提升高度配备足够数量的上、下行自动扶梯,以保证车站的正常运作。为保证残疾人乘客或其他行动不便者(如携带大件行李人员)的正常出行,车站内还应设置电梯、楼梯升降机,以满足特殊人群的需要。

电扶梯系统属于特种设备,直接面对乘客,是乘客经常使用的交通工具,设备的安全可靠性至关重要。

1)电梯

城市轨道交通设计中应充分体现以人为本的设计理念。根据《地铁设计规范》(GB 50157—2013)无障碍设计要求,车站应设置无障碍电梯。在车站站厅层至站台层之间宜设垂直电梯,以方便残疾人乘客及携带重行李乘客的通行。

(1)电梯的功能。

①安全保护功能。

a. 应急照明:当电梯在运行中发生故障,电源被切断或中途停电时,应急照明自动启动,照明时间大于1h。

b. 安全停靠:当断电或电梯发生故障停止在非停靠位置时,自动进行故障诊断,以自动运行至最近层站,平层后开门放人。

c. 门光幕保护:以装在轿门上的红外线光幕作为关门安全保护,光幕线数不低于48线。

d. 超载保护和满载直驶:轿厢超载时电梯不能启动,并在轿厢操纵箱上以声光信号警示,当轿厢以满载运行时,不应答层门信号。

e. 五方通话:可实现轿厢内、轿顶、井道底坑、控制柜及车站综合控制室之间的五方通话。

f. 警铃:按下轿厢内的警铃开关,安装在轿厢外顶部的警铃鸣响,并与对讲电话联动。

g. 过载保护:电梯应有灵敏的称重装置,当工作载荷到达100%时,电梯处于满载直驶状态;当载荷到达110%时,电梯会发出声光警示,不能关门及运行,直至载荷降至额定载重以下为止。

②控制和操作功能。

电梯除具有自动平层、自动开关门、顺向截停、层站召唤等一般运行控制操作功能外,还应有如下功能:偏差大于10mm时,在开门前自动以低速找正至不大于5mm;按下轿厢操纵箱上的开门按钮,能使正在关的门转为开门,按住开门按钮能使电梯(在一定时间内)保持开门状态;按下操纵箱上的关门按钮,能使门提前关闭;按下层门上的召唤按钮,能使正在关的门重开。

③显示功能。

在轿厢内操纵箱上或在门楣上能显示电梯运行方向和位置(层楼)信息,在各层召唤盒上,能显示电梯运行方向和位置。召唤盒一般安装在厅门右侧。轿厢到站时,在开门前,能对层站和轿厢内发出报站语音(中英文)。

④自动开关门功能。

电梯除具有平层自动开门、预设定时间自动关门等一般自动开关门功能外,还应有

单元4 城市轨道交通车站客运设备设施

如下功能:当正在开或关的门受到外力阻止时,门自动转为反向运动;或保持静止并报警,等待维修;电梯到站平层后门打不开时,自动运行至另一层站开门放入,之后停止运行。

(2)电梯的主要组成部分。

电梯的结构组成部分可分为机械装置与电气控制系统两大部分。其中,机械装置包括曳引系统、导向系统、轿厢系统、重力平衡系统、厅轿门和开关门系统、机械安全保护系统等;电气控制系统主要包括控制柜、操纵箱等十多个部件和几十个分别装在各有关电梯部件上的电器元件。

乘客使用垂直电梯十分简洁方便,乘客直接运用的是选层器,选层器与轿厢同步运行,反映轿厢运行位置。选层器的功能是按所记忆的内选、外呼信号与轿厢的位置关系,确定运行方向,发出减速指令,确定是否停层和预告停车,指示轿厢位置,消去应答完毕的呼叫信号,控制关门和发车等。乘客在考虑便捷快速之外,电梯安全运行也是关注的重点。电梯安全保护系统就是防止和消除电梯在运行中可能出现的不安全状态。为保证安全,升降电梯主要安装有限速器、极限开关、缓冲器、减速开关、限位开关和极限开关、安全钳装置、承载装置等安全保护装置。

2)自动扶梯

自动扶梯是带有循环运动梯路向上或向下倾斜输送乘客的固定电力驱动设备。在城市轨道交通车站中,自动扶梯的用途主要是乘客的快速疏散,即列车到达后,将大量的乘客从候车站台向地面站厅疏散。由于车站的候车站台一般距地面 5~7m(浅埋式),甚至 7~10m(深埋式),自动扶梯则提供了一种自动输送乘客的功能,相对于楼梯而言,自动扶梯满足了乘客对乘降舒适度的要求。

(1)自动扶梯设置。

①当车站出入口的提升高度超过 6m 时,应设上行自动扶梯;超过 12m 时,应考虑上、下行均设自动扶梯。出入口扶梯除承担车站乘客站厅到地面的乘降外,还可兼顾市政过街功能。

②站厅与站台间应设上行自动扶梯,高差超过 6m 时,上、下行均应设自动扶梯。站内自动扶梯位于付费区,乘客通过自动扶梯在站厅与站台间乘降,为提高服务标准,国内多数城市轨道交通车站均设上下行扶梯。

③自动扶梯的设置,应参考提升高度(H,单位 m)而定。其中,对于 $12 < H \leqslant 19$,分别设置上、下行扶梯;$H > 19$ 时,还要有备用扶梯。自动扶梯设置参数参见表4-1。

自动扶梯设置参数 表4-1

提升高度	上行	下行	备用
$H \leqslant 6$	自动扶梯	—	—
$6 < H \leqslant 12$	自动扶梯	△	—
$12 < H \leqslant 19$	自动扶梯	自动扶梯	△
$H > 19$	自动扶梯	自动扶梯	自动扶梯

注:△表示重要车站也可设置自动扶梯。

(2)自动扶梯的结构组成。

自动扶梯的整体结构主要由支撑部分、驱动系统、运载系统、扶手系统、电器控制系统和安全保护系统组成。

3)轮椅升降机

图4-17 轮椅升降机

轮椅升降机(也称楼梯升降机)属于电梯的一个分支,如图4-17所示。它安装在车站站台到站厅和地面到站厅步行楼梯一侧,供坐轮椅的乘客上下楼梯使用,弥补了车站现有垂直电梯不能到达地面的不足。轮椅升降机能沿着楼梯连续做上升、水平和90°转角运行,运行倾角不大于35°。

轮椅升降机的主要设备包括轮椅平台、驱动机、导轨、控制柜、充电指示装置、低电源蜂鸣器、安全装置等。

(1)轮椅平台。

由于采用自动平台,故可通过操作外召唤盒的向上或向下按钮来控制平台的收放。在升降机到达端点位置后,只要持续按住上或下按钮,底板便会自动向上折放,护栏会向下折放。在平台折叠或张开过程中,如果遇到故障,也可通过手动方式完成。

(2)驱动机。

驱动机采用直流电动机。

(3)导轨。

导轨固定在楼梯侧面。

(4)控制柜。

控制柜放置在轮椅升降机内部,包括直流电动机、蓄电池、主电源开关、上下行继电器、时间继电器、电动及辅助继电器等。

(5)充电指示装置。

绿色指示灯常亮表示供电正常;黄灯显示充电情况,当黄灯快速闪动表示正在充电,慢速闪动或常亮表示蓄电池电充满。

(6)低电源蜂鸣器。

低电源蜂鸣器发出的声音信号用作电池需要充电时的提醒。

(7)安全装置。

安全装置包括限速开关、侧板开关、底板开关、护栏开关、限位开关、抱闸装置、旁通装置等。

4.2.2 站台门系统

1)站台门概况

根据《地铁设计规范》(GB 50157—2013),站台门是安装在车站站台边缘,将行车的轨道区与站台候车区隔开,设有与列车门相对应、可多级控制开启与关闭滑动门的连续屏障。

站台门的位置如图 4-18 所示。

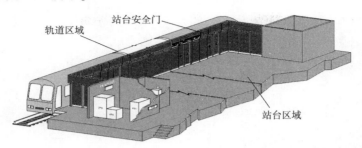

图 4-18　站台门的位置

2）站台门系统分类

站台门系统分为封闭式站台门和开放式站台门。

（1）封闭式站台门。

封闭式站台门，又称站台门。它是安装于城市轨道交通车站实行全封闭，具有密封性能的站台门系统。

（2）开放式站台门。

开放式站台门分为全高站台门和半高站台门。

①全高站台门，安装于地铁、轻轨等轨道交通车站。全高站台门门体结构超过人体高度，门体顶部距离站厅顶面之间有一段不封闭空间，不具有密封性能。全高站台门总体高度为 2050mm，如图 4-19 所示。

②半高站台门，主要安装于地铁、轻轨等轨道交通地面站或高架车站，门体结构不超过人体高度，不具有密封性能。半高站台门总体高度为 1500mm，如图 4-20 所示。

图 4-19　全高安全门

图 4-20　半高安全门

3）站台门功能

站台门最重要的功能主要有以下三个方面：

（1）保证站台设施和人员的安全，包括乘客安全和运营企业的运营安全。

（2）降低运营成本，包括夏季空调的运行成本与人力成本。

（3）保持良好的站台环境，在美观、降噪等方面起改善作用。

4）站台门机械结构

站台门系统一般由机械和电气两大部分构成。机械部分主要包括门体结构和门机驱动系统。电气部分包括控制系统、监视系统及电源系统。具体构成如图 4-21 所示。

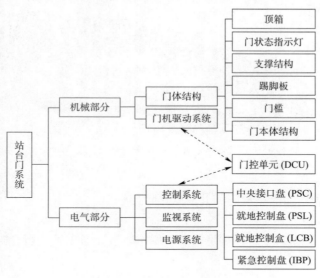

图 4-21　站台门系统结构

(1) 门体结构。

门体结构为乘客在站台可直观看见的部分，主要由顶箱、门状态指示灯、支撑结构、门本体、踢脚板、门槛等部分组成，如图 4-22 所示。

图 4-22　站台门门体结构

① 顶箱。顶箱上可装设一些导向标识，但其主要功能是对内部部件进行密封保护，并采用防电磁干扰措施。此外，顶箱内藏有重要的机械部件，保证门体的自动开关。

② 门状态指示灯。在顶箱的上侧方有一个用于照明的设备灯带，灯带可以帮助乘客更好地识别顶箱表面内容。灯带是站务员巡检的内容之一，当发现有灯源损坏，应及时通知相关人员进行维护和更换。

> **知识链接**
>
> 门体上的指示灯是一个看起来无关紧要却具有重要意义的设备，它能够帮助工作人员快速辨别各个门的状态。以某品牌的站台门为例：
> (1) 执行开门命令：在滑动门开门过程中，门状态指示灯闪烁，在滑动门全开后常亮。
> (2) 执行关门命令：在滑动门关门过程中，门状态指示灯闪烁，在滑动门关闭后熄灭。
> (3) 当滑动门内部有故障时，门状态指示灯闪烁(快速闪烁)。

③ 支撑结构。站台门的支撑结构包括立柱、底座以及支撑组件。底座通过绝缘件与站台板进行螺栓连接，既保证牢固可靠，又可以保证站台门系统与站台板地面绝缘隔离。

④ 踢脚板。踢脚板采用的是不锈钢材料，主要用来提高站台门的强度，防止乘客有意或

无意地踢脏或踢碎门体玻璃。

⑤门槛。它采用铝合金材料,表面用一种凸凹结构作防滑处理,门槛位于所有能够滑动的门体下端,这些地方是乘客最有可能踩踏的区域。门槛主要用以避免乘客经过时发生不必要的摔倒,同时它与站台板进行绝缘固定,以防止乘客触电。

⑥门本体结构。它是站台门机械结构最重要的组成部分,按照结构和功能一般可分为滑动门(ASD)、固定门(FIX)、应急门(EED)、端门(MSD)四种,部分站台包含司机门(DSD)。具体如图4-23所示。

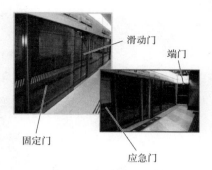

图4-23 站台门门本体结构

四种站台门门本体在站台上的布置如图4-24所示。

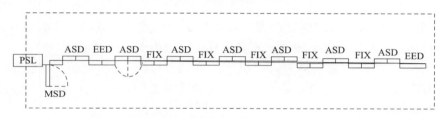

图4-24 站台门门本体布置

滑动门(ASD):滑动门的数量应与列车一侧客室门数量一致,位置对应。正常情况下,滑动门的开与关应由门机总承的驱动机构操作,由门控器DCU控制。在紧急情况下应能实现如下功能:在轨行区侧乘客可操作设置在门扇上的把手手动开门,在车站站台侧车站乘务员可用专门钥匙手动开门。

滑动门一般设有障碍物探测功能,其能探测到的最小障碍物一般为5mm(厚)×40mm(宽)的物体。

当滑动门关门受阻时,门操作机构能通过探测器检测到有障碍物存在并立即释放关门力,停顿2s后门全开,然后再次关门。重复关门三次仍不能关闭,则滑动门全开并进行报警,等待工作人员处理。

固定门(FIX):它设在双扇滑动门之间,根据滑动门的间距,在满足门本体结构强度、刚度的前提下,根据轨行区边墙侧灯箱广告的可视性及视觉观感的要求,可将固定门进行分块或不分块处理。

应急门(EED):在门本体结构中应设置应急疏散门,不带动力。每节车厢至少对应一扇应急门,在应急情况下使乘客能在轨行区侧手动打开逃生。

端门(MSD):它设置在站台端头,在正常情况下由列车司机或车站站务员手动打开。

司机门(DSD):它布置在加长的站台处。当列车不行驶到站台端头,即正常停车时,为保证司机能够正常下车完成相关操作,在站台门门体上设置司机门。

(2)门机驱动系统。

站台门的门机驱动系统设置在顶箱内,它由驱动电机(直流电机)、传动装置(皮带或螺杆)、自动锁紧装置及门体悬挂装置组成。其中,传动装置分为皮带传动和螺旋副传动两种。

门机驱动系统的结构如图 4-25、图 4-26 所示。

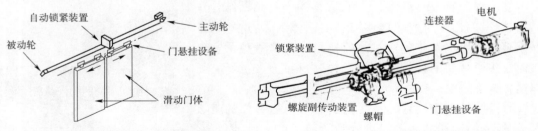

图 4-25　门机驱动系统结构(皮带传动)　　　图 4-26　门机驱动结构(螺旋副传动)

滑动门(ASD):利用不同类型的门机驱动系统实现门体自动开关功能。当滑动门收到开关门指令时,电机动作带动传动装置,以门悬挂设备为基础带动门体开关。

5)站台门电气控制系统

站台门的控制模式分为正常运营模式和故障运营模式。正常运营模式分为系统级控制、站台级控制和紧急控制三种级别。故障运营模式分为单挡门就地级和手动级。手动级实际并非电气操作,但却是控制方式中级别最高的。总的来说,控制系统由中央控制盘(PSC)、就地控制盘(PSL)、综合后备盘(IBP)、就地控制盒(LCB)、门控器(DCU)、通信介质及通信接口等设备组成。

一般来说,除线路两端车站之外,每座车站均设有一套中央控制盘(PSC)控制站台两侧所有的站台门,并且每侧站台门都由一套独立的逻辑控制子系统组成,确保一侧站台门的故障不影响另一侧站台门的正常运行。

站台门控制系统配置如图 4-27 所示。中央控制盘(PSC)及监控主机一般设在车站站台门设备室内,站台门远程监视系统(PSA)、综合后备盘(IBP)设在车站综控室,就地控制盘(PSL)一般安装在非公共区与轨行方向平行的设备房墙壁上,在站台监控亭里还设有站台门状态报警盘(PSA)。

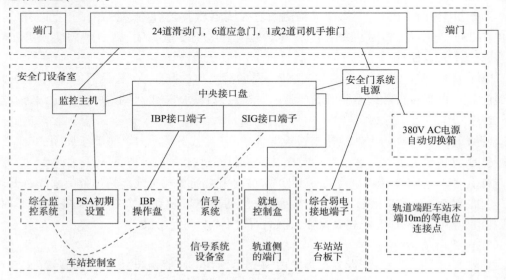

图 4-27　站台门控制系统配置

站台门系统级控制为正常情况下站台门采用的控制方式,当列车进站时,经由信号系统通过 PSC 控制站台门,站台级控制则由两侧站台的就地控制盘(PSL)进行控制。

紧急控制通过 IBP 盘上的站台门操作开关对站台门施行紧急控制。

手动级控制通过每个门单元的就地控制盒(LCB)进行开关门操作,或者由工作人员通过三角钥匙进行开关门操作。

各系统的安全等级与控制优先级如图 4-28 所示。控制优先级由高到低为手动级、紧急级、站台级、系统级。

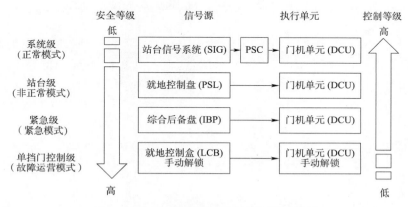

图 4-28 站台门控制系统安全等级与控制优先级

4.2.3 乘客信息系统

乘客信息系统(Passenger Information System,PIS)是指为站内、车内乘客提供有关安全、运营及服务等综合信息的设备的总称。PIS 以计算机系统为核心,利用网络技术、多媒体传输、显示技术,在指定时间,通过车站和车载显示终端将指定信息显示给指定人群。在正常情况下,播放列车运营信息、出行信息、政府公告、公益广告等实时多媒体资讯;在火灾等紧急情况下,可迅速、直观、优先播放紧急疏散和防灾等文本和图像信息,以便预先告之和引导乘客,起到辅助防灾、救灾的作用。

1)PIS 总体介绍

PIS 包括信息发布和信息查询的功能。PIS 通过控制中心、广告制作中心、车站控制等系统,对所需的信息实施编辑、制作和传递,并通过车站或列车上的显示器为乘客及工作人员提供以运营信息为主、商业广告为辅的多媒体综合信息显示。

2)PIS 结构

乘客信息系统由信息中心子系统、车站子系统、车辆基地/停车场子系统、车载子系统以及实现各子系统间信息传送的网络子系统构成。

(1)信息中心子系统。

信息中心子系统是 PIS 的中心部分,主要实现系统的编辑、播放、管理及控制等功能,由中心服务器、接口服务器、以太网交换机、防火墙、媒体编辑工作站、发布管理工作站、系统管理工作站、节目监播工作站、节目审核工作站、磁盘阵列等组成。

(2) 车站子系统。

车站子系统是 PIS 的现场部分，主要根据中心的要求进行编播信息的现场播放、管理及控制等，满足车站内旅客对信息的需求。系统主要由以太网交换机、车站服务器、液晶显示屏（Liquid Crystal Display，LCD）播放控制器、音视频传输设备、LCD 显示屏等设备组成。

(3) 车辆基地/停车场子系统。

车辆基地/停车场子系统是 PIS 的重要组成部分，实现车辆在库期间，待播信息向车载子系统的高效传送。该系统主要由以太网交换机、服务器等设备组成。

(4) 车载子系统。

车载子系统是 PIS 在列车上提供服务的重要设施，主要实现车地信息的统一发布管理，通过车载媒体播放，对中心下发的媒体信息，在本列车的所有 LCD 显示屏上进行播放。该系统主要由车载交换机、车载 LCD 控制器、编解码器、分配器、显示屏、电源适配器组成。

(5) 网络子系统。

网络子系统主要提供 PIS 信息的网络承载通道，主要包括有线网络、无线网络和车载网络三个部分。无线网络子系统作为有线网络信息传送的延伸，提供地面与列车的通信。

3) PIS 功能

(1) 中心级系统功能。

实现多媒体数据的整理、定制、发布和更新，监视系统的运行状态，汇集车站的播放记录，完成系统数据的存储、备份和维护等操作。

自动控制全线 PIS 设备的开、关机功能，实现整个播出系统的无人值守。

负责整个 PIS 公共信息的发布和播出，为乘客提供运营、票务、公告、安全等多方面的信息。

制定播放列表及内容的发布。

能够集中定义全系统各类型和级别的用户。

对总控制中心服务器的磁盘空间容量进行监控，汇总和监控各设备磁盘空间的占用信息。

对系统操作日志、内容发布日志、播放日志、应用程序日志进行统一管理。

(2) 车站级系统功能。

从控制中心接收发布的内容信息，通过播放控制器对本车站所有显示终端播放信息，并进行统一的控制和管理。

接收本车站服务器传送的模板文件、媒体文件以及播放列表，经过合成及解码后控制显示屏的播放。

(3) 车载级系统的功能。

通过中心级系统和列车上的存储设备发布信息，通过车载 LCD 播放控制器进行译码后，在列车的所有 LCD 显示屏上实时播放。同时通过移动宽带传输网为中央控制室值班员提供车载视频控制信息。在每个车载显示屏的位置一般设置 2 个并排的 LCD 显示屏。一个专门负责显示运营信息，另一个则可显示运营或商务广告信息。

4)车站子系统功能

(1)接收和下发功能。

车站服务器能自动接收、存储来自信息中心的播放列表和播放内容,并转发到相应的 LCD 播放控制器中。

(2)具备播放控制功能。

车站 LCD 播放控制器主要负责从本车站服务器和中心服务器接收模板文件、播放文件以及播放列表,控制 LCD 显示屏的播放。

(3)在播画面监看回传。

车站 LCD 控制器(媒体控制器)可对控制中心调看的在播画面进行处理,并上传到控制中心指定的监看终端上,满足在播画面监看功能的要求。

(4)信息发布的形式与内容。

根据实际需要,在操作过程中可对播出信息的形式和内容作修改。按分屏方案播放时,商业信息和运营信息一起播放;整屏播放时,运营信息优先,商业信息滚动。

(5)紧急信息发布。

系统在调度中心设置中心紧急信息发布工作站,在车站设置车站操作员工作站,以实现紧急信息的分级控制和发布。紧急信息发布是指对本车站显示设备发布紧急信息的过程。各车站显示设备紧急信息发布权限只控制在本车站范围内,其权限控制和发布规则由控制中心确定。

(6)权限管理功能。

PIS 是一个面向公众的信息系统,系统分布范围广、节点众多,因此保证信息的安全性十分重要,做好对操作员权限的管理便成了重要工作之一。每个站台的操作员工作站均受 OCC 的操作员控制;OCC 的操作员可设定每一车站的操作员工作站以及其信息录入权限。

5)PIS 信息显示的优先级

PIS 每天都给乘客提供大量的信息,确保乘客安全、顺畅地到达目的地。

根据各种信息的紧急情况,PIS 设置了信息显示的优先级,具体如下:

(1)紧急灾难信息的优先级最高,然后依次是列车服务信息、乘客导向信息、站务信息、公共信息和商业信息。

(2)高优先级的信息可中断低优先级信息的播出。当高优先级信息被触发时,低优先级信息会被中断而停止播出。

(3)如果出现紧急信息,自动进入以紧急信息播出状态的方式提示乘客紧急疏散,直到警告解除为止。

(4)相同优先级的信息,按信息产生的先后顺序播放。

PIS 信息显示的优先级如图 4-29 所示。

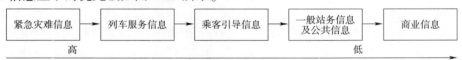

图 4-29　PIS 信息显示的优先级

思政点拨

2012年10月8日16时许,北京地铁某线路站点内信息显示屏出现异常,均显示"王鹏 你……"几个字。对此事,北京地铁运营有限公司表示,该线路PIS正在进行调试和人员培训,出现异常是由于一学员误操作,和旁边的同事聊天记录点击发布所致。

思考:你认为出现案例中的事故的原因是什么?如何规避此类事件的发生?作为运营企业如何进行公关处理?

4.2.4 环控系统

城市轨道交通地下环境因封闭、湿度大、发热源多(如人体散热、车站设备散热、列车散热、外界空气带入热等),其空气质量与地面其他场所相差较大。城市轨道交通内部空气环境控制系统简称环控系统(Environment Control System,ECS),是指对车站站厅、站台、隧道、设备及管理用房等处所进行空气处理的系统。环控系统可以对空气进行降温、除湿和排热处理来调节指定区域内的空气温度和湿度,同时对新、回风中的粉尘、有害物质及人员呼出的二氧化碳进行过滤和处理,从而控制二氧化碳和粉尘等有害物质的浓度,以满足人体健康舒适及相关设备正常运行的要求。当车站发生火灾、毒气等事故时,环控系统还能及时排除有害气体。

1)环控系统的控制方式

环控系统的控制方式分为中央级控制、车站级控制、就地级控制三级控制。

(1)中央级控制。

中央级控制装置设在控制中心,配置有中央级工作站、全线隧道通风系统及车站环控系统中央模拟显示屏,控制中心工作站可对隧道通风系统进行监控,执行隧道通风系统预定的运行模式或向车站下达大、小系统和水系统的各种运行模式指令。

(2)车站级控制。

车站级控制装置设在各站控制室,配置有车站级工作站和紧急控制盘,在正常情况下,可监视本站的隧道通风系统、空调大系统、空调小系统及水系统,向中央级控制上传本站设备信息,并执行中央级控制下达的各项运行指令。在中央级控制工作站的授权下,车站级工作站可作为本车站的消防指挥中心,当车站工作站出现故障时,紧急控制盘可以执行中央级工作站下达的所有防灾模式指令。

(3)就地级控制。

就地级控制装置设置在各车站的环控电控室,具有对单台环控设备进行就地控制的功能,便于对各种设备进行调试、检查、维修。单台环控设备同时设有就地控制箱。在中央级、车站级和就地级三级控制中,就地级控制具有优先权。

2)环控系统的功能

环控系统的主要作用是对车站的环境空气进行处理,在正常运行期间为乘客提供一个舒适的乘车环境,并为工作人员提供必要的安全、卫生、舒适的环境条件,同时对车站各种设备和管理用房按工艺与功能要求提供满足要求的环境条件,为列车及设备的运行提供良好的工作条件。当发生火灾等事故时,环控系统能提供新鲜空气,及时排除有害气体,为人员撤离事故现场创造条件。环控系统必须具备以下几方面的功能。

(1)当列车正常运行时,应保证城市轨道交通系统内部空气环境的温度、湿度、气流速度和空气质量均应满足人员生理要求与设备正常运转需要。

(2)当列车阻塞在隧道内时,应能对阻塞处进行有效的通风,确保隧道内空气流通。

(3)当列车在隧道或车站内发生火灾事故时,应具备防灾排烟、通风功能。

3)车站通风空调环控系统

车站通风空调环控系统,包括大系统、小系统、空调水系统和隧道通风系统等。

(1)大系统。

大系统是车站公共区(站厅、站台)空调通风系统。大系统通常是指通风空调系统中的与隧道风机相关的设备系统,主要包含新风机、组合风柜(送风机、表冷器、滤清器)、排烟风机、回排风机、组合风阀、防烟防火阀、排烟防火阀、风量调节阀、常闭排烟口等设备。

大系统功能如下:

①正常运行主要通过时间表的功能来控制隧道风机的运行,隧道通风系统除早间通风和晚间通风运行外,列车正常运行时,区间隧道采用开式运行,充分利用列车活塞作用进行通风换气排除余热余湿。在不同的时间段运行不同的模式,运行不同模式的启停时间主要依据城市轨道交通运营开始及停止的时间和日期制定。

②事故运行状态主要是由列车发生的事故类型来确定事故运行的模式。当列车在隧道区间发生阻塞停留后,信号系统向 OCC 系统发出列车阻塞信号,在无人工取消的情况下延时 1min 后,OCC 系统自动根据轨道信号判断阻塞位置,下达运行模式指令到车站 BAS,车站 BAS 对区间隧道通风系统设备进行隧道通风模式控制。区间隧道风机按行车方向进行机械通风,车站隧道通风系统保持正常运行,控制隧道内温度,保证列车空调冷凝器在正常的工作范围内。

③区间隧道发生火灾事故时,根据列车司机的报告,OCC 或车站手动启动相应区间的火灾模式,在 OCC 选择火灾模式时,计算机会根据轨道信号和人工输入的列车着火位置,产生一个推荐的火灾模式供操作员选用,运行不同的火灾模式,保证乘客的安全疏散。

④车站站台火灾时,根据列车进站情况和系统排烟效果,隧道系统可作为辅助排烟手段参与车站火灾模式,隧道火灾时,区间消防水蝶阀会自动打开,直到火灾被扑灭后恢复正常模式。

(2)小系统。

小系统即车站设备管理用房通风空调系统(兼排烟系统),其功能如下。

①正常情况下,在空调季节为站厅、站台层设备及管理用房提供冷源和新风,通风季节为站厅、站台设备及管理用房通风换气。

②设备及管理用房发生火灾时,配合气体灭火系统完成灭火,防止烟气蔓延;保证车站各类设备和管理房间的环境及在发生火灾情况下的模式联动。

(3)空调水系统。

空调水系统为大系统、小系统提供冷源的系统。空调水系统主要由冷水机组、冷却水泵、冷冻水泵、冷却塔四大主要设备及相关阀门和管道等组成。原则上,水系统只在空调季节进行供冷，非空调季节不开启。

（4）隧道通风系统。

隧道通风系统主要功能为正常情况下进行隧道的通风换气，列车因故阻塞在区间隧道时进行通风，列车在区间隧道发生火灾且不能行进时完成通风排烟。

4.2.5 给排水系统

城市轨道交通的车站和车辆基地给排水系统由给水系统和排水系统两部分组成。其中，给水系统包括生活给水系统、生产给水系统和水消防给水系统，其功能是满足生产、生活和消防用水对水量、水质和水压的要求；排水系统则包括污水系统、废水系统和雨水系统，其功能是保证车站和车辆段排水畅通，为城市轨道交通安全运营提供服务。

1）车站给排水系统

（1）车站给水系统的组成及功能。

车站给水系统采用城市自来水作为供水水源，在车站两端的风亭处，分别用两条进水管将城市自来水引进车站，管径为 DN150～DN200（DN 为公称直径，mm），与城市自来水接管点处的水压要求不低于 0.2MPa。两条给水引入管上的电动蝶阀及隧道两端的消防电动蝶阀由车站控制室机电设备监控系统实行监控，两条引入管互为备用，进站前设置水表和水表井，每条进水管水表前设置有室外消火栓和水泵接合器。生产、生活和消防采用分开的直接给水方式，由城市自来水引入水管接出生产、生活及消防水管。生活和生产给水在站内采用枝状或环状管网；消防给水在站内采用环状管网。

①生产、生活给水系统的组成及功能。

生产、生活给水系统由水源（城市自来水）、水池、水泵、水塔（水箱）、气压罐、管道、阀门和水龙头等组成，功能是满足车站生产、生活用水对水量、水质和水压的要求。

a. 生产用水主要为环控系统补充水。另外，在站厅、站台公共区的两端分别设置冲洗栓，箱内设水龙头（供清洁用）。

b. 生活用水为洗漱、淋浴、饮用及厕所清洁用水，供水设备设在卫生间。

②消防给水系统的组成及功能。

消防给水系统由水源（城市自来水）、消防地栓、水泵接合器、消防水泵、管道、阀门、消火栓（喷头）和水流指示器等组成。

设计消防水量，站厅、站台层为 20L/s，人行道为 10L/s，由城市给水管网供水。两条市政管引入车站站台后自成独立系统（互为备用），在站厅层布置成环状，站厅层和站台层的环状管网由两根立管连通。消防管道的布置为：站厅层的干管布置在顶棚内，站台层的干管布置在站台板下，进入区间隧道的消防干管布置在区间隧道线路前进方向的右侧，并固定在主体结构上。

车站站厅、站台、通道和设备区域均设置具有手动报警按钮和电话插孔的消防栓箱。站厅、站台及通道的消防栓箱内放置两个 DN65 单头单阀消火栓、两盘 25m 长的水龙带、两支 DN19 多功能水枪、一套 DN25 自救式软管卷盘；车站设备区域的消防栓箱内放置一个 DN65 单头单阀消火栓、一盘 25m 长的水龙带、一支 DN19 多功能水枪和一套 DN25 自救式软管卷盘。

区间隧道每隔 50m 距离设置一个消防箱,箱内放置两个 DN65 单头单阀消火栓、两盘 25m 长的水龙带、一支 DN19 多功能水枪;或每隔 50m 设一个消火栓头,隧道两端各设两个 900mm×600mm×240mm 的消防器材箱,里面装有 25m 长的水龙带及 DN19 多功能水枪等消防器材。

消防给水系统的管网压力能满足消防水压、水量要求时,不另设加压系统,否则需设消防水泵进行加压。车站的消防干管布置成环状,并与区间消防管网连接。按消防要求,车站的两条与市政供水管网连接的引水管上应设闸阀,水表前设室外消火栓,并且消火栓口中心距地面 1.1m。区间消防管端头设有电动蝶阀和手动蝶阀旁路,平时电动蝶阀关闭,手动蝶阀开启 2%,一旦区间发生火灾,车站机电设备监控系统就开启电动蝶阀,保证区间消防水压和水量。

a. 消防地栓。为消防车提供水源,根据环境条件,可分为地上式、地下式和墙壁式。

b. 水泵接合器。一端由室内消火栓给水管网引至室外,另一端井口可供消防车或移动水泵站加压向室内管网供水,防止断电或消防水泵故障时能保证车站消防给水。水泵接合器与室外消防地栓的距离为 15~40m。

c. 消防箱操作。消防箱操作的具体内容包括:其一,火灾时按下手动报警按钮或打开箱门后电话报警;其二,取出水龙带,连接消火栓及水枪,打开阀门,持枪喷水;其三,灭火结束后,关闭消火栓阀门,取下水枪和水龙带,冲净晾干,清洁箱体后将器材复位,并在转盘的摇臂、箱锁和阀门等处加些 2 号钙基脂。

(2)车站排水系统的组成及功能。

①雨水系统。

雨水来自隧道入口处的过渡段;雨水系设在隧道入口处;雨水泵房的直径为 6m,深为 10.5m,泵房内设 10LP 型用水系三台(其中一台备用),雨水经抽升至压力排水检查井后再排入排洪渠。

②污水排放系统的组成及功能。

车站污水排放系统原理如图 4-30 所示。车站污水排放系统主要由集水井、压力井和化粪池等组成。大部分地下车站在站台层都没有污水泵 1 房,污水泵 1 房下设污水池(站台板下方),厕所位于站厅层,供工作人员使用。污水池内设污水泵两台,互为备用。用排水管道将车站内的厕所、盥洗室、茶水间冲洗水等生活污水汇集到集水井,经潜水泵提升到压力井消能、地面化粪池简单处理后,排入城市污水管网。压力井是排水进入市政排水管网前的消能设施,其构造要求进、出水管道不得在同一高程上且侧壁有防冲洗措施。车站化粪池采用国标 4 号化粪池。

图 4-30 车站污水排放系统原理

③废水排放系统的组成及功能。

a. 车站废水系统。用于排除车站内的废水,泵房设在车站端头线路下坡道的最低处,泵房下设废水池,废水池容积为 30m³,内设废水泵两台,平时互为备用,消防时同时使用。

b. 出入口废水系统。在人行通道自动扶梯底部和局部低洼处设集水坑,坑内设集水泵两台,互为备用。

c. 区间废水系统。排除区间内的废水,泵房设在区间隧道线路下坡道的最低处,明挖施工区段废水泵房设在隧道外侧边,盾构施工区段则利用联络通道作为废水泵房。废水泵房下设废水池,废水池容积为 30m³,内设废水泵两台,平时互为备用,消防时同时使用。

车站废水排放系统原理如图 4-31 所示。车站废水排放系统主要由集水井和压力井等组成。用排水管道或排水沟将车站内的生产和消防废水、结构渗漏水汇集到集水井,经潜水泵提升到压力井消能后排入城市污水管网。压力井内的进、出水管道要求与污水系统一样。

图 4-31 车站废水排放系统原理

④排水方式。

车站原则上采用分流制排水方式。雨水、污水和废水就近集中,分别由泵将水抽升至压力排水检查井消能后排入城市下水道或河汊。其中,生活污水是经污水泵抽升至压力排水检查井消能后流入化粪池,再排入城市下水道;车辆基地及其他基地的粪便污水经化粪池处理后与其他生活污水汇合直接排入城市下水道。

2)车站防淹门

在城市轨道交通线路穿越河流、湖泊的地下区间进出水域两端的适当位置应设防淹门。防淹门包括闸门、门槽、启闭机、锁定装置和密封等部件。

(1)防淹门的类型。

防淹门的种类较多,按开门形式分有平开式防淹门、下落式闸门及平推式闸门;按拦截水流方向分,防淹门有拦截隧道方向水流的防淹门和拦截车站方向水流的防淹门两种。拦截隧道方向水流的防淹门的机械、电气设备和控制柜应放置在车站一侧;拦截车站方向水流的防淹门的机械、电气设备和控制柜应放置在隧道侧。

①平开式防淹门。

平开式防淹门也叫人字门。平开式防淹门有门轴,门绕门轴旋转。这种门的优点是:闸门只需要放在平行于列车运行方向、隧道两侧的小洞室即可,启闭机机房可设置在两条轨线的中间空位;密封性好,两扇门之间、门的顶部、门的侧面均无缝隙,采用辅助液压装置推动楔形橡胶挤压在导轨及道床处,达到与导轨及道床处的密封效果;在防淹门关门时的接触网位置,可通过采用橡胶等密封材料密封而不会损坏接触网;平时对防淹门进行全过程的试验较方便。其缺点是结构较复杂,门体重,需要用油缸开闭,油缸会有漏油现象。

②下落式闸门。

下落式闸门也叫潜孔式平板滑动门。下落式闸门的开启或闭合是通过启闭设备将闸门上提或放下实现的。这种门的优点是:结构较简单,仅由一扇滑动门、门框、一个启闭装置及两个锁定装置组成;控制系统较人字门简单;与导轨及道床之间关门时的密封,可在防淹门上直接装楔形密封橡胶,以达到密封效果。其缺点是:在门洞上方要设置一个约 5.5m × 6m 的大洞室,用于放置防淹门的闸门及启闭装置,若防淹门能放置在车站端部,保护车站,则此洞室和站厅合一,容易布置;由于受保护目标或施工方法的影响,若防淹门不能放置在车站端部,则需要在隧道区间安装防淹门,此洞室的布置将十分困难;密封性不如人字门,门与门框之间、门的顶部均有缝隙,但漏水量可以通过水泵排出;在防淹门闸下落时,接触网必须先断开,否则接触网将被剪断;平时进行防淹门全过程的动作检查较复杂。

③平推式闸门。

平推式闸门的开启或闭合是靠闸门左右移动实现的。这种门在平面上、在门洞的侧面需要一个直径大于闸门宽度的洞室放置闸门,车站至隧道间的管线阻拦了闸门的开启,而且这种门的密封性不好,不适合城市轨道交通使用。

(2)闸门的操作。

闸门操作有自动操作和手动操作两种。

①闸门的自动操作。

闸门平时由电动锁定装置锁定于检修平台上,闸门底部处于门槽中。在区间隧道最低处设水位传感器,当隧道发生水灾时,两端车站防淹门控制装置收到一级水位报警信号并经比较确认后,向车站控制室发出报警信号,同时开始计算水位增长速度,如果增长速度达到设定值,则立即向车控室发出隧道危险信号,同时向信号系统发出请求关门信号;如果水位增长速度未到设定值,但控制装置收到二级水位报警信号(危险水位报警信号)并经比较确认,也应立即向车站控制室发出报警信号并向信号系统发出请求关门信号。信号系统在向防淹门控制系统发出允许关门信号的同时,向供电系统发出断开防淹门下方刚性接触网的指令,无论接触网是否动作,防淹门控制系统在收到允许关门信号并接收到闭门信号后,启闭机提升闸门上升50mm,电动锁定装置启动,拉开锁定梁,启闭机放下闸门至底槛,关闭孔口;接收到开门信号后,启闭机提升闸门上升至锁定高度以上50mm,电动锁定装置启动,推动锁定梁复位,启闭机放下闸门至锁定位置锁定。

②闸门的手动操作。

手动操作控制箱设在集散厅层的检修平台上,各扇闸门单独控制。启闭机除上、下极限位置可自动停止外,还可以在任何位置手动停止、上升和下降。电动锁定装置除前、后极限位置可自动停止外,还可以在任何位置手动停止、前进和后退。

4.2.6 火灾报警系统

火灾报警系统(Fire Alarm System,FAS)的主要功能是通过在城市轨道交通车站、主变电所及车辆基地等建筑内按规范设置烟感、感温或红外线等探测器对火灾进行监测,将火灾报警信息传送到车站及控制中心,并自动联动防灾设备运行,达到火灾预警及防灾救灾的目的。

与其相关的消防设备有自动气体灭火系统、机电设备监控系统、防排烟风机、给排水设备等。而本部分主要介绍FAS的组成,具体设备的使用及控制将在单元6详细介绍。

FAS的探测点分布在站厅、站台、设备用房和管理用房等处所,对保护区域进行火灾监视。FAS由中央级设备、车站级设备和连接中央级及车站级的网络组成。

1)中央级设备

中央级设备设立在控制中心,由火灾报警控制、监控、接受全线各车站、控制中心大楼、车辆段的火灾报警控制器的各类信息。它由两台图形命令中心（Graphical Command Center, GCC）组成，实现对全线火灾情况的监控和时钟同步功能。

（1）图形命令中心。两台图形命令中心互为主备，当一台出现故障退出运行时，另一台仍能正常工作。GCC 提供了全线各站点设备的分布图，中央控制室调度人员可以非常直观地看到火灾报警出现的站点及报警位置。另外，系统还配备了两台打印机，一台作为实时数据打印，另一台作为报表或历史记录打印。

（2）与主时钟的接口。在中央级，FAS 通过通信接口与主时钟连接，接收由通信系统提供的时钟同步信号，然后再通过 FAS 网络，将时钟同步信号传送到各个站点，以实现全线各站点的时间同步。

（3）网络。系统通过光纤将中央级与车站级设备连成对等令牌环网。当网络传输线路断开或出现其他故障无法通信时，系统可以自动降级或组成两个或多个各自独立运行的小网，来实现控制中心的监控。

2）车站级

车站级设备主要设置在控制中心大楼、车辆段、车站等。这里主要讲的是车站的 FAS 设备，它主要由控制盘、车站级图形命令中心 GCC 及各种外围设备组成，实现火灾监视和消防联动功能。

（1）控制盘。控制盘是系统的中央大脑，综合处理各种数据信息，作出火警判断，发出声、光报警，启动相关消防设备动作并监视其状态等。控制盘主要由中央处理器（Central Processing Unit, CPU）卡、电源模块及蓄电池、显示操作面板、回路卡、音频卡及消防电话主机、通信卡等几个部分组成。

（2）车站级 GCC。它采用工业计算机，LCD 液晶显示，提供良好的人机界面，直接显示本站的系统分布图，方便值班人员快速处理火灾报警。另外，GCC 还可以将火灾报警信息、故障报警信息、反馈报警信息、历史记录查询、设备工作状态查询、设备控制及联动等信息进行分类。

（3）外围设备。外围设备是指布置在现场的各种火灾探测设备、火灾报警模块等。

①火灾探测设备。火灾探测设备可以分为自动报警设备和手动报警设备。自动报警设备是根据火灾发生的特性，对火灾发生时产生的烟雾、温度、光等物理特性进行监测的设备，主要有感烟探测器、感温探测器、复合型探测器等。手动报警设备有手拉报警器和破玻报警器，主要分布在站厅、站台公共区域和设备区等地点。

②火灾报警模块。按照使用功能，火灾报警模块可以分为探测模块、控制模块、信号模块及输入、输出模块等。火灾报警模块主要监测、控制各种报警设备、消防联动设备和消防广播、电话等。

4.2.7 照明与低压配电

照明及低压配电系统可以分为照明系统与低压配电系统两个子系统。

1）照明系统

（1）系统组成。

城市轨道交通车站的地下地域特征及城市轨道交通运营性质决定了城市轨道交通车站

内照明种类的多样化。按照明系统分,有公共区域一般照明、设备管理用房照明、事故照明、诱导照明、安全照明、标志照明、广告照明等。

车站照明系统根据车站类型的不同,选用的照明方式也不同。地下车站照明供电分为节电照明、一般照明、事故照明等。高架车站照明供电只有一般照明和事故照明。

(2)负荷划分。

根据各个场所照明负荷的重要性,车站照明系统可以分为三个负荷等级。

①一级负荷,主要包括节电照明、事故照明、疏散诱导标志照明。

②二级负荷,主要包括一般照明和各类指示牌照明。

③三级负荷,主要包括广告照明。

(3)供电方式。

一般来说,在站台或站厅的两端各设置一个照明配电室,室内集中安装各类照明控制箱或配电箱。在站台两端各设置一事故照明装置室,室内各安装一套事故照明装置。地下车站一般照明、节电照明、设备及管理房照明的电源,分别在降压站两段母线上各馈出一路电源和照明配电室控制箱相连,以交叉供电。事故照明由降压站两段母线上各馈出一路电源,经事故照明装置再馈出至照明配电室事故照明配电箱后供电。站台、站厅和出入口的诱导灯由车站事故照明配电箱配出单独回路供电。广告照明及其他各类照明(区间照明除外)均由照明配电室馈出。区间照明由设置在站台两端隧道入口处区间隧道一般照明配电箱配出。

事故照明与疏散诱导指示照明正常时采用380/220V交流电源供电。由于事故后照明的重要性,一般事故照明装置带有蓄电池,当交流失电后,自动切换为蓄电池220V直流电源供电。当交流电恢复后,自动切换装置恢复到由交流电向外供电状态。

(4)控制方式。

车站照明一般可以分为三级控制,即站控室集中控制、照明配电室集中控制和就地控制。

①车站控制室集中控制。车站控制室内设有照明控制盘,通过转换开关,可以实现自动/手动控制转换和人工控制及区间隧道一般照明手动控制。正常情况下,工作人员在机电设备监控系统上,对车站照明的工作状态进行监控。

②照明配电室集中控制。配电室内设有相应照明场所的配电箱,可以在配电室内实现集中控制。正常情况下,配电箱所有开关应全部合上,以便车站控制室集中控制和就地控制。

③就地控制。各设备处设有就地开关箱或盒,控制相应设备与管理用房的一般照明。

2)低压配电系统

(1)系统组成。

车站低压配电系统采用380V三相五线制、220V单相三线制方式供电。低压配电系统主要是为车站环控、排水、消防、电扶梯、自动售检票系统、通信信号等设备供电。

(2)负荷划分。

根据车站用电设备的不同用途和重要性,车站的用电负荷可以分为三个等级。通过设备供电的负荷等级可以看出设备的重要性。

①一级负荷,包括通信信号系统、火灾报警系统、气体灭火系统、机电设备监控系统、站

台门系统、防淹门等与系统相关的设备。

②二级负荷,包括电扶梯、自动售检票设备、民用通信电源等设备。

③三级负荷,包括冷水机组、冷冻水泵、冷却水泵、冷却塔风机、电开水器、清扫电源等。

(3)供电方式。

一级负荷设备由降压所低压柜两端母线各馈出一路电源至设备附近的电源切换箱,经电源切换箱实现双电源末端切换后再馈出给设备,两路电源互为备用。

二级负荷设备由降压所低压柜其中一段母线馈出一路电源至设备附近的电源配电箱后再馈出给设备。当该段母线失电后,母线分段开关自动合闸,由另一段母线供电。

三级负荷设备由降压所低压柜其中一段母线馈出一路电源至设备附近的电源配电箱后再馈出给设备。当降压所任何一段母线失电或故障,均联跳中断所有三级负荷设备供电。

(4)控制方式。

由降压所直接供配电设备,工作人员可在降压所或设备附近的配电箱或电源切换箱上对各设备作电源通断或切换操作控制。

由环控监控室直接供配电的设备,工作人员可在环控电控室或设备附近的配电箱或电源切换箱上对各设备作电源通断或切换操作控制。

由环控电控室直接控制的环控设备,采用三地控制,即就地控制、环控电控室控制和车站控制室控制。

1. 任务描述

2017年4月20日17时19分许,在上海轨道交通4号线蓝村路站,列车司机停站瞭望时,发现第5节车厢的第4扇车门处,站台门与列车门之间竟然夹着一名乘客,司机马上把车门打开,幸好乘客顺利脱险,随即独自离开。事后,工作人员调阅了监控录像,发现这名乘客始终在低头看手机,初步判断可能因其突然发现乘错方向或坐过站匆忙下车时导致自己被夹。请你担任本次案例的站务员,演练操作如何手动打开滑动门,并且认知车站运营保障系统的设备。

2. 任务目标

(1)掌握城市轨道交通车站安全门的日常操作和情况处理。

(2)结合图片、实训室设备等,认知车站运营保障系统的设备名称和作用。

3. 任务要求

(1)学员4人一组,逐个认知设备名称,叙述作用,以及手动操作安全门。

(2)学生可反复练习,其中组内设置观察员1名,用摄像机、手机等视录设备将演练过程拍摄下来,使用观察清单记录和分析该小组演练问题及演练程序中关键点的时间把控程度。演练视频也是教师评价依据之一。

(3)演练后应对演练效果、认知情况进行评价,并汇报说明演练中存在的问题,提出改进措施。

4. 任务实施与评估标准

(1)任务实施:能正确认知车站设备名称和作用,掌握安全门操作方法,根据小组分工,

做好任务过程的记录、任务完成情况的考核和评估。

(2)评估标准:认知设备正确且完整,能叙述功能,组内成员准备得当,组织有力,分工明确,本组成员能发现本组演练和操作中的问题和不足并提出改进意见,汇报话语流畅,表达准确、得体、清楚。

5. 检测评价

完成本次课程,根据同学在设备认知和操作的整体表现,结合训练的要求,给予客观评分。

项目	类别		
	组员自评	小组自评	小组互评
团队和谐(5分)			
团队分工(15分)			
团队准备(10分)			
设备认知(40分)			
设备操作(20分)			
规范使用工具(10分)			
总分(100分)			

 单元检测

一、单选题

1. 自动扶梯紧停装置设置在( )。
   A. 扶梯上端　　　　B. 扶梯下端
   C. 扶梯中部　　　　D. 一般在扶梯上、下端,长大扶梯中部也有

2. PIS发布信息模式分为正常模式及( )两种,默认模式为正常模式。
   A. 紧急模式　　　B. 应急模式　　　C. 预置模式　　　D. 预留模式

3. 站台门在车站用电负荷中属于( )负荷。
   A. 一类　　　　B. 二类　　　　C. 三类　　　　D. 四类

4. FAS的主要功能有火灾报警、监视报警、故障报警、( )、消防电话通信。
   A. 声光报警　　　B. 控制消防设备　　　C. 消防水泵　　　D. 故障报警

5. 城市轨道交通客运服务人员需具备以下素养:( )、主动服务行动、坚持主动学习、具备阳光心态。
   A. 主动服务意识　　B. 主动沟通　　　C. 坚持主动巡岗　　D. 具备良好心态

6. 下列哪个设备不属于环控系统?( )
   A. 冷水机组　　　B. 冷却塔　　　C. 组合空调机　　　D. 消防箱

7. 信号设备属于哪类负荷?( )
   A. 一类负荷　　　B. 二类负荷　　　C. 三类负荷　　　D. 四类负荷

8. 城市轨道交通车站内广告照明在车站用电负荷中属于( )负荷。

A. 一类　　　　　B. 二类　　　　　C. 三类　　　　　D. 四类

二、多选题

1. 垂直电梯应满足的条件有(　　)。
   A. 电梯的设置应方便残障乘客的使用,电梯的操作装置应易于识别、便于操作
   B. 当发生紧急情况时,电梯应能自动运行到设定层(疏散层)并自动打开电梯门
   C. 电梯轿厢内应设有专用通信设备,并应保证内部乘客与外界的通信联络
   D. 非透明电梯轿厢内应设视频监视装置

2. 站台门系统门体结构包括(　　)。
   A. 固定门　　　B. 滑动门　　　C. 应急门　　　D. 端门

3. 以下属于PIS信息显示内容的包括(　　)。
   A. 紧急灾难信息　　　　　　　B. 列车服务信息
   C. 乘客引导信息　　　　　　　D. 一般站务信息及公共信息

4. 下列关于车站广播规定的说法,正确的是(　　)。
   A. 广播以及时、清晰、准确引导乘客安全、快捷乘坐地铁为原则
   B. 车站当值的任何人员均可以操作广播
   C. 广播内容必须根据实际需要并选择适当时机播放
   D. 广播内容定置存放,有序管理

5. 车站、区间照明系统包括(　　)。
   A. 节电照明　　　B. 应急照明　　　C. 值班照明　　　D. 广告照明

6. 车站广播应(　　)、(　　)、(　　),以引导乘客安全、快捷乘坐为原则。
   A. 及时　　　　　B. 完整　　　　　C. 清晰　　　　　D. 准确

7. FAS主机柜内包括(　　)。
   A. FAS主机　　　B. 气灭主机　　　C. 消防电话主机　　　D. 故障报警主机

8. FAS系统主要功能包括(　　)。
   A. 火灾报警　　　B. 监视报警　　　C. 故障报警　　　D. 控制消防设备

9. 车站供电一级负荷包括(　　)。
   A. 通信系统　　　B. 牵引供电系统　　　C. 事故照明　　　D. 电扶梯

10. 广播按发布区域分为(　　)和(　　)。
    A. 车站广播　　　B. 列车广播　　　C. 站台广播　　　D. 车控室广播

11. 以下用电一级负荷的有(　　)。
    A. 电动列车　　　B. 商业用电　　　C. 自动扶梯　　　D. 通信信号用电

三、判断题

1. 发现扶梯异响、运行异常后,可以继续使用电梯。　　　　　　　　　　　　(　　)
2. 在正常运营状态下,端门保持关闭且锁紧。　　　　　　　　　　　　　　　(　　)
3. 自动查询机通常安装在非付费区,用于乘客自助完成对储值票的充值,通常还可以提供票查验等其他服务。　　　　　　　　　　　　　　　　　　　　　　　(　　)

单元 5　城市轨道交通自动售检票系统

教学目标

▶ **知识目标**
1. 掌握城市轨道交通自动售检票系统的组成；
2. 掌握票卡种类与使用规则；
3. 掌握自动售检票系统终端设备及其构造。

▶ **能力目标**
1. 能够协助乘客正确使用各类票卡；
2. 能够协助乘客正确使用自动售检票系统终端设备；
3. 学会使用自动售检票系统终端设备为乘客提供票务服务。

▶ **素质目标**
1. 培养学生以准员工标准遵守岗位工作规程；
2. 学会严谨细心、热忱周到地对客服务。

▶ **建议学时**
8 学时

案例导入

据中国城市轨道交通协会发布的数据,2022 年新增南平、金华、南通、台州和黄石 5 个城市轨道交通运营城市,使我国开通城市轨道交通运营线路的城市达到 53 个。另有北京、天津、重庆、广州、深圳、武汉、南京、大连、西安、郑州、昆明、杭州、佛山、长沙、宁波、青岛、福州、合肥、绍兴和嘉兴 20 个城市有轨道交通新线、新段或既有线路延长项目开通运营,新增运营里程 1085.17km,新开通运营车站 622 座,运营里程累计达到 10291.95km,包含了 9 种不同的城市轨道交通制式,其中地铁 8012.85km。

根据中国信息产业商会自动收费系统专业委员会(简称"AFC 专委会")的调研,随着新开通线路的增加,自动售检票(AFC)系统设备也随之增加,截至 2022 年,45 个城市(不含有轨电车项目城市)轨道交通 AFC 系统设备已经达 19 万台套,其中,自动检票机 11.9 万通道,自动售票机 4.6 万台,半自动售票机 1.7 万台,互联网取票机 4800 台,智能客服中心 450 座,其他相关设备 3000 台(含自助票务、查询、手持设备等)。

目前,城市轨道交通票务系统已发展成为自动化程度高、功能完备的 AFC 系统。AFC 系统作为重要的客运服务设备发挥着越来越重要的作用,既要维护正常的乘客进出站工作,又要保障运营企业的票款收入、科学地统计客流,为轨道交通的健康发展和科学运转提供基础支撑作用。在 20 世纪 60 年代末,法国巴黎最早出现了自动检票设备。自动售检票系统作为城市轨道交通向公众提供服务的窗口,是城市轨道交通系统运营服务的核心子系统。

5.1 城市轨道交通自动售检票系统概述

5.1.1 自动售检票系统概念

AFC 系统是基于计算机、自动控制、网络通信、现金自动识别、机电一体化和大型数据库管理、云技术、人工智能等高新技术,实现轨道交通售票、检票、计费、收费、统计、清分、管理等全过程的自动化系统。图 5-1 为 AFC 系统功能和相关信息技术。

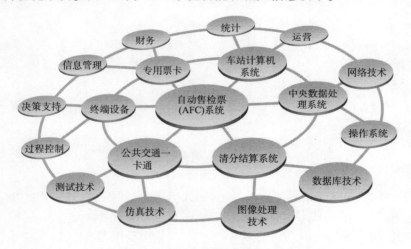

图 5-1 AFC 系统功能和相关信息技术

5.1.2 AFC 与人工售检票相比的优点

(1)提升轨道交通行业的社会形象和服务区域形象。
(2)提高运营管理水平,保障票务收益。
(3)管理责任落实,保证交易数据和票务信息的安全。
(4)简化操作,方便出行,提高乘客的出行效率。
(5)提供准确的客流及票务统计分析数据。
(6)减少现金交易、人工记账及统计工作,提高准确率和效率。

单元5　城市轨道交通自动售检票系统

5.1.3　我国"新一代 AFC 系统"等模式下的自动售检票系统发展现状

以深圳地铁为例,2020 年开通的深圳地铁 6、10 号线 AFC 系统与既有开通线路功能保持一致,包括全面支持扫码支付、扫码过闸、银联闪付过闸、全国一卡通等多元化支付过闸方式;此外,深圳地铁 6、10 号线 AFC 系统还进一步开展了深圳地铁"生物识别+信用支付"科研成果转化工作,在所有车站均设置了人脸识别设备(边门检票机)、智慧客服设备(自助票务处理机)等新型票务处理设备,全面支持包含 60 岁及以上长者在内的 23 类免费群体,在自助票务处理机提前注册后,即可实现边门检票机刷脸进出站。与此同时,乘客进出站遇到票卡异常情况时,可通过自助票务处理机自助解决。除以上新型乘客进出站业务功能应用外,深圳地铁 6、10 号线 AFC 系统还率先在全国采用了支持读取二代身份证的全业务下移型 AFC 读写器。

中国信息产业商会自动收费系统专业委员会(简称"AFC 专委会")对 44 个城市进行调研,2022 年全年进站客流量共计 116.1063 亿人次,较 2021 年的 143.9749 亿人次减少 27.8686 亿人次,下降 19%。在乘客过闸进站方式中,二维码进站量 58.086 亿人次,一卡通刷卡进站量 45.913 亿人次,单程票进站量 5.75 亿人次,其他移动支付和生物识别技术方式(包括数字人民币、人脸识别和掌静脉等生物识别、银联闪付、各类 PAY 钱包)进站量 1.73 亿人次,此外,还有相当数量的是运营企业发行的地铁卡,包括员工卡、外服卡、纪念卡等。国内城市轨道交通进站客流支付方式概况见表 5-1。

国内城市轨道交通进站客流支付方式概况　　表 5-1

过闸进站方式	数量(亿人次)	占比(%)
二维码进站	58.086	50
一卡通进站	45.913	40
单程票进站	5.75	5
地铁卡(包括员工卡、外服卡、纪念卡等)	4.63	4
其他移动支付和生物识别技术方式(包括数字人民币、人脸识别和掌静脉等生物识别、银联闪付、各类支付钱包)	1.73	1

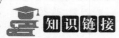

智慧地铁——北京地铁"数字 1 号员工"

北京地铁将越来越"聪明",乘客未来在"智慧车站"可享受票务安检一体化等一系列服务,缩短进站时间,提高出行效率。

2023 年 5 月,在北京交通广播《一路畅通》"交通大家谈"节目中,北京地铁运营有限公司副总工程师、技术创新研究院党支部副书记、院长魏运介绍,在北京地铁的"智慧车站",可以借助新一代的物联、通信、能源、材料、时空定位等赋能技术,以定制响应乘客服务和运营管理等多种需求。

通过北斗卫星导航系统定位+多制式导航系统验证,乘客未来可以通过"北京地铁"App、小程序等,在首都机场线享受精准的位置查询、路径规划等服务。

通过享受实名制乘客快速进站服务、票务安检一体化服务,缩短进站时间,提高出行效率。

通过基于语音识别、知识图谱、语义理解等新兴技术,打造的动态自学习智能客服——北京地铁"数字1号员工",满足问询、招援等场景需求。

试点上线团体预约、自动体外除颤器(Automated External Defibrillator,AED)应急联动等功能模块,丰富已有的爱心预约、失物招领功能,进一步提升乘客出行体验和服务品质。

"智慧地铁"将实现从"人适应地铁"到"地铁适应人""生产范式"向"服务范式""被动服务"向"智能服务"的转变。未来人工智能、新能源、新材料、区块链等新技术将逐步在首都地铁智慧化建设中实践、应用并推广。

智慧票务方面,利用计算机视觉技术,通过票务服务平台、客流及乘客出行画像管理平台、一体化无感通道收集乘客出行需求,实现无感支付快速通过,提高通行效率。

智慧管理方面,可以通过视频图像识别乘客异常行为,辨识乘客的异常状态并预警,主动感知乘客的特殊需求并及时响应。自然语言处理技术结合图像处理、大数据等技术的应用可以实现智慧召援、智慧便民两大应用场景,提高北京地铁的乘客服务水平。

思政点拨

2022年以来,武汉地铁探索建立了"乘客点单、总支配单、支部买单、组织评单""四级递单"工作模式,率先在3个客运服务党总支推行,着力打造"用心、贴心、知心、精心、暖心"的"五心服务":"乘客点单",乘客通过评议、市民热线、车站开放日等方式,反馈意见和建议;"总支配单",总支梳理乘客"急难愁盼"的问题,配发给相应支部;"支部买单",支部通过主题党日找准问题根源,制定方案着手整改;"组织评单",组织通过乘客反馈意见、满意度调查等方式,对整改结果进行考评。

武汉地铁相关技术人员已完成多个站点客服中心付费区乘客显示屏改造工作,武汉地铁运营公司客运二中心党总支给出"评单"意见:此举有效提升了乘客操作便利性,同时提高了工作效率;客运服务工作只要做到用心、贴心、知心、精心、暖心,乘客就会少"跑腿"不"绕弯"。

武汉地铁提出"所有党员干部要深入线网车站、深入服务现场,倾听市民呼声、乘客期盼,及时梳理形成问题清单,以'四级递单'方式逐一'销号办结',推动地铁运营服务工作的提质增效"。

单元5　城市轨道交通自动售检票系统

> 串联起中心城区、东湖高新区乃至鄂州市民生产生活的重要枢纽的地铁武汉东站，为2号线和11号线的换乘站，是2号线小交路折返站和11号线东段端点站，日均客流量4万人次，早晚高峰两线换乘人员较多，呈现双马鞍式潮汐特征。针对乘客的"点单"，武汉地铁及时"配单"，车站"接单"拿出整改方案：早晚高峰不同方向的高峰客流，灵活调整2部手扶电梯方向，使用铁马隔离出通道，电梯附近设置临时标志、增派工作人员引导，有效降低客流对冲、提升换乘效率。

5.2　城市轨道交通 AFC 系统组成结构

5.2.1　分级集中式架构

自动售检票系统（AFC）主要包括清分子系统（ACC）、线路子系统（LC 或 MLC）、车站子系统（SC）、车站终端设备（SLE）和乘车凭证。开通互联网票务服务的，还应包括互联网票务平台。自动售检票系统的具体架构层级可根据新技术应用和线网运营管理需要进行调整和优化。

城市轨道交通网络化运营后，AFC 系统通常采用分级集中式架构形式，即以一条线路作为控制对象进行系统设置，针对每一条线路设置一套 AFC 控制系统（LCC，即 Line Center Computer，线路中央计算机系统），整个线网设置一个路网中心（ACC，即 AFC Clearing Center，因路网中心担负清分功能，所以也称清分中心），路网中心负责获取全路网交易数据，确定各线路的换乘结算方式和数据接口，除对各线路自己的运营票款进行结算外，还对跨线交易数据进行实时清分。采用分级集中式架构的 AFC 系统可以实现路网不同线路的换乘和清分，满足路网便捷化和信息化的需求，同时可以实现对全路网票款和客流的全面管理。

分级集中式 AFC 系统结构分为五个层次：第一层为城市轨道交通清分子系统（ACC），第二层为线路中央计算机系统（LCC），第三层为车站计算机系统（SC），第四层为车站终端设备（SLE），第五层为车票。分级集中式架构如图5-2所示。

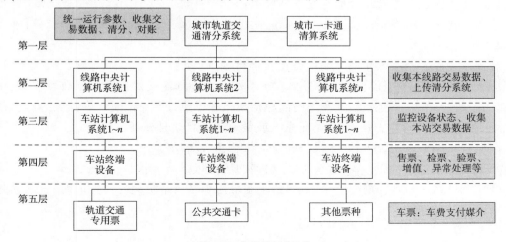

图 5-2　分级集中式架构

5.2.2 分级集中式架构各层级功能

1）第一层清分子系统主要功能

（1）清分结算。

清分结算功能应满足下列要求：

①支持线网级交易数据的完整性、准确性和合法性的审核。

②支持对线路子系统、互联网票务平台，以及交通一卡通管理系统等外部系统的票务收益数据对账。

③对票务清分规则进行管理，实现不同运营主体、不同线路的票务收益清分结算。

④支持清分异议申诉处置和调账处理。

⑤支持线网客流清分，主要包括断面客流、车站换乘客流、线路换乘客流、车站客运量、线路客运量、线网客运量、线网平均运距、客运周转量、线网平均票价等。

（2）乘车凭证管理。

清分子系统应支持轨道交通专用票初始化、编码发行、分拣、赋值、校验及挂失、注销等业务管理，并实现对线网实体票卡调配流转、实时库存、盘点调整等信息的监视和跟踪。

（3）参数管理。

清分子系统应支持票务清分、票价、黑名单等参数的设置和更新管理，接收交通一卡通管理系统等外部系统的参数数据并解析处理，生成自动售检票系统内部参数并下发执行。

（4）客流统计分析。

清分子系统应支持按小时、日、周、月、季度、年度等对结算报表、对账报表、客流报表等进行统计，便于票款清算对账、客流情况分析。客流报表应支持按分钟进行统计，至少包括进站量、换乘量、出站量报表统计。

（5）报表管理。

2）第二层线路中央计算机系统的功能

（1）设备监视。

线路子系统设备监视功能应满足下列要求：

①监视车站终端设备服务状态，主要包括设备正常服务、降级服务、暂停服务、维修服务、设备关机等状态。

②监视车站子系统和车站终端设备正常运行模式（主要包括正常服务模式、关闭模式、暂停服务模式、设备故障模式和维修模式等）、降级运行模式（主要包括列车故障模式、车费免检模式、进出站次序免检模式、车票时间免检模式和车票日期免检模式等）、紧急运行模式（由火灾报警系统、清分子系统、车站子系统或紧急按钮启动时等触发）状态。

③监视车站子系统、车站终端设备的通信状态、时钟同步状态。

④监视线路子系统服务器、交换机、路由器的运行状态。

⑤监视线路子系统与清分子系统、线路子系统与车站子系统交易传输的时效性、完整性和一致性。

（2）设备控制。

线路子系统设备控制功能满足下列要求：

①应支持设置车站子系统和车站终端设备的操作员权限、服务时段(自动运营起止时间)、服务时长(含延长运营)、系统数据传输时间间隔等。

②宜支持设置车站子系统的正常、降级、紧急运行模式。

(3)客流监视。

线路子系统客流监视功能满足下列要求:

①应支持根据所辖线路、车站以及车站的某组、某类、某台终端设备,票种等查询和输出购票、进出站等实时客流情况,实时客流数据应按照设置的时间间隔自动刷新。

②应支持对所辖车站、站厅、设备组的客流报警阈值和客流报警监测时间等参数进行设定,并自动或手动将有关参数发布至所辖车站子系统。

③应支持按照设定的客流数据阈值,自动或者手动检查车站或设备群组客流是否超出警戒客流,超出时宜进行提示。

(4)乘车凭证管理。

线路子系统乘车凭证管理功能应满足下列要求:

①支持对线路实体票卡的调配流转和库存盘点调整。

②支持对线路实体票卡调配流转信息、实时库存信息、盘点调整信息的监视。

(5)参数管理。

线路子系统参数管理功能满足下列要求:

①应支持系统参数的设定,接收或导入清分子系统下发的票价、黑名单等参数并解析处理,向车站子系统下发。

②应支持对线路子系统、车站子系统和车站终端设备参数版本信息的查询,当参数版本出现差异时应告警,宜支持参数自动同步。

(6)软件管理。

线路子系统软件管理功能宜支持车站终端设备相关管理软件的导入和下发,应支持对软件版本信息的查询,当软件版本出现差异时应告警;宜支持软件自动同步。

(7)数据导入导出。

线路子系统应支持车站终端设备、车站子系统的交易数据、业务数据和日志的导入,线路子系统交易数据、业务数据和日志的导出。

(8)日志管理。

线路子系统应对车站终端设备的运行日志进行记录和保存,并实现线路子系统操作、服务器事件、通信等日志的分类管理。

(9)报表管理。

线路子系统报表管理功能应满足下列要求:

①支持按小时、日、周、月、季度、年度对进出站量、票务收益等进行统计,便于线路客流分析、票款对账。

②支持售票、充值、补票、退票、进站、出站等交易数据明细统计,便于车站票务处理、系统故障调查。

(10)维修维护管理。

线路子系统维修维护管理功能应支持故障监控、部件管理、维护统计等,宜支持查询设备名称、硬件识别号、安装位置、软件版本等履历信息。

3）第三层车站计算机系统的功能

车站计算机系统将一个车站的自动售票机、半自动售票机、进/出口闸机等 AFC 车站终端设备联系在一起，用于收集存储本站各种终端设备产生的交易和审计数据，为车站运营提供即时数据查询及终端设备状态监控，准确生成各种运营报表，同时肩负着为线路中央计算机及时上传本站设备数据的任务。车站子系统应实现下列主要功能：

（1）设备监视。

车站子系统设备监视功能满足下列要求：

①应支持监视车站终端设备服务状态，主要包括设备正常服务、降级服务、暂停服务、维修服务、设备关机等状态。

②应支持监视车站子系统和车站终端设备正常、降级、紧急运行模式状态。

③应支持监视自动售票机、自动检票机工作模式状态。自动售票机宜包括正常模式、无找零、不收纸币、无纸币找零、无硬币找零、不收硬币模式、移动支付模式等工作模式；自动检票机宜包括仅刷卡扫码、仅刷卡和回收票卡、仅刷卡等工作模式状态。

④应支持监视并查询车站终端设备的运行状态变化，当设备或其部件运行状态出现异常或故障时，进行相应提示或报警，当选中具体设备时，显示该设备的详细状态信息。

⑤应支持监视车站子系统、车站终端设备的通信状态，通信异常时应提示或报警。

⑥应支持监视车站子系统服务器的运行状态，主要包括网络连接状态、存储空间、内存占用、中央处理器（Central Processing Unit，CPU）的利用率，运行异常时应提示或报警。

⑦应支持监视车站子系统与车站终端设备交易传输的时效性、完整性和一致性。

（2）设备控制。

车站子系统设备控制功能应满足下列要求：

①实现指定的单台或群组车站终端设备开始运营、结束运营、暂停服务、关机、时钟同步等。

②支持设定车站终端设备的服务时段（自动运营起止时间）、服务时长（含延长运营）等。

③支持设定车站终端设备的正常、降级、紧急运行模式状态。

（3）客流监视。

车站子系统客流监视功能满足下列要求：

①应支持按照车站、票种、终端设备等全天或分时段监视乘客售票、充值、补票、进站、出站等情况，支持按车站、设备群组以 5min 为单位进行客流监视。

②应支持按照设置的时间间隔自动显示客流动态信息，按照指定的时间段显示历史客流数据。

③应支持按照设定的客流数据阈值，自动检查车站或设备群组客流是否超出警戒客流，超出时宜有提示信息。

（4）乘车凭证管理。

车站子系统乘车凭证管理功能应满足下列要求：

①支持对本站实体票卡的调配流转和库存盘点调整。

②支持本站实体票卡调配流转信息、实时库存信息、盘点调整信息的监视。

(5)参数管理。

车站子系统参数管理功能应满足下列要求：

①接收下发的参数同步命令,上传参数版本信息,依据下发的更新命令,下载相关参数数据到本级系统。

②检查并比较车站终端设备的参数版本,版本出现差异时应告警,并将差异版本信息下发给车站终端设备进行参数同步。

③具有控制车站的某类设备、一组设备或单个设备使用测试版本参数或正式版本参数,记录参数版本设定信息,并通知终端设备进行参数同步的功能。

④具有根据参数类别、版本类型、参数版本等条件查询有关参数数据的功能。

⑤具有根据设备类别、参数类别、版本类型等条件查询终端设备的参数版本信息及下载更新的功能。

(6)软件管理。

车站子系统软件管理功能宜满足下列要求：

①接收下发的软件版本同步命令,上传本级系统软件版本信息,依据下发的更新命令,下载相关软件数据到本级系统。

②检查并比较终端设备的软件版本,版本差异时应告警,并将差异版本信息下发给终端设备进行版本同步。

③根据设备类型、软件类别、版本类型等条件查询各类型终端设备软件版本信息,并查看程序文件构成信息。

④根据设备类别、软件类别、版本类型等条件查询终端设备的软件版本信息并下载更新。

⑤控制车站某类设备、一组设备或单个设备使用测试版本软件或正式版本软件,记录软件版本设定信息,并通知终端设备进行软件版本同步。

(7)数据导入导出。

车站子系统数据导入导出功能,应支持对车站终端设备产生的交易数据、业务数据和日志的导入,对车站子系统内车站终端设备交易数据、业务数据和日志的导出。

(8)日志管理。

车站子系统应对车站终端设备的日志进行记录和保存,并支持按时间、设备类型、操作类型等进行查询。日志记录应包括操作日志、维护日志、交易日志等类型,日志信息应具有完整性和可读性,简单易懂,必要时可配置解析工具及说明。

(9)报表管理。

车站子系统报表管理功能应满足下列要求：

①支持按小时、日对进出站量、票款等报表进行统计,支撑车站客流管理预案制定、票款对账等。

②支持售票、充值、补票、退票、进站、出站等交易数据明细统计,支撑车站票务处理、系统故障调查。

③支持钱票箱使用信息、乘车凭证调配信息等操作信息统计,辅助车站日常票务运营

管理。

4）第四层车站终端设备的功能

AFC系统车站终端设备包括自动售票机、自动充值机、云购票机、自动检票机、半自动售票机、自动查询机、手持式验票机等。

（1）设备监控。

车站计算机系统可以根据上传的售检票设备状态信息，实时监控售检票设备的运行情况，在显示界面上对运行过程中出现的各种特殊情况作相应显示或发出报警提示，并作相应处理。售检票终端设备在上级AFC系统监控下工作，并上传以下信息：

①设备工作方式，如正常/暂停服务、故障、维修等。

②设备操作方式，如双向闸机的进、出或双向方式等；操作员登录和退出信息。

③网络通信状态。

④报警信息。

⑤部件信息：包括闸门、车票读/写模块、硬币、纸币处理模块等各种设备关键部件的状态信息。如果设备发生连续的读/写/校验错误，立即停止服务。所发生的单个及连续读/写/检验错误生成日志记录；连续出错的上限值应可用参数设置。

（2）设备维护。

车站级售检票设备具有检测、自诊断功能。部分售检票终端设备内置维修面板，维修面板显示故障自诊断信息，设备维护管理人员可通过维修面板完成维护操作。在测试模式下，任何操作不更改或删除售检票设备内部保存的数据。在开机运行、发生故障及维修操作时，可以通过专门的处理模块完成以下功能：

①设备通信状态检测。

②设备重要部件状态信息检测。

③设备工作方式切换。

④设备复位。

⑤完成功能测试（如通过测试票对设备进行测试）。

⑥通过专门的外部数据接口接收系统参数、软件更新，导出运营数据。

⑦显示故障信息代码。

（3）设备安全管理。

①操作权限控制。

操作人员必须经过安全验证，如输入员工编号、密码后，才能登录到车站级售检票设备上对售检票设备进行操作。每个操作人员有唯一编号和密码。操作人员的编号、密码、权限等级、允许操作的售检票设备类型、允许操作的功能由上级AFC系统统一设置。车站级售检票设备能通过参数设置登录后无操作自动注销的时限。即在操作员登录后，如果在参数设定的时间内没有任何操作，则售检票设备自动注销该操作员的登录。登录和注销信息均上传至上级AFC系统。TVM、自动加（充/增）值机等自助设备自动注销后，本地报警并向上级AFC系统报警。

②操作记录。

车站级售检票设备能记录所有登录及退出操作，并上传至上级AFC系统。

③密钥。

售检票终端设备上的车票读/写器中具有存储密钥和确保密钥安全的单元,且必须通过密钥下载和安全授权后才能启用。

④安全锁。

售检票终端设备维修门和钱箱配有安全锁。售检票终端设备上的安全锁及钥匙具有高安全性(能有效防止非法开锁尝试和非法入侵)、高可靠性和耐磨损。

⑤报警。

售检票终端设备配置扬声器或喇叭用于报警。当对售检票设备进行非法操作时,售检票设备能发出声、光报警,同时将报警信息上传到上级 AFC 的设备监控子系统。

(4) 提供人机界面。

车站级售检票设备提供友好的人机界面,为乘客、操作员和维修管理人员提供直观的操作指引、车票处理信息显示。车站级售检票设备人机界面能根据需要显示中、英文以及数字信息。显示信息简洁、清晰,尽量避免多屏显示。

(5) 数据处理。

车站级售检票设备数据处理包括以下几个方面:

①上传信息。

设备状态:包括设备综合运行状态、告警等级、部件状态等。

交易数据:包括各种车票处理数据、现金收支数据等。

命令请求:向上级 AFC 系统发出的退余额请求等要求上级 AFC 系统回应的信息。

命令应答:对上级 AFC 系统发出的访问请求的回应。

②接收信息。

控制命令:包括开机、停机、用途转换、模式执行、时钟同步等命令。

设置参数:包括票价表、设备在各种模式下的执行参数等。

授权信息:上级 AFC 系统的授权信息,黑名单信息等。

访问请求:包括状态查询请求、票务系统认证请求等。

命令应答:上级 AFC 系统发出的对售检票设备命令请求的回应。

③黑名单处理。

黑名单票是指车票的乘车功能被自动售检票系统禁止使用。黑名单格式与城市"一卡通"系统的黑名单格式兼容。当售检票终端设备检查到被列入黑名单的车票时,向上级 AFC 系统上传车票处理信息,如锁住车票、写黑名单标志等。当车站级售检票设备收到黑名单参数后,立即生效。售检票终端设备若检查到车票属于黑名单范围内,根据相应的处理方式对车票进行处理。

④数据存储要求。

在与上级 AFC 系统通信中断的情况下,车站级售检票设备能在单机方式下工作;能存储不少于 7 个交易日的交易数据;应具备防止因设备或存储部件故障而发生丢失数据的功能;能防止同一种数据多重存储或发送的情况发生;能对保存的数据进行监测。

5) 第五层票卡的功能

票卡就是乘客使用的车票,用于记载乘客的出行和费用信息,是乘客乘坐城市轨道交通的有效票据或凭证。票卡记载了乘客从购票开始,完成一次完整旅行所需要和产生的费用、时间、乘车区间等信息。车票作为乘客付款、乘车的一种有效凭证,其所载信息应完整、准确,能满足所采用票制及票务服务方式的需要;其设计制作应经济实用,并具有一定的防伪功能。

不同的票卡媒介将对应不同的识别系统。目前,国内各大城市如北京、上海、广州、深圳等地可在城市轨道交通线网中使用的票务凭据,主要包括两大类:

①实体票卡:主要有轨道交通专用票(含计程票、计次票、定期票等)、一卡通卡、金融IC卡等。

②虚拟票卡:主要有二维码车票、NFC虚拟卡等。

5.2.3 自动售检票系统设备配置与布局

根据《地铁设计规范》(GB 50157—2013),城市轨道交通车站每组闸机宜不少于3台(通道),每组自动售票机宜不少于2台。以标准车站设计,一般等级城市轨道交通车站的AFC设备数量要求最少为18台(每个站厅布设进出闸机各3台、自动售票机2台、半自动售票机1台,标准站一般为在两端头厅布置AFC设备)。

1) 影响AFC系统设备配置与布局的因素

(1) 高峰小时进出站客流。

高峰小时进出站客流量是决定车站AFC系统设备配置的主要因素,高峰小时进出站客流的流向则是决定车站AFC系统设备布局的基本依据。

(2) 车站AFC系统设备使用能力。

车站AFC系统设备使用能力是指车站AFC系统设备在单位时间内(通常为1min)的出票张数或通过人数等。车站AFC系统设备通过能力可以分为设计能力和使用能力。设计能力是理想状态下的设备能力,根据AFC系统文件提供的数据确定。比如检票机的设计能力,主要取决于票卡读写时间、闸门开启时间和乘客通过闸门时间等。但实践中,由于乘客特性、使用熟练程度、设备利用不均匀等原因,车站AFC系统设备的使用能力小于设计能力。因此,在AFC系统设备配置数计算时,应考虑其使用能力。

(3) 站台与站厅层设计布局。

站台、站厅层设计布局主要设计站台类型、车站控制室的位置、升降设备的位置和车站出入口的布置等。站台、站厅层设计布局对付费区及检票机的设置有较大影响,从而影响车站AFC设备的配置和布局。比如,岛式站台车站,付费区的自动扶梯、步行楼梯设置在站厅的中央区域;客流量比较大的车站,会在付费区两侧布置验票机,从而增加检票机数量。

2) AFC系统设备的配置原则

(1) 首先,要满足面向乘客服务的要求。

(2) 其次,要强调设备配置的能力匹配与经济性。

(3) 最后,要体现出城市轨道交通服务方式在各类城市公共交通服务模式中的先进性。

3) AFC系统设备配置与布置应满足的要求

(1) 车站终端设备配置数量和布局应匹配车站客流量和客运组织需求,符合乘客进、出站流线,减少购票、进站及出站客流的交叉影响。正常情况下,车站自助售票排队时间宜少于5min,检票排队时间宜少于2min。

（2）车站每个自动售票机群组应至少有1台具备现金支付功能的售票设备正常使用。

车站每个自动检票机群组具备使用条件的通道应不少于2个，至少有1台具备轨道交通专用车票回收功能的自动检票机正常使用；每个自动检票机群组应至少设置1台双向宽通道自动检票机，宽通道自动检票机通道净距宜为900mm。

（3）付费区内出站自动检票机与楼梯口距离不应小于5m，与自动扶梯基点距离不应小于8m。

（4）与铁路车站、机场、汽车客运站等交通枢纽，以及大型场馆、大型商业区、重要旅游景区等邻近或连通的城市轨道交通车站应结合客流构成及时空分布情况，合理增设售票设备以及宽通道自动检票机、双向自动检票机数量。

（5）在确保城市轨道交通运营安全的情况下，鼓励依托实名制、信用管理等手段探索实施票务支付和快速安检融合的票检一体服务。

（6）逐步实现不同城市间城市轨道交通二维码车票、一卡通卡等乘车凭证的互联互通，实现跨城市通行"一码通""一卡通"。

（7）鼓励城市轨道交通二维码车票、一卡通卡等乘车凭证，与当地市域（郊）铁路、城际铁路等实现票制互通、支付兼容，实现"一票通达""联乘优惠"。

（8）支持跨城市或跨方式互联互通的票务系统，应具备乘车凭证跨城市或跨方式黑名单管理、客流统计分析和报表制作，以及异议申诉处理等功能。

（9）应建立健全乘客票务服务体系，及时受理和解决乘客有关票务的咨询、求助和投诉等事项。

5.2.4 互联网时代下的AFC系统设备

随着我国互联网事业的发展，城市轨道交通运营企业、设备集成商和设备生产商都在积极探索"互联网+"模式下的移动端支付方式，使AFC系统更好用、更便捷，为乘客提供更好的出行服务。随着移动支付、大数据、云计算技术的快速发展，银联云闪付、手机NFC、支付宝、微信甚至刷脸支付等各种支付方式都已变成现实。传统AFC五层架构也正在逐步向"互联网+"AFC系统架构演变。AFC系统架构演进与发展如图5-3所示。

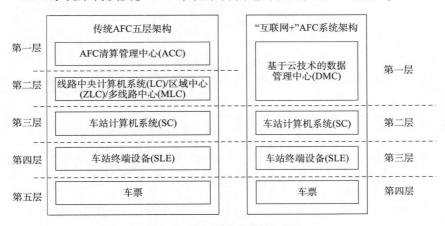

图5-3　AFC系统架构演进与发展

随着互联网取票、移动支付购票和手机扫码(蓝牙)过闸的应用,AFC系统设备也发生相应的变化,出现了云闸机(IAG)、云售票机或者云购票机(ITVM)、智能客服机(IBOM)和云票务平台等新设备和新系统,这些新设备和新系统具有如下特点:

(1)现场设备功能更强大,但结构更简化。

(2)系统结构发生了变化,同时系统对网络依赖越来越强。

知识链接

交通运输部颁布的《城市轨道交通自动售检票系统运营技术规范(试行)》规定,车站终端设备技术性能应满足下列要求:

(1)自动售票机单张实体票卡出票时间不应超过2s,半自动售票机单张实体票卡出票时间不应超过1s。

(2)自动售票机单张实体票卡发售时间:硬币支付无找零时,不应超过3s;纸币支付无找零时,不应超过4s;纸币支付硬币找零时,不应超过7s;纸币支付混合找零时,不应超过9s;非现金支付时,不应超过5s。

(3)自动检票机通行率(即单位时间内使用乘车凭证通过检票的人数):混合通行总体通行率不宜小于25人/min。一卡通卡、二维码车票通行率不应小于30人/min;轨道交通专用票、金融IC卡、近场通信(Near Field Communication,NFC)虚拟卡通行率不应小于25人/min。

(4)自动检票机的技术性能宜符合表5-2的要求。

自动检票机技术性能要求　　　　　　　　　　　　　　　表5-2

序号	项目类别	分项		要求
1	最大读写距离	卡式实体票卡、NFC虚拟卡		不小于60mm
2		筹码式实体票卡		不小于40mm
3	最大冲击力	剪式门		≥175N且≤325N
4	闭合力	拍打门		≥200N且≤250N
5	运动打击力	拍打门	标准通道	≤150N
6			宽通道	≤200N
7	乘客尾随最小间距报警值	剪式门、拍打门		≤300mm
8	乘客尾随最小关门距离	剪式门、拍打门		≥300mm且≤600mm

注:最大读写距离是指从车站终端设备读写区域表面至能正确识别处理实体票卡、NFC虚拟卡的最大距离。

(5)车站终端设备命令响应时间应小于2s,状态改变的响应时间应小于1s。

(6)自动售票机平均无故障工作次数不应小于50000次,半自动售票机、自动检票机平均无故障工作次数不应小于100000次。

单元5 城市轨道交通自动售检票系统

 思政点拨

　　2023年5月5日8时20分,因某市公共交通一卡通业务平台设备故障,该市地铁二维码、人脸识别过闸业务和地铁车站单程票非现金业务不能正常服务,该市公交车也受到影响。经过技术人员紧急抢修,系统服务于当日9时40分恢复正常。

　　服务恢复后,该市交通运营集团立即组织对故障原因进行分析排查,目前已初步确定故障原因是一卡通系统网关服务器无法正常收到业务系统返回的信息所致。后续该市交通运营集团将举一反三,对故障原因进行深入分析,从系统能力和维护管理上进一步健全保障机制,避免类似事故再次发生。

　　故障发生期间,地铁1、2号线各车站人员现场解释和引导,对已进站无法出站的乘客开行边门放行,乘客因非正常出站导致的车票单边交易可在7日内到车站客服中心对行程进行闭合,不影响后续使用。

　　该市交通运营集团高度重视本次故障对广大乘客出行带来的不便及舆论影响,后续将对本次故障引发的网络舆情密切关注,深刻吸取故障教训,进一步优化信息发布机制。同时,该市交通运营集团将对既有的应急处理流程进行再优化、再强化,完善应急处理各环节和流程,最大限度降低对乘客出行的影响。

 5.3　票　　卡

5.3.1　车票种类

1)按车票媒介分类

车票按其信息记录介质的不同进行分类,可分为印刷、磁记录和数字记录三种,即纸质车票、磁卡车票、智能卡车票。此外,还有近年来采用"互联网+"智能移动支付的智能支付虚拟票卡。

(1)纸质车票。

常见的纸质车票有普通纸票和条形码纸票。

①普通纸票。

普通纸票是指将车票的所有信息都直接印制在车票上,由票务人员视读确认。普通纸票的信息是只读信息,因此不能作为储值票,只能作为单程票或特殊用途的车票。

普通纸票票面上的基本信息包括车票编号、出票站点、乘车日期、乘车车次、乘车区间、票款金额、时间限制以及换乘等信息,既对购票人有明示作用,同时也便于票务人员检查核对。纸票一般由存根、主券、进站副券、出站副券四部分组成,如图5-4所示。

乘客在购票过程中,票务人员从车票存根处撕下将其余部分交给乘客,存根是地铁车站内部进行收益稽核时使用的;进/出站副券分别是乘客在进、出站检票时提供给检票人员检查的;主券是最后留给乘客,供乘客收藏或作为报销凭证使用。

纸票只能一次性使用。纸票所有信息印制在票面上,保密性不好,容易伪造,可在票面上印刷加密图形等安全信息防伪措施,但同时也会给识读带来较大的困难。

图5-4 地铁普通纸质车票票面

2008年6月9日,北京地铁全部实行自动检票,纸质车票退出历史舞台。

②条形码纸票。

条形码纸票是将车票的相关信息通过条形码编码存储,由条形码扫描仪完成信息识别,标记的信息只供读取而不能改写。

条形码是将宽度不等的多个黑条和空白,按照一定的编码规则排列,用以表达一组信息的图形标识符(图5-5)。

二维码纸票是用某种特定的几何图形按一定规律在平面二维方向上分布的黑白相间的图形记录数据符号信息的车票(图5-6)。

目前,我国干线铁路旅客运输的车票采用此种方式。

图5-5 车票上的条形码

图5-6 车票上的二维码

(2)磁卡车票。

1999年3月1日起,上海地铁1号线全面启用自动售检票系统,聚酯材料制造的地铁磁卡车票全面取代纸质车票。

图5-7 磁卡车票

磁卡车票是一种利用磁介质记录并交换信息的卡片。磁卡上的磁涂层(磁条)是一层较薄的材料,由定向排列的铁性氧化粒子组成,用树脂黏合剂严密地粘在纸或塑料这样的非磁基片媒介上,形成了纸质磁性票卡或塑制磁性票卡。磁卡车票携带方便,使用稳定可靠。通常,正面印有说明提示性信息,如插入方向提示信息;背面则有磁涂层或磁条,具有2~3个磁道以记录有关信息数据。磁卡车票如图5-7所示。

磁卡车票发展于20世纪70年代,其具有以下优点:
①可以进行机读,提高了自动化程度。
②可以方便地进行票卡生产,成本较低。
③可以循环使用,降低能源消耗。
磁卡车票的缺点:
①虽可回收后重复使用,但再次使用前,须进行消毒处理。
②AFC系统的读/写设备频繁地接触磁卡票,并反复进行消磁、除尘和清洗等工序,需要投入较大量的人力和物力。
③磁卡车票的自动售检票系统设备由于机械结构复杂,精密度要求高,因而设备造价较高,对维护人员的素质要求也较高。另外,由于机构动作频繁,会造成机械磨损后的维护成本较大。
④磁条的读写次数有限,磁卡车票在使用一定次数后受磁条使用寿命限制,只能弃用。
⑤储存内容受强磁场干扰易发生变化。
⑥随票携带的密钥容易被复制仿造。
(3) 智能卡车票。
智能卡又名IC卡。智能卡车票利用集成电路的原理来处理及传递信息,它将集成电路芯片镶嵌于塑料基片上,利用集成电路的可存储性,保存、读取和修改芯片上的信息。
按照IC卡与读写设备通信方式划分,IC卡分接触式和非接触式两种。
① 接触式IC卡。
接触式IC卡是指将IC卡的绝大部分电器部件进行封装,而将外部连接线路做成触电外露,按一定的规则排列接触电极,在进行读写操作时卡片必须插入读卡器的卡座中,通过触点与读卡设备交换信息。接触式IC卡一般由基片、接触面、集成电路芯片组成(图5-8)。

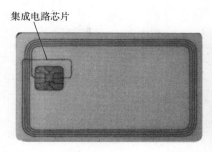 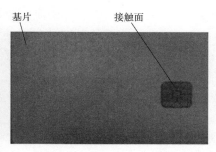

图5-8 接触式IC卡

② 非接触式IC卡。
非接触式IC卡由IC芯片、感应天线组成,并完全密封在一个标准塑制卡片中,无外露部分。非接触式IC卡的读写过程,通常由非接触式IC卡与读写器之间通过无线电波来完成读写操作。由于与读写器不需直接接触,故称为非接触式IC卡。非接触式IC卡如图5-9所示,非接触式IC卡读写器如图5-10所示。
非接触式IC卡按需要可封装为方卡形、筹码形或者其他形状。方卡形IC卡其外形和磁卡比较相似,标准卡为国际统一尺寸的卡品,它的尺寸是85.5mm×54mm×0.76mm。筹码形 IC 卡是在直径为 30mm、厚度为 2mm 的非金属材料圆盘内,嵌装集成电路芯片及天线,如图 5-11 所示。由于个性化需求,印制不受尺寸的限制,还出现了许多形状上非规则的异形卡,如图 5-12 所示。

图 5-9　方卡形非接触式 IC 卡

图 5-10　非接触式 IC 卡读写器

图 5-11　筹码形非接触式 IC 卡

图 5-12　异形卡非接触式 IC 卡

与传统的接触式 IC 卡相比,非接触式 IC 卡继承了接触式 IC 卡的优点,如大容量、高安全性等,又克服了接触式 IC 卡所无法避免的缺点,如读写故障率高,由于触点外露而导致的污染、损伤、磨损、静电以及插卡这种不便的读写过程等。非接触式 IC 卡完全密封的形式及无接触的工作方式,使之不受外界不良因素的影响,从而使用寿命完全接近 IC 卡芯片的自然寿命,因而卡本身的使用频率和期限以及操作的便利性都远高于接触式 IC 卡。

(4) 智能支付虚拟票卡。

智能支付虚拟票卡主要有 NFC(近距离无线通信)及手机蓝牙支付模式、二维码支付模式、银联闪付支付模式、生物识别支付模式等。

NFC 及手机蓝牙支付模式可应用于商场或者交通等非接触性移动支付当中,在具体应用过程中,用户仅需把自身的手机或者其他有关的电子设备贴近读卡器,同时输入相应密码就可完成交易,如图 5-13 所示。

二维码技术作为一种全新的信息存储、传递和识别技术,相对一维码,具有更多的优势和使用价值。2016 年,广州地铁率先推出二维码支付模式。乘客在手机应用上开通地铁乘车码后,直接在进站闸机上扫码后即可进入,在出站闸机上再次扫码即可自动扣取全程车费,如图 5-14 所示。

乘客通过使用手机或腕上运行的设备,使用银联闪付,即可过闸搭乘地铁,如图 5-15 所示。

单元5 城市轨道交通自动售检票系统

图 5-13　NFC 支付

图 5-14　二维码支付

图 5-15　银联手机闪付

2）按车票使用性质分类

车票按使用性质不同可分为单程票、储值票、一卡通、许可票等。

（1）单程票。

单程票是指乘客以一定金额购得一次服务旅行承诺，只可进行一次进站和一次出站行为的车票。通过系统参数设置，可以定义单程票的有效期限和区间。

目前国内城市轨道交通票务系统中常见的单程票有方卡形和筹码形两种，如图 5-16、图 5-17 所示。在实际运营过程中，从应用角度又可划分为普通单程票和预制单程票，而预制单程票又分为限期预制票和不限期预制票。

图 5-16　方卡形单程票

图 5-17　筹码形单程票

①普通单程票是指在车站 AFC 系统终端设备上发售，在地铁 AFC 系统中循环使用的非接触式 IC 卡，限于单次、单车程使用，出站回收。

②预制票是指经过编码分拣机（E/S）或半自动售票机预先赋值的单程票，通过人工售卖以解决大客流情况下设备售票能力不足的问题。预制票的特点包括已赋有一定的金额，有较长的使用期限，在有效期内每个车站都可以使用。

（2）储值票。

储值票指由城市轨道交通运营企业发行的地铁储值票。储值票指在车票内预存一定资金，在金额足够的情况下，可多次使用的车票，每次使用时根据费率扣除乘车费用，出站时不回收，可反复充值，长期循环使用。乘客持该车票可以在城市轨道交通网络内乘坐地铁，直接在进站闸机上刷卡进站，由出站闸机在储值票上扣费出站。储值票的余额有一定上限，根据不同城市轨道交通系统设定。储值票一般分为记名储值票和不记名储值票，如图 5-18、图 5-19 所示。

记名储值票即卡内保存有持卡人的个人信息，如持卡人姓名、性别、身份证号码等；卡面也可根据需要印刷持卡人的姓名、性别、身份证号码和照片等信息，一般有个人记名储值票、学生票、老年人免费票、员工票、残疾人及伤残军人免费票等。表面印有个人化信息的储值票一般不允许转让给他人，不能够退换。记名储值票可以挂失，可以享受信用消费和信用增值及其他特殊服务。

①普通储值票。它是储值票中使用最多最广泛的一种车票，可以反复充值使用，每次使用根据费率表扣费。

②优惠票。它是根据条件给予一定的折扣和优惠的车票，如老人票、学生票、老年人免费票等。

③纪念票。部分城市轨道交通运营企业还会发行纪念储值票。它是为某种题材专门制作的纪念性票卡，可供收藏，按定价发行，不记名，不挂失，不退款，出站时不回收，可充值。纪念票一经售出，概不退换。

图 5-18　储值票正面

图 5-19　储值票反面

（3）一卡通。

由一卡通公司发行的应用于公共交通的一卡通，可以乘坐地铁、公交车、出租汽车和轮渡等多种交通工具。乘客乘坐地铁时，在进站闸机上刷卡进站，由出站闸机在一卡通上扣费出站。城市一卡通如图 5-20、图 5-21 所示。

①一卡通普通卡在城市轨道交通使用时，进出站、充值等规定与普通储值票一致，押金、退卡等规定则遵循一卡通公司要求。

②一卡通优惠票又分为一卡通老人卡、学生卡、残疾人卡以及其他指定人群的一卡通等，比如北京、武汉等地发放了一卡通见义勇为卡。不同的一卡通享受不同的优惠政策。一卡通优惠票在通过闸机检票时，有特殊的声、光提示。一卡通优惠票通常采用实名制，需要按照相应规定办理。

图 5-20　武汉通正面

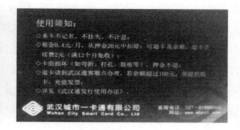

图 5-21　武汉通反面

(4) 许可票。

许可票是一种不同于单程票和储值票的特殊票种,由运营企业根据某种特殊需要,针对某些群体的特殊要求,以方便乘坐地铁为目的而发行的,赋予特定的使用许可的一种车票,在限定的条件下具有一定的优惠。许可票包括员工票、测试票、车站工作票等。

① 员工票。员工票是供城市轨道交通运营企业内部员工记名使用的票卡,仅限本人乘车使用。员工票与储值票类似,只是在进出地铁检票设备时具有更多的选择,即可通过 AFC 中心系统设置为采取扣钱方式、采取计次方式,或采取不作任何交易记录的方式等,员工票具有权限及相应的内部管理功能。当员工离开地铁公司时,员工票一般收回销毁。图 5-22、图 5-23 所示为武汉地铁员工卡。

图 5-22　武汉地铁员工卡正面 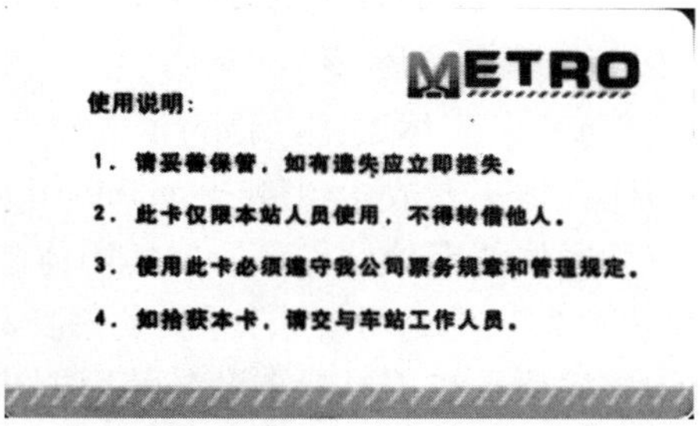　　　　图 5-23　武汉地铁员工卡反面

② 测试票。测试票是一种对自动售检票系统设备进行维护诊断用的特殊车票,只能在设备处于维护模式由维修人员测试设备时使用。测试票的作用是模拟相应车票的操作,因此,不同的测试票与其相应的车票的使用方法完全相同,只是操作测试票所形成的交易记录与其他票种操作所形成的交易记录有别。单程测试票由闸机自动回收,并清除标志。

③ 车站工作票。车站工作票由车站工作人员(如保洁人员等)持有,仅限指定车站使用,不检查进出站次序。如青岛地铁的特殊工作卡,在大型节假日等特殊时期配发给车站使用或用于处理闸机被误用等乘客事务。图 5-24 为青岛地铁车站工作票。

3) 按车票计价方式不同分类

(1) 计次票。在车票规定的有效期内,使用该票可在任何地铁车站进站乘车,限单人计次使用,由出站闸机扣除一个乘次,每次乘车不计里程、不计站

图 5-24　青岛地铁车站工作票

数,每次扣除的费用是相同的,如图 5-25 所示。

(2)日票。日票是城市轨道交通公司为方便旅游、出差人士推出的票种,有一日票、三日票、五日票、七日票等,如图 5-26 所示。乘客自购票之日(或持日票首次进闸时)起,在车票有效时间内,可不限里程、不限次数使用,使用时检查进出站次序。日票不记名、不挂失,无余额、不可充值。有些城市轨道交通运营企业日票不设押金,卡的成本计入票价,乘客使用完后无须退回;有些城市轨道交通运营企业日票设有押金,可凭完好车票退押金。

图 5-25　计次票

图 5-26　日票

(3)团体票。团体票是一种为了节约购票时间、提高出行效率,对于同时进、出相同车站的乘车团体且乘车人数达到规定时(如 30 人以上)办理的车票种类。有些城市轨道交通运营企业对于团体票有价格优惠。使用团体票乘客一般可从专门通道快速进站乘车。

(4)出站票。出站时补票使用,发售当日当站有效,出站回收,一次使用。

自动售检票系统主要票卡及其使用方法见表 5-3。

自动售检票系统主要票卡及其使用方法　　　　　　表 5-3

序号	票种	定义	挂失	出站回收	使用方法	充值	车票使用规定
1	单程票	当日一次乘车使用,限在购票车站进站,按乘车里程计费	否	是	进站刷卡、出站回收	否	限一名乘客本站当日一次乘车有效
2	出站票	由半自动售/补票设备发售,仅限发售出站票的车站当日出站时使用	否	是	出站回收	否	只能用于出站票发售站一名乘客当日一次出站
3	往返票	当日限定两车站间一次往返乘车时使用,按乘车往返里程计费,超程时需补出站票出站	否	是	往程出站时不回收,返程出站时回收	否	限一名乘客当日乘车有效
4	一日票	在购票当日(或 24h)内不限次使用,车票使用时需检查进出站次序	否	否	进站刷卡、出站刷卡	否	各地规则不同,部分城市一日票有效期为发售时间起至当日运营时间结束

单元5　城市轨道交通自动售检票系统

续上表

序号	票种	定义	挂失	出站回收	使用方法	充值	车票使用规定
5	福利票	适用于持可免票证件的乘客在半自动售/补票设备换取的车票,使用方式同单程票	否	是	进站刷卡、出站回收	否	符合免费乘车条件的乘客一人一次乘车有效
6	区段计次票	在有效期内、在规定区段内计次使用,超过规定区段需补票	否	否	进站刷卡、出站刷卡	是	各地规则不同,再次充值后有效期可以延长
	区段定期票	在规定区段内定期使用,超过规定区段需补票	否	否	进站刷卡、出站刷卡	是	各地规则不同,再次充值后有效期可以延长
7	定值纪念票	在有效期内使用,每次乘车按里程计费	否	否	进站刷卡、出站刷卡	否	各地规则不同,在定值内使用
	计次纪念票	在有效期内计次使用,每次乘车不计里程	否	否	进站刷卡、出站刷卡	否	各地规则不同,在定次内使用
	定期纪念票	在有效期内不限次使用,每次乘车不计里程	否	否	进站刷卡、出站刷卡	否	各地规则不同,在定期内使用
8	员工票	内部员工记名使用的记次票	是	否	进出站均刷卡	是	只限系统内部员工使用,每次扣除次数一次
9	车站工作票	由车站工作人员持有,仅限指定车站使用,不检查进出站次序	是	否	进出站均刷卡	否	只在本站有效,不计进出站次序

5.3.2　车票状态

(1)按出入站状态划分,有"已入站"和"未入站"两种状态。

①"已入站",是指乘客入站时车票经进站闸机刷卡后所处的状态。

②"未入站",是指车票初始化后经过自动售票机或半自动售票机售出但未进站刷卡使用所处的状态。

(2)按发售和回收情况划分,分为"已售""未售"和"回收"三种状态。

①"已售",是指车票经由售检票设备售出时所处的状态,预制单程票经过初始化赋值后也处于"已售"状态。

②"未售",是指车票经过初始化后配发至车站且未经车站发售前所处的状态。

③"回收",是指单程票由出站闸机回收后所处的状态,或经过半自动售票机进行退卡操作后所处的状态。储值票经过半自动售票机进行退卡操作后也处于"回收"的状态。"回收"状态的单程票可供车站循环发售。

5.3.3　票卡的售检票方式

售检票是城市轨道交通运营管理的一个非常重要的环节。根据售检票作业环境的不同,分为开放式售检票作业方式和封闭式售检票作业方式。

开放式售检票指在车站不设检票口,乘客上车前(指进入付费区)或在列车上检票,并随机查票的作业方式。这种方式一般适用于客流量较小的系统且要求乘客有较高的素质。

封闭式售检票指在乘客进出付费区前都要经过检票口检票的作业方式,一般分为人工售检票、半自动售检票和自动售检票三种。

票制与票价

目前国内各城市常用的地铁票制主要有:单一票价制、里程分段计价票制、区间分段计价票制。

1) 单一票价制

单一票价制是指不论乘客乘坐里程长短或站点数多少都实行一种价格的票价制度。北京地铁在2007—2014年,采用除首都机场线以外全路网2元/人次的票价制度,从2014年12月28日起,北京地铁线路不再是2元通票制,改为计程票制,而首都机场线实行25元单一票制。

2) 里程分段计价票制

里程分段计价票制是按乘客乘坐的运营里程长短实行多级票价,根据设定的基本起价价、起价里程、每个计价段所包含的里程数、每一计价段价格等进行票价的计算。采用这种计价方式时,基本都是按照"递远递减"模式收费,即乘坐的距离越远,乘坐每千米所需要的费用越少。

国内大多数城市采用按里程分段限时计价票制,例如,武汉地铁规定4km以内(含4公里)2元;12~24km(含24km),1元/6km;24~40km(含40km),1元/8km;40~50km(含50km),1元/10km;50km以上,1元/20km。

3) 区间分段计价票制

区间分段计价票制是指按区间、车站数计价,在设定起价区间的基础上每增加若干区间递增票价。通常地铁线路之间换乘票价计算实行最短路径法,即当两个站点之间有多条换乘路径时,选取两站间区间个数最少的换乘路径计算票价。

一些城市在运营初期采取区间票制,例如,天津地铁规定除9号线(中山门至东海路)以外的线路,乘坐5站4区间以内(含5站)每人每张2元;乘坐5站4区间以上10站9区间以下(含10站),每人每张3元;乘坐10站9区间以上16站15区间以下(含16站),每人每张4元;乘坐16站15区间以上每人每张5元。

他用2000多小时的志愿服务时长和武汉地铁一同成长,他就是来自山东潍坊的王学斌。

单元5　城市轨道交通自动售检票系统

他与武汉地铁的缘分源于2014年,当时的他还是湖北大学一名大二学生,在一次公益活动中,当时武汉地铁4号线志愿服务队员姜骞问他,"想不想来地铁做志愿者?""我想!"他说就这样,他开启了地铁志愿者的体验,而这一体验,便是9年。每次下课后,他要坐40多分钟的公交车去往地铁站。

大学几年下来,他每周都会到地铁站做志愿服务,当时已经形成了习惯,不论刮风下雨。这几年的地铁志愿者经验积累,让他迅速成长。

大学毕业后,他决定留在武汉这座城市,成了一名人民教师,但是他仍然没有放弃武汉地铁志愿者的身份。还是像往常那样,一有时间,就去地铁做志愿服务。

王学斌荣幸被评为2018年度十佳志愿者、武汉地铁运营服务优秀义务监督员、2018年度武汉地铁"十佳志愿者",他参与的"武汉地铁'文明伴你行'志愿服务"项目获湖北省第四届青年志愿服务项目大赛金奖……

5.4　AFC系统终端设备及其构造

5.4.1　自动售票机

自动售票机(Ticket Vending Machine,TVM)安装在车站非付费区。乘客可以选择用纸币、硬币、移动支付工具,通过人机交互操作界面,自助购买不同票价的单程票。TVM可进行硬币、纸币识别和储存,硬币、纸币找零,乘客可使用硬币、纸币、银行卡、支付宝、微信、地铁官方App、商业银行App等多种方式进行支付。

1)自动售票机的构造

自动售票机机壳采用不锈钢材质,表面光滑。设备整体外形、乘客操作面板、乘客显示器、运营状态显示器、投币口、出票/找零口布置须满足人体工程学的要求。机门设计有前开门和后开门两种方式。

(1)自动售票机外部结构。

自动售票机主要由状态显示器、乘客操作显示屏等组成,见表5-4、图5-27。

自动售票机外部结构部件名称及其功能　　表5-4

序号	部件名称	功能
1	状态显示器	显示自动售票机的状态
2	乘客操作显示屏	显示地铁线路、票价等信息,乘客可通过手指触摸进行购票/充值操作
3	硬币投币口	用于接收乘客购单程票所用硬币
4	储值票/一卡通充值口	供储值票/一卡通充值
5	纸币投币口	用于接收乘客用于购单程票或充值的纸钞
6	取票/找零口	领取车票及零钱的位置
7	票据打印	为乘客打印操作票据

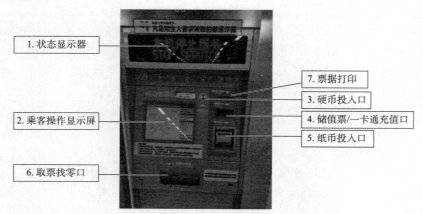

1. 状态显示器
2. 乘客操作显示屏
6. 取票找零口
7. 票据打印
3. 硬币投入口
4. 储值票/一卡通充值口
5. 纸币投入口

图 5-27 某地铁自动售票机外部结构

（2）自动售票机内部结构见表 5-5 和图 5-28、图 5-29。

自动售票机内部结构部件名称及其功能　　　　　表 5-5

序号	部件名称	主要构件	功能
1	照明装置	—	在维修操作时提供照明
2	硬币模块	硬币接收器（硬币投币口、硬币识别器、通道） 硬币暂存器 循环找零箱 换向器 补充找零钱箱 硬币钱箱 凸轮、通道及支架等	硬币识别功能； 硬币暂存功能； 非法币退出功能； 原币奉还功能； 循环找零功能； 补充找零功能； 硬币补充加币功能； 硬币回收功能； 清点清空功能
3	纸币模块	纸币入币口 传输装置 识别模块 暂存器 纸币收币钱箱、纸币找币钱箱等	纸币识别功能； 纸币暂存功能； 非法币退出功能； 纸币回收功能； 清点清空功能
4	打印机	—	为乘客和操作员打印凭条。如为充值乘客打印充值信息，以及乘客购买单程票过程中发生"卡币、卡票、找零不足"等异常情况时打印相应故障信息；为操作人员打印 TVM 结账信息等
5	电源模块	—	电源模块接受外部输入的交流电源，并进行转换处理，为自动售票机中所有电子和电气部件提供稳定可靠的电源
6	不间断电源（UPS）	—	不间断电源（Uninterrupted Power Supply，UPS）为设备提供后备电源，能确保设备断电后继续保持正常工作一段时间

续上表

序号	部件名称	主要构件	功能
7	维护面板	显示器 维护键盘	供车站工作人员对设备进行维护、故障诊断及参数设置等操作。操作人员通过输入用户名和密码,进入维护菜单进行相关业务操作
8	票卡发售模块	车票读写器 供票机构 车票传输机构 票箱 废票箱 票卡发售控制单元等	车票读写器若读取票卡信息为单程票,写入发售日期、发售时间、发售设备、车票余值、发售站点等信息,由车票传输机构传送到取票口; 若读取票卡信息为其他类型车票,则被投入废票箱; 车票在编码过程中,由传感器监控,若检测车票阻塞则自动售票机退出服务,乘客投入的硬币或纸币退还乘客,显示器"故障信息"(车票在传输机构阻塞),在车站计算机系统上产生相应故障报警
9	主控单元	控制器 运算器 存储器 输入设备 输出设备等	自动售票机的核心模块,负责运行控制、响应用户请求、完成车票读写处理、硬件模块时序控制、现金处理显示、数据通信等

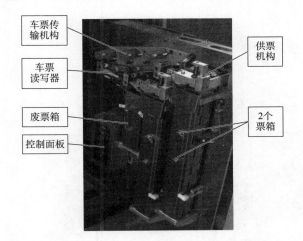

图 5-28 自动售票机票卡发售模块内部结构

图 5-29 某地铁自动售票机前端内部结构

2) 自动售票机主要功能

(1) 接受乘客的购票选择,并在购票过程中给出提示信息及操作指导。

(2) 可以接受乘客投入的现金(或储值票、信用卡等其他付费介质)并自动完成识别,对无法识别的现金(或储值票、信用卡)予以退还。

(3) 自动计算乘客投入的现金数量及购票金额,自动找零。

(4) 自动检测将要发售的单程票,符合发售条件的单程票赋值发售,对系统设定需回收的单程票分拣并回收到废票箱。

(5)对各部件的工作状态进行自动监测,并向车站计算机系统上报工作状态。
(6)接受车站计算机系统下发的参数和控制命令,并执行相应的操作。
(7)存储并上传交易信息。
(8)对本机接收的现金及维护操作进行管理。
(9)有些地铁的自动售票机也具有对"一卡通"和"地铁专用储值票"进行充值的功能。

5.4.2 自动检票机

自动检票机又称闸机(Automatic Gate,AG),安装于车站付费区与非付费区的交界处,是自动售检票系统中实现乘客自助进出站检票交易(在非付费区和付费区之间通行)的设备。对有效车票,检票机通道阻挡解除(门扇开启或释放转杆),允许乘客进出站。

1)自动检票机类型
(1)根据不同功能划分。
①进站检票机。进站检票机用于完成进站检票,检票端在非付费区。
②出站检票机。出站检票机用于完成出站检票,检票端在付费区。
③双向检票机。双向检票机既可完成进站检票也可完成出站检票,在非付费区和付费区可分别按照进站和出站的处理规则完成检票功能。双向检票机在被用作进站或出站检票机时,在检票机入口端显示允许通过标志,检票机出口端显示禁止通行标志;在被用作双向检票机时,当一端有乘客使用时,在乘客未通过前,另一端拒收车票并显示禁止使用标志,直至乘客通过。

(2)根据不同阻挡装置划分(图5-30)。
①三杆式检票机。三杆装置由旋转三杆机构和控制板组成。
②扇门式检票机。阻挡装置结构比较复杂,成本较高。通行能力比三杆式检票机高近一倍。
③拍打门式检票机。拍打门式检票机主要用于铁路客运站旅客进出站检票。

a)三杆式检票机

b)扇门式检票机

c)拍打门式检票机

图5-30 检票机按不同阻挡装置划分

(3)根据不同通道宽度划分。
①普通检票机。普通检票机通道净宽度为550mm。
②宽通道检票机。宽通道检票机净宽度为900mm。

2)自动检票机结构
自动检票机主要部件名称及功能见表5-6。车站使用的扇门式自动检票机外部结构如

单元5 城市轨道交通自动售检票系统

图 5-31 所示。

自动检票机主要部件名称及功能　　　　　　表 5-6

序号	部件名称	功能
1	主控单元	主控单元把外围设备送来的信息进行收集、整理、保存等,并监控和控制其外围设备,使其能正常工作
2	扇门	当接收到检票有效可以打开扇门的指令时,扇形门装置内的控制板驱动电动机,通过减速齿轮提供动力给转换器,在操作杆连接处产生力矩,通过电磁铁传递运动,带动扇门运动
3	票卡读写器	对乘客所持票卡进行读写操作
4	二维码扫码区	对乘客所持票二维码进行读写操作
5	乘客显示器	向乘客动态显示中文、英文、数字及图形等相应的可编程的信息和车票处理结果,引导乘客正确使用检票机
6	方向指示器	方向指示器位于检票机面向乘客的前面板上,方向指示器界面上的通行方向标志能用于显示通道是否可以通行,通过控制电路,保证"通行"及"禁止通行"信息互斥
7	通行传感器	能监控乘客通过闸机的整个过程以及准确检测通过 AG 的人数; 当监测到乘客有非法行为(如尾随、反向闯入闸机等)时及时以声光报警,通知乘客以及站务人员
8	高度传感器	用于检测通过的乘客是否是身高为免费乘车(通常高度设置为 1.2~1.4m,且高度可调)的儿童
9	车票处理装置	车票处理装置负责完成车票读写、传送及回收处理。车票处理装置主要包括三大部分:车票投入口、车票读写装置和车票传送装置。 交易成功的车票继续经传送装置回收到票箱中,非法车票或交易失败的车票将返回给乘客,由乘客到车站服务中心完成票务更新后再次使用
10	电源模块	检票机设备中所用的 12V、24V 均由通过此电源箱转换后提供,以确保维护人员安全(图 5-32)
11	警示灯	通过警示灯的不同颜色或闪烁方式、蜂鸣器的不同警示声音,可向乘客和管理人员提示当前发生的不同情况,如使用票种、车票无效或无票通过等
12	扬声器	发出各种警示声音和语音功能
13	维护单元	维护单元帮助维修人员进行设备维护、故障诊断及模式设置等操作。通过维护单元实现检票机自诊断等。维护单元由维护单元显示器、维护键盘等组成。维修人员打开维修门,在输入操作员身份识别号(Identity Document, ID)和密码,密码验证成功并验证权限后,才能操作维护单元(图 5-33、图 5-34)
14	票箱	车票处理装置应可以根据主控单元的命令将车票回收到指定的票箱中,由票箱储存收回的车票;票箱通常还具有计数功能,或由主控单元进行计数(图 5-35)

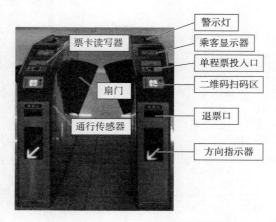

图 5-31　扇门式自动检票机外部结构

图 5-32　自动检票机顶部构件

图 5-33　自动检票机内部电源

图 5-34　扇门式自动检票机内部票箱

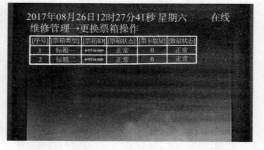

图 5-35　自动检票机维护单元更换票箱

3）自动检票机功能

（1）自动对车票进行有效性检验，对有效车票进行相应处理后放行乘客，对无效车票拒绝放行。

（2）对车票处理结果给出明确的提示信息。

（3）对通道的通行状态给出明确的指示。

（4）对特殊车票的使用给出明确的提示。

(5)对需要回收的车票执行回收操作。
(6)对各部件的工作状态进行自动监测,并向车站计算机系统上报工作状态。
(7)接受车站计算机系统下发的参数和控制命令,并执行相应的操作。
(8)存储并上传交易信息。
(9)接受紧急按钮信号并控制设备的操作。

5.4.3 半自动售票机

半自动售票机(Booking Office Machine,BOM),也叫票房售票机,它设于地铁车站客服中心,其安装位置一般可兼顾付费区和非付费区乘客使用同一车票处理设备,但需对两个区域分别设置单独的乘客显示器,处理两个区域乘客的票务事务。

1)BOM 主要组成部件及其功能

BOM 以主控单元为核心,辅以车票读写器、乘客显示器、打印机、单程票发售机构、操作员显示器、钱箱、鼠标、键盘、电源模块等部件。BOM 主要组成部件示意图如图 5-36 所示,BOM 主要部件名称及其功能见表 5-7。

图 5-36　BOM 主要组成部件示意图

BOM 主要部件名称及其功能　　　　　　　　　　　　　　　表 5-7

序号	部件名称	功能
1	主控单元	负责运行半自动票机的控制软件,完成车票处理、数据通信、状态监控及故障检测等功能
2	操作员显示器	为操作人员提供实现半自动售票机各种功能的操作显示界面
3	乘客显示器	BOM 一般配置 2 个乘客显示器,分别安放在付费区、非付费区靠近窗口、方便乘客查看的地方,为乘客提供相关信息的显示
4	车票读写器	用于对车票进行读写操作。BOM 读写器要求可以处理单程票和储值票
5	单程票发售机构	主要部件包括车票发卡装置、读写器、出票控制板等,与自动售票机中的车票发售模块相似
6	打印机	票据打印机为乘客打印购票、充值凭条。比如为充值乘客打印充值信息
7	电源模块	为 BOM 设备部件提供电源

2)BOM 的功能

售票员通过 BOM 进行车票发售,为车站运营部门提供相关信息服务。BOM 可自动按照系统设置要求定时将相关资料上传到车站计算机,以供管理部门进行分析、统计。BOM通常由售票员及其以上级别的员工操作,其主要功能是对票卡进行分析、发售、充值、更新、激活、延期、退款、交易查询、解锁等处理。

(1) 售票。

①BOM能按系统设置的票价表、购票限额、优惠制度、押金等系统参数出售乘客使用的车票,所能出售的车票种类由系统参数设置。

②BOM在对车票发售前,会对车票进行有效性检查,同时检查车票的类型是否为可进行发售的车票类型。在对车票进行赋值时,将有关的赋值编码信息写入车票,但不能修改车票的初始化数据。在赋值后对写入数据进行校验,如果连续出现编码校验错误的次数达到参数设置次数,则最终提示售票失败。

③BOM在整个售票过程中,都能给乘客、操作员以明确的信息提示。赋值前,在乘客显示器显示需赋值的车票类型,在操作员显示器显示需赋值的车票类型、将赋值金额。车票被成功赋值后,在操作员显示器及乘客显示器上显示车票的实际赋值金额。若车票未能成功赋值,在操作员显示器上明确显示相应信息。赋值过程中,在操作员显示器及乘客显示器上显示各应收单项,押金以及合计金额等信息。

④售票信息均进行记录,并在上传至SC后至LCC。

(2) 充值。

①BOM能对符合条件的车票进行充值。在对车票进行充值前,BOM对车票进行分析。对车票有效性进行检查后,若为系统设定的无效车票(黑名单、有效期超限和非本系统票等),能在操作员显示器显示失败信息。如符合以下条件则可充值:车票分析正常,余值未达到参数设置的上限;车票为参数设置的允许充值类型。

②对于金额类车票,操作员选择由系统参数设置的金额或手工输入需充值的金额。BOM在进行充值处理时,在车票上写入相应的充值编码信息,但不能修改车票的其他信息。车票余额为车票内原有余额与充值金额的代数累加值。

③充值前,在操作员显示器及乘客显示器上显示票种、余值及即将充值金额,充值后在操作员显示器及乘客显示器上显示车票的新余值。

④若充值处理失败,能在操作员显示器上显示失败信息。充值信息均进行交易记录,并在上传至SC后至LCC。

(3) 验票。

①BOM能根据权限进行车票交易记录查询,通常可以查询最近十笔交易记录,以供操作员了解车票交易情况,并可解决乘客对车票的疑问。

②在操作员显示器上显示车票的分析结果、历史交易数据及车票状态。所显示的历史交易数据的条数通过参数设置;在乘客显示器上显示车票的部分信息。BOM能根据需要打印车票历史交易记录清单。

(4) 车票分析。

①显示相关车票数据,如余额、历史交易记录及车票状态等。

②确认车票是不是黑名单票。

③超时检查。付费区超时的车票,操作员检查车票进出状态及票值、起始站点等后,根

据规定收取超时收费金额,并更新车票。

④超程检查。付费区超程的车票,操作员检查车票进出状态及票值、起始站点等信息后,收取欠费部分,并更新车票。

⑤有效期检查。检查车票的可使用有效日期是否早于当前日期。

⑥操作员显示器上能显示车票的分析结果、历史交易数据和车票状态,并在乘客显示器上显示车票分析结果和余额等。

(5)异常车票处理。

①BOM能对部分情况的异常车票进行更新,更新前对车票的有效性进行异常处理分析。车票分析的项目根据乘客所在位置的不同采用不同的分析流程。

②在操作员显示器上能显示车票的主要编码信息。在乘客显示器上所显示的车票信息应至少包括车票分析结果以及处理结果。

③在完成对车票分析后,BOM能根据分析结果对车票作进一步的处理,如更新、充值、退款等。对于超时、超程、进出站次序错误等异常车票的更新方法,按照城市轨道交通运营企业票务政策执行。

④在需要收费情况下,所收费用可以从储值票/一卡通上直接扣除,如果余额不足则提示票卡进行充值处理。

⑤车票处理信息均进行交易记录,并在上传至SC后至LCC。

(6)补票。

①BOM能对遗失车票、无票乘车、车票损坏、儿童超高等情况的乘客实现补票功能。

②补票方式根据具体情况可采用出售"出站票"的方式。

③对不同的补票情况,可设置不同的补票手续费,并能由售票员根据情况修改收取的金额。

④补票信息均进行记录,并在上传至SC后至LCC。

(7)退票退款。

①单程票/地铁储值票的退票退款按照城市轨道交通运营企业票务政策相关的内容进行设计,一卡通的退票退款按照一卡通发售公司的规定进行。

②储值票/一卡通退款金额通常包括车票余值及押金部分。

③在进行退款处理时,在操作员显示器显示车票的分析数据或显示车票退款确认金额,必要时应可以显示车票使用历史记录。在乘客显示器上显示车票余值及退款金额。

④退票退款信息均进行交易记录,并在上传至SC后至LCC。

(8)行政事务处理。

①BOM能对城市轨道交通内的以下行政收费项进行处理,并且记录乘客的姓名、证件号码、备注具体情况经过等(根据处理情况不同,记录的信息不同)。例如:收取乘客行李票的现金;对乘客的违规行为进行处罚收取的现金;自动售票机卡币、卡票、充值失败等退款给乘客;收取乘客儿童票的现金。

②行政事务处理信息均进行交易记录,并在上传至SC后至LCC。

(9)交易记录打印。

售票员在BOM上操作后,每笔交易记录都会通过票据打印机打印出来,打印出的票据一部分交给乘客,一部分由车站留存。如果由于某些原因,需要补打某条交易记录,BOM能通过权限级别,对于已经进行过的充值、退款等所有交易记录进行选择性打印。

(10) 冲正。

在误充值情况下,BOM能对上次充值的储值票进行直接扣除上次充值业务相同金额的操作。冲正信息均进行交易记录,并在上传至SC后至LCC。

(11) 激活。

BOM能根据票卡参数设置,对需要使用前重新赋予新的有效期限的票卡进行激活操作,这种业务主要适用于希望从第一次使用开始算有效期的票卡。激活后的有效期天数、允许激活时间段等信息可通过参数进行配置。激活信息均进行交易记录,并在上传至SC后至LCC。

(12) 其他业务功能。

BOM能根据乘客车票的具体情况对车票内的其他信息进行修改,比如:更改车票有效期、黑名单解锁、更改记名票个人信息等,以上功能可以通过系统参数按城市轨道交通运营企业需要进行设置或屏蔽。以上业务均进行交易记录,并在上传至SC后至LCC。

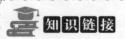

智能客服中心

相较于旧式票亭,智能客服中心是集票卡处理、电子发票、语音问询、资讯查询于一体的综合智能化设备,就像一台大型机器人,当乘客遇到乘车事务需要问询、处理时,可自助通过该设备获取服务和帮助。

智能客服中心与旧式票亭最大的区别之一是大部分票卡事务只需通过自助操作即可解决,无须交由工作人员人工处理。在票卡处理上,智能客服中心支持乘客自助处理单程票、日票、一卡通、二维码、金融IC卡等各类车票事务;在支付方式上,除了现金支付,还同时支持支付宝、微信等电子支付。在此基础上,智能客服中心还嵌入了一卡通"智能客服终端",增加了一卡通智能客服业务功能,方便乘客自助办理一卡通相关业务。

智能客服中心同时支持乘客通过语音问询、屏幕点选等方式,与智能机器人进行互动,自助查询线路、换乘、票价、车站布局等相关出行资讯,即便工作人员不在身边也能快速掌握出行信息。如遇到系统无法查询的情况,还可通过点击屏幕上方的人工求助按钮连线人工客服寻求帮助。

某日0时45分许,陈先生准备从虎泉回位于佛祖岭的家,看到虎泉地铁站还没关门,就赶紧下去搭乘。一名戴眼镜的安检员看到他后,主动询问他前往哪个方向,并告知他,往天河机场方向的最后一趟列车已经开走。得知往佛祖岭方向的地铁一会到站,

单元5 城市轨道交通自动售检票系统

陈先生随即去自助售票机购票,可由于手机网络的问题,支付迟迟没有成功。

眼看着列车即将抵达,安检员主动提出,帮他支付。顺利买到票后,陈先生向安检员打听手机号,要转账给他,但他再三拒绝,并劝他赶紧去站台赶车。陈先生只好匆忙下到站台,他只问到这名安检员姓刘。

"虽然票价只要几元钱,但安检员整个过程微笑、热心服务的态度,让我很感动。"回家路上,陈先生发了一条微博,传递安检员带给他的正能量。他觉得,如果每个武汉人都能立足岗位,做好本职工作,一定会给来自世界各地的客人留下最好的印象。

 单元实训 1

1. 任务描述

调查汇报 4~6 个我国主要城市地铁票卡种类、票制现状。

2. 任务目标

(1)重点培养学生的分析归纳、表达能力。通过查阅资料、独立思考、撰写分析报告、课堂展示、课堂讨论等,帮助学生理解城市轨道交通票卡和票制。

(2)培养学生信息处理、文本制作、口头及书面表达等综合能力。

3. 任务要求

(1)学生个人通过收集资料,分析比较,撰写某城市轨道交通运营企业票卡和票制对比分析报告,学生可以在现行票卡和票制基础上给出合理化建议。

(2)6 人一组,分若干个学习小组完成城市轨道交通运营企业票卡和票制对比分析报告展示,自由分组、自选组长,由组长安排收集资料、撰写分析报告、报告汇总制作、课堂展示等各项任务,小组成员各司其职。

(3)展示需要多媒体教室、激光笔、扩音器、投影设备等。

(4)各组设置观察记录员 1 名,用摄像机、手机等视录设备将学习和课堂展示过程拍摄下来,使用观察清单记录和分析该小组学习过程及展演过程中的问题,并进行时间把控。视频也是教师小组评价依据之一。

4. 任务实施与评估标准

(1)任务实施。

①能对国内主要城市轨道交通票卡进行全面描述、正确分类、使用规则讲解、使用现状分析;

②能准确判断各城市轨道交通运营企业票制、分析设计原则、给予合理化建议;

③文本等汇报材料制作简洁美观,汇报翔实、动作和用语规范、井然有序。

(2)评估标准。

①按照上述任务实施要求完成实训任务;

②按照测评表进行合理评价。

5. 检测评价

完成本次课程,根据同学在实训任务中的表现,结合训练要求,给予客观评分。

项目	类别		
	组员自评	小组自评	小组互评
团队和谐(10分)			
团队分工(15分)			
角色设置(10分)			
工具使用(5分)			
规范使用工具(5分)			
处理程序(15分)			
处理技巧(15分)			
汇报效果(25分)			
总分(100分)			

 单元实训 2

1. 任务描述

调查汇报 4~6 个我国主要城市地铁自动售检票设备配置布局与使用现状。

2. 任务目标

(1)重点培养学生的分析归纳、表达能力。通过查阅资料、独立思考、撰写分析报告、课堂展示、课堂讨论等,帮助学生明确我国主要城市地铁自动售检票设备配置布局与使用现状。

(2)培养学生信息处理、文本制作、口头及书面表达等综合能力。

3. 任务要求

(1)学生个人通过收集资料,分析比较,撰写我国主要城市地铁自动售检票设备配置布局与使用现状对比分析报告,学生可以在现行调研结论的基础上给出合理化建议。

(2)6 人一组,分若干个学习小组完成我国主要城市地铁自动售检票设备配置布局与使用现状对比分析报告展示,自由分组、自选组长,由组长安排收集资料、撰写分析报告、报告汇总制作、课堂展示等各项任务,小组成员各司其职。

(3)展示需要多媒体教室、激光笔、扩音器、投影设备等。

(4)各组设置观察记录员 1 名,用摄像机、手机等视录设备将学习和课堂展示过程拍摄下来,使用观察清单记录和分析该小组学习过程及展演过程中的问题,并进行时间把控。视频也是教师小组评价依据之一。

4. 任务实施与评估标准

(1)任务实施。

①能对国内主要城市轨道交通地铁自动售检票设备配置布局进行全面描述、正确分类;

②能准确判断各城市轨道交通地铁自动售检票设备使用规则讲解、使用现状分析,能分析设置原则,给予合理化建议;

③能结合其他城市自动售检票设备的设置现状,为本地轨道交通运营企业发展提出合理化建议;

④文本等汇报材料制作简洁美观,汇报翔实、动作和用语规范、井然有序。

(2)评估标准。

①按照上述任务实施要求完成实训任务;

②按照测评表进行合理评价。

5. 检测评价

完成本次课程,根据同学在实训任务中的表现,结合训练要求,给予客观评分。

项目	类别		
	组员自评	小组自评	小组互评
团队和谐(10分)			
团队分工(15分)			
角色设置(10分)			
工具使用(5分)			
规范使用工具(5分)			
处理程序(15分)			
处理技巧(15分)			
汇报效果(25分)			
总分(100分)			

单元检测

一、单选题

1. 半自动售票机的英文缩写为(　　)。

　　A. TVM　　　　　B. BOM　　　　　C. AGM　　　　　D. BCM

2. 闸机的英文简称是(　　)。

　　A. BOM　　　　　B. TVM　　　　　C. AFC　　　　　D. AG

3. 自动检票机安装于(　　),用于实现自动的进出站检票。

　　A. 车站付费区内　　　　　　　　　B. 车站非付费区内

　　C. 车站付费区与非付费区的交界处　　D. 车站出入口

4. 以下哪一条不属于自动检票机基本功能?(　　)

　　A. 自动对车票进行有效性检验,对有效车票进行相应处理后放行乘客,对无效车票拒绝放行

　　B. 对需要回收的车票执行回收操作

　　C. 接受线路中央计算机下发的参数和控制命令,并执行相应的条件

　　D. 存储并上传交易信息

5. (　　)是具有储值功能,可以多次使用的车票。

　　A. 单程票　　　　B. 储值票　　　　C. 团体票　　　　D. 金融IC卡

6. 以下哪项功能不属于自动售票机的基本业务？（　　）
   A. 售票　　　　　　B. 硬币找零　　　　　C. 兑零　　　　　　D. 纸币鉴别
7. 单程票限当日当站在规定时间内（　　）次使用。
   A. 1　　　　　　　B. 2　　　　　　　　C. 3　　　　　　　D. 4
8. （　　）系统对本线路所有车站的AFC系统内所有设备监控，实现系统运作、收益及设备维护集中管理，以及对系统数据的集中采集、统计及管理，实现与一卡通系统的数据交换及财务清算。
   A. 车站计算机　　　　　　　　　　　B. 线路中央计算机
   C. 轨道交通清分中心　　　　　　　　D. 控制中心
9. 以下哪些措施可以减少票卡流失？（　　）
   A. 加强乘客进站刷卡监管
   B. 加强乘客出站刷卡监管
   C. 将捡拾的单程票及时交回车站票务室
   D. 上述均正确
10. 车站全部自动售票机故障后，主要影响的使用（　　）的进站乘客。
    A. 联程票　　　　　B. 储值票　　　　　C. 单程票　　　　　D. 纪念卡
11. TVM全部故障或能力不足时，车站不能通过哪些方式缓解？（　　）
    A. 发售单程票　　　　　　　　　　B. 发售预制单程票
    C. 无票乘车　　　　　　　　　　　D. 发售应急纸票

二、多选题
1. 车票按车票载体分为（　　）。
   A. 实体车票　　　B. 虚拟车票　　　C. 传统车票　　　D. 多元化票卡
2. 车站AFC设备包括（　　）。
   A. 半自动售票机　B. 自动售票机　　C. 闸机　　　　　D. 验票机
3. 现阶段自动售检票系统设备一般分为哪几个层级？（　　）
   A. 车站终端设备(SLE)　　　　　　B. 车站计算机系统(SC)
   C. 线路中央计算机系统(LCC)　　　D. 清分中心(ACC)
4. 乘客可在车站通过（　　）设备购买车票。
   A. 自动充值机　　　　　　　　　　B. 自动售票机
   C. 自助日票售卖机　　　　　　　　D. 自动查询机
5. 单程票的价值包括（　　）。
   A. 车票成本费用　　　　　　　　　B. 车票所含车费
   C. 车票的纪念价值　　　　　　　　D. 上述均正确

三、判断题
1. 单程票在使用过程中不检查运营日和进出站次序。（　　）
2. 计程计时票制是指不仅按其乘坐距离的远近支付车费，而且要按乘客乘坐时间长短收取车费，两者取车费最大值作为收费依据。（　　）
3. 票价是指乘客每次乘车时所需要支付的乘车费用。（　　）

4. 单程票可以在 TVM 与 BOM 上购买。（   ）
5. 票种是指运营企业提供给乘客使用的车票类型。（   ）
6. 在 AFC 系统中，线路中央计算机系统负责对本站内部的所有设备进行实时监控，并对车站 AFC 系统的运营、票务、收益及维修等功能进行集中管理。（   ）
7. 单程票回收，储值票不回收。（   ）
8. AFC 自动售检票系统基于计算机、通信、网络、自动控制等技术，能够实现轨道交通售票、检票、计费、收费、统计、清分、管理自动化。（   ）
9. 乘客凭有效车票乘坐轨道交通，实行一人一票制，一张车票不可多人同时使用。进出站必须使用同一张车票，确保乘车记录完整。（   ）
10. 储值票具有一定金额，可多次使用的车票。（   ）
11. 计程票制是指无论乘客乘车距离远近，都按相同的票价支付车费。（   ）
12. 乘次票使用后可以退票或者充值。（   ）

单元 6　车站设备日常操作及应急故障处理

教学目标

▶ **知识目标**

1. 了解地铁火灾特征；
2. 掌握车站消防系统的组成。

▶ **能力目标**

1. 能够完成自动气体灭火系统的操作和掌握 FAS 故障处理程序；
2. 掌握自动扶梯、升降梯的开启和关闭程序和常见故障处理方法；
3. 掌握站台门日常操作程序和故障处理程序；
4. 了解 AFC 设备常见故障种类，掌握各种故障处理方法。

▶ **素质目标**

具备认真负责、一丝不苟的工作态度。

▶ **建议学时**

12 学时

案例导入

案例一

国外城市轨道交通重大火灾如下：

1995 年 4 月,韩国大邱施工时煤气泄漏发生爆炸,死 103 人,伤 155 人；
1995 年 10 月,阿塞拜疆电动机车电路故障,死 155 人,伤 269 人；
2000 年 1 月,奥地利电暖过热起火,死 155 人,伤 18 人；
2003 年 2 月,韩国大邱人为纵火,死 198 人,伤 146 人,失踪 289 人。

国内城市轨道交通自 1969 年运行以来,因线路故障、电气设备误操和电焊违章操作等,共发生火灾 190 余起,其中重大火灾 3 起,特重大火灾 1 起。

案例二

安良百货手扶梯"吃人"事件

事故时间:2015 年 7 月 26 日上午 9 时 57 分。
事发电梯:荆州市安良百货 6~7 楼自动扶梯。

单元6 车站设备日常操作及应急故障处理

事故经过:事发时,31岁的向柳某带儿子乘坐自动扶梯从6楼上升至7楼电梯驱动站时,脚踏上紧靠前缘板的电梯盖板,盖板掀翻,柳某掉进梯级与防护板之间,被卷入运动的梯级中死亡。

在此事件中,死者死状惨烈,这一悲剧本可避免,但目击者与当事人都缺乏了一项简单、基本的手扶梯应对常识,最终导致悲剧发生。我们每个人都要掌握基本的故障处理方法,以避免更多类似的悲剧重演。

案例三

2014年11月6日19时,北京地铁5号线惠新西街南口站一名女孩被夹在安全门和地铁门中间,不幸离世。

2022年1月22日16时30分左右,上海地铁15号线站台发生一起站台门夹人事故,事故致使被夹乘客死亡。从网上流传的事故现场视频来看,乘客被站台门夹住,而此时列车所有车门均已正常关闭,导致列车错误收到发车信号,于是车辆起动,导致该乘客被挤压,酿成此次悲惨事故。

2018年2月8日,武汉男子欲跳轨轻生,致地铁1号线全线停运44min被刑拘。

6.1 车站日常消防设备的运用

6.1.1 消防设备常设的必要性

近年来,城市进程不断加快,发达经济地区城市的客流量不断增大,城市轨道交通以其方便、安全、舒适和快捷等特点得到广大市民的青睐,城市对轨道交通的需求也越来越迫切。城市轨道交通一旦发生火灾将会造成乘客的财产损失,甚至威胁其生命安全,因此城市轨道交通的消防系统设计的好坏直接关系着能否有效地控制火灾的发生和蔓延。

1)城市轨道交通火灾具有很大的危险性

(1)排烟困难、散热慢。

(2)高温、高热全面燃烧。火势会在短时间内迅速升温至人体无法承受的高度,表6-1记录了单位时间内温度提升的速度。

火灾标准时间温度曲线值　　　　　　　表6-1

时长(min)	5	10	15	30	60	90	120	240
温度(℃)	556	659	718	821	925	986	1029	1133

(3)安全疏散困难。

①有些地下建筑内的各种可燃物质,燃烧时会产生大量烟气和有毒气体。

②地下建筑发生火灾时,室内由于正常的照明电源被切断,变得一片漆黑。

③温度升高快,对人体危害大。

④疏散距离长,路径复杂,火灾时逃生的出口和路线比地面建筑少。

（4）扑救困难、危害大。
①探测火情困难。
②接近火场困难。
③通信指挥困难。
④缺少地下工程报警消防专门器材。

表6-2列出了可燃物质燃烧时产生的有害气体。

可燃物质燃烧时产生的有害气体　　　　　　　　　　　表6-2

可燃物名称	有害气体	可燃物名称	有害气体
木材	CO	聚氟乙烯	CO、氧化氢
羊毛	CO、H_2S、NH_3	尼龙	CO、乙醛氨
棉花、人造纤维	CO	酚树脂	CO、氨、氰化物
聚四氟乙烯	CO	三聚氰胺—醛树脂	CO、氨、氰化物
聚苯乙烯	苯、甲苯	环氧树脂	CO、丙酮

2）城市轨道交通火灾发生的主要原因

（1）电气故障。城市轨道交通系统电力、电气设备很多，系统的用电量很大，由电气设备原因引起的火灾约占50%。电气设备故障引起的火灾具有一定的隐蔽性。由于通常漏电与短路都发生在电气设备及电缆电线的内部，着火时一般看不到起火点，普通的烟感和温感探测器很难实现对电气火灾的早期报警，只有当火灾已形成并发展成大火后才能被发现，但此时扑救已十分困难，且不能用水来扑救。

（2）人为因素。工作人员违章操作、行车隧道施工维修中进行焊接切割作业、生产生活中用火用电不慎引燃可燃物；城市轨道交通客流量大，人员复杂，乘客违反规定携带易燃易爆危险品、乘客在城市轨道交通内吸烟用火、近年来恐怖分子活动、由于社会压力普遍增大造成一些人的极端行为、人为纵火等原因。

正是鉴于火灾的危险性大，因此在城市轨道交通运营的主要场所——车站，常设消防系统是必须的。而针对城市轨道交通火灾的主要原因，我们可以有针对性地进行防范火灾事故的发生和蔓延。

6.1.2　车站消防系统的组成

1）车站消防系统

城市轨道交通中涉及消防方面的系统有：
（1）火灾报警系统。
（2）自动气体灭火系统。
（3）机电设备监控系统。
（4）防排烟风机。
（5）给排水设备。

本单元所述的消防系统是指火灾报警系统（FAS）及自动气体灭火系统。

火灾报警系统(FAS)的探测点分布在站厅、站台、一般设备用房和管理用房等处所,对保护区域进行火灾监视,起到早发现、早通报并发送火灾联动指令的作用。

自动气体灭火系统布置在重要的设备房,如变电所高低压室、通信设备室、环控电控室、信号设备室等,可实现对这些房间全天候的火灾监视及自动喷气灭火的功能。

2)火灾报警系统(FAS)的组成及主要功能

火灾报警系统(FAS)用来探测包括城市轨道交通车站、区间隧道、车辆基地等与城市轨道交通运营有关的建筑和设施的火灾信息,并发出火灾报警,启动有关防火、灭火装置,目的是保障城市轨道交通正常有序的运营,避免或降低灾害情况下造成的人员和财产损失。

火灾报警系统(FAS)由火灾触发器件、火灾报警控制装置以及火灾联动控制装置组成。在城市轨道交通建筑物和设施发生火灾后,由火灾触发器件感知,传送信息到控制装置,控制装置启动相关警铃、闪光灯等报警设备,同时启动防排烟及灭火系统等设备,并联动控制卷帘门、门禁、广播、闭路监控等其他专业系统设备,启动各种消防装备,指挥人员疏散,控制火灾蔓延。

火灾触发器件包括自动和手动两种报警装置,自动报警装置通常指火灾探测器,常用的探测器有烟雾探测器(图6-1)、温感探测器、火焰探测器等;手动报警装置主要是手动报警按钮,如果被监视现场发现火情,可以通过手动报警按钮快捷、准确地向火灾报警控制装置(图6-2)通报火情。

图6-1 烟雾探测器

图6-2 火灾报警控制装置

火灾报警控制装置是火灾自动报警系统的心脏,是系统运行的指挥中心,担负着整个系统监视、报警、控制、显示、信息记录和档案存储等功能。正常运行时,自动监视系统的运行状态和故障诊断报警;有火灾时,接受探测器、手动报警按钮的报警信号,并将其转换成声光报警信号,指示报警部位,记录报警信息,通过自动灭火控制装置启动自动灭火设备和消防联动控制设备。

火灾警报装置是火灾发生时以声、光、语音等形式给人以警示的一种消防设备,常用的有警铃、警笛、声报警器等,是用以对气体灭火设备、水消防设备、防排烟设备、防火卷帘门等消防设施进行联动控制的设备。

在城市轨道交通系统中,火灾报警系统一般为两级管理、三级控制模式。两级管理为在城市轨道交通中央控制中心设置消防指挥中心,在各车站、车辆基地、主变电所等处设置防灾控制室作为车站级消防控制中心。三级控制为中央控制级、车站级及就地级消防控制。

6.1.3 各类灭火器的操作及使用

车站工作人员必须了解和掌握车站基本的移动消防设备和设施的使用方法,如消火栓、灭火器、防烟面具、空气呼吸器等,掌握其配置情况,熟悉其配置地点,以便能独立熟练操作。

1)消火栓的使用

消火栓是消防供水设施的终端,在灭火时提供较高压力的水源供直接灭火或为消防车供水。消火栓的使用步骤如下:

(1)取水带。打开消火栓箱,取出水带。

(2)抛水带。右手成虎口形握住水带的两个接头,用五指扣压水带外圈。同时,左手拇指和四指分别插入水带两头接口内,并握紧两个水带头,两手协力托住水带,用力向正前方抛出,左手握水带头向上抽拉,使水带向正前方摊开。

(3)接水带。右手将水带接头与消火栓接头对接,并顺时针转动至卡紧为止。

(4)接水枪。打开阀门,迅速拿起另一头水带接头,将水枪头接上水带接口,将消火栓消防阀轮按逆时针方向转动打开。

(5)灭火。射水时采取包围灭火战术,以阻火势和烟雾,使其向四周扩散,以便有效控制,直至将火扑灭。注意,用水灭火时如遇电气火灾,应先断电后灭火。

2)灭火器

(1)灭火器的用途。

灭火器担负的任务是扑救初期火灾。一个质量合格的灭火器,如果使用得当,扑救及时,可将一切损失巨大的火灾扑灭在萌芽状态。因此,灭火器的作用是很重要的。

(2)灭火器的分类。

灭火器的分类方法很多,通常按充装灭火剂的类型来划分。常见的有以下四种,如图6-3所示。

①干粉灭火器。适用于易燃、可燃液体、气体及带电设备的初起火灾(A、B、C类火灾),主要成分是碳酸氢钠,即小苏打和磷酸氢二铵。

②二氧化碳灭火器。结构简单、操作灵活、使用方便,具有灭火速度快、效率高、可连续或间歇喷射等优点。适用于扑救油类、易燃液体、固体有机物、气体和电气设备的初起火灾。

③泡沫灭火器。主要适用于扑救各种油类火灾、木材、纤维、橡胶等固体可燃物火灾。

④清水灭火器采用清水作灭火药剂,加入一定量的添加剂,可扑灭纸张、木材、纺织品等

引起的 A 类火灾。

a) 干粉灭火器　　　　b) 二氧化碳灭火器　　　　c) 泡沫灭火器　　　　d) 清水灭火器

图 6-3　不同类别的灭火器

> **知识链接**
>
> 干粉灭火器和二氧化碳灭火器的存放与检查
>
> （1）干粉灭火器存放时应避免日照和高温，以防止钢瓶中的二氧化碳因温度升高而膨胀漏气。干粉灭火器的有效期一般为 5 年，检查时若发现指针指在红色区域或开启使用过时，表明已失效，应送修。
>
> （2）二氧化碳灭火器钢瓶内气体存量要按其说明书定期检查（称重），质量减少 10% 时应补充灌装。二氧化碳灭火器不能放在高温和日照的地方，存放处温度不应超过 42℃。

（3）灭火器的使用方法及步骤用途。

第一步：识别灭火器的型号，如图 6-4 所示。

第二步：判断火势，正确选用相关类型的灭火器。

第三步：对灭火器进行检查，看是否能正常使用，如图 6-5 所示。

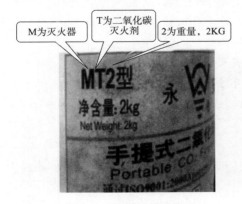 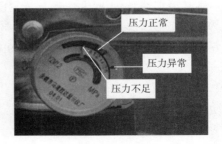

图 6-4　识别灭火器型号　　　　图 6-5　检查灭火器

第四步：站在上风位置，迅速采取正确的操作方法，将火源扑灭。

摇——防止灭火器内灭火剂凝固，影响灭火效果。

拔——拔出保险栓。

瞄——瞄准火焰根部。

压——压下灭火器手柄。

扫——左右扫射。

3）自动气体灭火系统的操作及使用

（1）自动气体灭火系统概述。

城市轨道交通采用的自动气体灭火系统,主要有二氧化碳灭火系统、卤代烷灭火系统及烟烙烬气体灭火系统等。

二氧化碳自动灭火系统在21世纪初就开始得到了广泛的应用,也是一种至今仍在一些特定的场合大量使用的气体灭火系统,包括高压二氧化碳灭火系统和低压二氧化碳灭火系统。它主要依靠高浓度的二氧化碳喷放至所保护的区域,使其中的氧气浓度急速下降(稀释)至一定程度,并产生窒息作用,使燃烧无法再继续进行下去。但此种灭火机理会严重影响停留在保护区域中的人员生命安全及健康。卤代烷灭火系统主要有1211灭火系统和1301灭火系统两种。

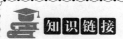

1301灭火剂名字的由来

1301灭火剂的化学名称为三氟一溴甲烷,分子式为CF3Br,因其中碳原子(C)的数量为1、氟原子(F)的数量为3、氯原子(Cl)的数量为0、溴原子(Br)的数量为1,故简称为卤代烷。1301,也称为"哈龙气体"。由于卤代烷破坏臭氧层,对人类的大气环境造成极大的破坏,故而在近年遭到世界各国(包括中国)的一致禁止。

"烟烙烬"(INERGEN)是由惰性(INERT)和氮气(NITROGEN)两个英文名称缩写而成的。它是由几种特定的惰性气体经过简单的物理方式混合而成。这些特定的惰性气体包括氮气、氩气和二氧化碳,其中氮气占52%、氩气占40%,其余8%为二氧化碳。医学实验证明,人体在12.5%的氧气浓度和2%~5%的二氧化碳浓度的环境下呼吸,人脑所获得的氧量与在正常的大气环境(21%的氧气浓度和0.03%的二氧化碳浓度)所获得的氧量是一致的。因此,烟烙烬气体不会对人体造成直接伤害。

烟烙烬自动气体灭火系统的优点：①灭火药剂由大气中的气体组成,符合环保要求。②保障现场工作人员的生命安全。③不会产生任何酸性化学分解物,对精密贵重的设备无任何腐蚀作用。因此,该系统为目前世界上最流行的气体灭火系统。

（2）自动气体灭火系统的组成。

自动气体灭火系统虽然有多种,但其主要组成部分都是相似的,均由管网系统及报警控制系统两大部分组成。

①管网系统。

管网系统由气体钢瓶及CV98瓶头阀、不锈钢启动软管、电磁阀、高压软管、集流管、放气阀、止回阀、减压装置、选择阀、压力开关、喷嘴和气体输送管道组成。瓶头阀和选择阀如图6-6所示。

②报警控制系统。

报警控制系统由控制盘及外围辅助设备组成。控制柱是系统的核心部分，与外围设备一起实现系统的探测报警、自动喷气、手动喷气、止喷、手/自动切换等功能。

自动喷气：控制盘具有两个独立的区域探测回路。探测回路可以挂上普通火灾自动报警设备，如普通烟感、普通差定温感等。当某一路火灾报警时，控制盘启动联动设备（如关闭防火阀、风机等），并同时控制警铃响，发出一级火灾报警信号给 FAS。如另一路也报警，控制盘鸣响蜂鸣器，发出二级火灾报警信号给 FAS，经过 30s 延时后控制盘输出控制信号，启动对应区域的选择阀和对应主动瓶上的电磁阀，将烟烙烬气体释放到保护区内进行灭火。同时，控制灭火区域门外的"气体释放指示灯"闪亮。

图 6-6 瓶头阀（左）和选择阀（右）

手动喷气：系统设有手拉启动器，手拉启动器一经人为拉下，系统即时对相应的保护区域进行喷气。

止喷：系统设有紧急止喷按钮。紧急止喷按钮被按下后，系统会取消自动喷气，但能阻止手动喷气。

手/自动切换：当手/自动转换开关处在自动状态时，系统可以实现自动喷气的一整套程序；当处在手动状态时，系统除了不能喷气外，仍然可以完成报警联动等其他功能，此时，需要拉下手拉启动器，系统才能喷气。

6.1.4 FAS 报警及故障处理

FAS 是城市轨道交通系统重要的安全设施，它对城市轨道交通系统火灾的监控起到至关重要的作用。对系统出现的故障进行及时处理和排除方能有效地保证系统的实时性及可靠性。FAS 的故障按其性质可分为严重故障和一般故障两大类。对于前者，应立即进行紧急抢修，先通后复。以下就 FAS 控制主机出现的火灾报警、注意报警、故障报警、污垢报警、消防报警和手动报警等几个方面办理规则进行详述。

1）火灾报警

当 FAS 控制主机出现火灾报警时，一般按照下列程序处理：

（1）按压主音响停止按钮进行消音处理。

（2）值班员携带灭火器、插孔电话立即赶赴现场进行确认，并及时将现场情况和处理结果通报车站综合控制室值班员。

（3）当现场未发生火灾时，车站综合控制室值班员在接到现场人员确认信息后，将情况报告控制中心，若因故障引起报警还应将情况通报机电维修中心进行检修，填记 FAS 运行登记簿。利用钥匙开关将主机转换至"级别 2"位，按压复位按钮对系统进行复位，复位后将钥匙开关恢复至"级别 1"位。

（4）当现场确有火灾发生时，车站控制室值班员应立即通知值班站长启动火灾预案，组织救灾工作,并将情况报告控制中心、客运公司生产值班室、站区;车站控制室值班员应视现场火灾情况及时拨打119火警报警,并利用钥匙开关将火灾报警控制主机转换至"级别2"位,按压联动停止按钮,启动防灾运行模式并开启防灾广播;当消防员要求值班员手动启动消防泵或中心命令手动启动消防泵时,值班员可通过按压联动控制台的消防泵按钮,手动启动消防泵。当火灾处理完后,按压联动停止按钮、复位按钮、消防泵按钮、广播按钮,对系统进行复位,利用钥匙开关将主机恢复至"级别1"位,并将火灾详细信息记录于FAS运行登记簿。

(5)在火灾处置完后,还应将信息记录在防灾系统日记内。

2)注意报警、故障报警和污垢报警

当FAS控制主机出现注意报警、故障报警和污垢报警时,一般按照下列程序处理:

(1)按压主音响停止按钮进行消音处理。

(2)值班员携带插孔电话、灭火器立即赶赴现场进行确认,并及时将现场情况和处理结果通报车站控制室值班员。

(3)对于注意报警,车站控制室值班员在接到现场人员确认信息后,将报警及处理结果报告控制中心并通知机电维修中心,填写FAS运行登记簿。

(4)对于污垢报警、故障报警,车站控制室值班员在接到现场人员确认信息后,将情况报告控制中心并通知机电维修中心进行检修,填写FAS运行登记簿。

3)消防报警

当联动控制台出现消防泵报警时,一般按照下列程序处理:

(1)按压消音按钮进行消音。

(2)将情况报告控制中心并通知机电维修中心进行检修。

(3)将信息详细记录在FAS运行登记簿内。

4)手动报警

当FAS控制主机出现手动报警时,一般按照下列程序处理:

(1)按压主音响停止按钮进行消音处理。

(2)值班员应携带灭火器、插孔电话立即赶赴现场进行确认,并及时将现场情况和处理结果通报控制室值班员。

(3)控制室值班员根据情况按相关规定进行处理,报告控制中心并将信息详细记录在FAS运行登记簿内。

(4)处理完后,利用钥匙开关将主机转换至"级别2"位,按压复位按钮对系统进行复位,复位后将钥匙开关恢复至"级别1"位。

6.2 自动扶梯、厢式电梯的操作程序及故障处理

电梯在生活中的运用越来越广泛,常用的电梯有手扶电梯和厢式电梯两大类。城市轨道交通为更好地服务于乘客,往往会采用这两种电梯。电梯给我们带来便利的同时,随着城市轨道交通运载力的不断加大,机器负荷加重,会有不少的安全隐患。近年来,电梯事故时有发生,我们作为城市轨道交通运营人员,应该如何保障乘客的电梯安全呢?

6.2.1 自动扶梯

1)自动扶梯设置原则

对于城市轨道交通系统而言,自动扶梯的设置应满足以下三个原则:

(1)站厅至站台应设置上、下行自动扶梯。

(2)出入口及过街隧道根据客流量设置上、下行或上行自动扶梯。

(3)当提升高度达到6m以上时,应设置上、下行自动扶梯以保证客流的疏散和服务质量。

2)自动扶梯的参数

(1)提升高度(H)。

(2)名义宽度($Z1$)。

自动扶梯的名义宽度是指梯级宽度的公称尺寸,规定不应小于580mm,且不超过1100mm,通常为600mm、800mm和1000mm三种规格,如图6-7所示。

图6-7 自动扶梯名义宽度

(3)最大输送能力(C_t)。

最大输送能力是指自动扶梯每小时最大输送的人数(表6-3)。

自动扶梯每小时最大输送的人数 表6-3

梯级宽度z_1(m)	名义速度v(m/s)		
	0.50	0.65	0.75
0.60	3600人/h	4400人/h	4900人/h
0.80	4800人/h	5900人/h	6600人/h
1.00	6000人/h	7300人/h	8200人/h

3)自动扶梯的结构

自动扶梯总体结构如图6-8所示。

作为城市轨道交通客运服务人员,了解自动扶梯的一些常识后,要针对客流量及时注意提醒乘客自动扶梯的安全。

(1)履行提醒义务:在自动扶梯旁张贴警示标识,提醒乘客规范乘坐自动扶梯;提醒乘客在乘坐自动扶梯时,一定要握好扶手、站稳;要当心衣物、长裙、洞洞鞋卷入电梯缝隙;轮椅和儿童推车切记不要推上自动扶梯。

(2)熟知自动扶梯的开启与关闭程序。

自动扶梯是带有循环运动梯路向上或向下倾斜输送乘客的固定电力驱动设备。按驱动装置位置可分为端部驱动自动扶梯与中间驱动自动扶梯。

自动扶梯主要由梯级、扶手装置、驱动链、梯级驱动装置等组成,如图 6-9 所示。

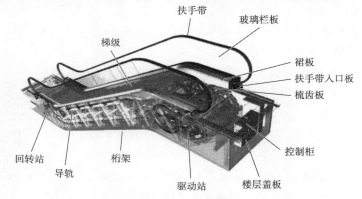

图 6-8　自动扶梯总体结构图

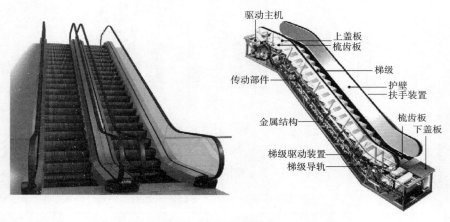

图 6-9　自动扶梯结构图

4) 自动扶梯的开启程序

当开始运转或停止自动扶梯时,需按下列顺序进行操作,操作时应注意自动扶梯在上下两端各装有一个操作盘,任一操作盘都可以操作。

开始运转之前应遵循的程序如下:

(1) 检查扶梯踏板、扶手带、梳齿板、裙板保护胶条(或毛刷),除去夹在里面的碎纸、小石子、口香糖等。

(2) 用手感触,确认裙板及竖板的润滑剂是否充分。

(3) 确认自动扶梯周围的安全设施(三角警示牌、防止进入的栅栏等)有无破损等异状。

启动运转时应遵循的程序如下:

(1) 把钥匙插入报警开关鸣响警笛,发出信号,告诉附近的人们自动扶梯即将运转。

(2) 确认自动扶梯周围或扶梯踏板上没人时,把钥匙插入启动开关后,向想要使用的运行方向(上或下)旋转,自动扶梯则开始工作。放开手则钥匙回到中立位置,把钥匙拔出来。

(3) 启动后须确认扶梯踏板和扶手带是否正常工作。如万一有异常声响或振动,要立即按动紧急停止按钮,停住自动扶梯。

(4)确认正常运转之后,再试运转5~10min。
(5)在试运转中按动紧急停止按钮,确认工作情况。
自动扶梯停止运转的程序如下:
(1)在停止自动扶梯之前,需确认有无发生异常声音或振动。如有问题则使自动扶梯停止。
(2)鸣响警笛,通知乘客自动扶梯即将停止。
(3)停止之前,不要让人进入自动扶梯的乘梯口。
(4)在确认自动扶梯附近或扶梯踏板上无人后再把钥匙插入停止开关进行操作,自动扶梯则停止。
(5)一天的运行结束后,要认真检查扶梯踏板、扶手带、梳齿板和保护裙板并清洁。
(6)为防止乘客将停用中的自动扶梯当楼梯使用,应用栅栏等挡住乘梯口,设置停用牌。

自动扶梯典型故障分析与处理办法

自动扶梯和厢式电梯典型故障分析与处理办法见表6-4。

自动扶梯和厢式电梯典型故障分析与处理办法　　　　　　　　表6-4

自动扶梯	现象:自动扶梯蛇行,相邻两梯级踏面防滑条不在同一直线上 原因: (1)梯级链张紧力左右不一致。 (2)检查主机轴承温度,若过高,可能轴承损坏 处理办法: (1)按调整工艺要求,收紧或放松张力弹簧,使两边梯级链张力一致。 (2)更换主轴轴承,步骤如下: ①断开驱动链、梯级链及扶手带驱动链; ②拆除附加制动器装置; ③确认吊装主轴轴承的空间,若不够,需要先将主机座吊装出来,再更换主轴轴承
厢式电梯	现象:厢式电梯不能启动 原因: (1)检查钥匙开关是否处于正确位置,其他钥匙开关在"0"位拔出。 (2)急停开关是否动作。 (3)主开关是否处于正确位置。 (4)电源供给是否正常。 (5)检查操作控制器是否损坏 处理办法: (1)正确操作钥匙。 (2)旋转或恢复急停开关。 (3)打开主电源开关。 (4)合上熔断保险和保护开关。 (5)更换或修理

> 操作时要用自动扶梯专用的钥匙;将钥匙装在钥匙箱内严格保管,除有关人员外不得借出。
>
> 自动扶梯紧急停止时出现意外的处理方法:若在自动扶梯上发生乘客跌倒的紧急情况,则站台工作人员用力按动乘梯口的紧急停止按钮。
>
> 在重新开动扶梯之前,要确认造成紧急情况的原因,并予以排除。检查机器,如有异常及不明原因,不得开梯,应及时通知维修人员进行维修。

6.2.2 厢式电梯

在城市轨道交通中,通常自动扶梯和厢式电梯是同时存在的。厢式电梯是自动扶梯的补充,通常适合行动不便的乘客、乘坐婴儿车的儿童以及携带大件行李箱的乘客乘坐。乘坐厢式电梯的大多是弱势交通群体,他们在乘坐厢式电梯的时候,如果遇到紧急事故,发生危险的可能性会更大,因此,厢式电梯的乘坐安全尤显重要。那么如何来更好地为乘客提供优质、安全的厢式电梯服务呢?

1)履行提醒义务

可在厢式电梯旁贴警示标识,提醒乘客不要超载、超时,不要强行阻止电梯关门,不随便按电梯内的紧急按钮。

电梯有故障时,要及时安放故障牌,提醒乘客暂停乘坐。

发生停电或火灾事故时,帮助疏导电梯内乘坐人员并及时停止厢式电梯的运行,保障乘客安全。

2)履行检查义务

禁止非专业人员拆卸和维修电梯、使用厅门开锁三角钥匙;电梯维修和保养时,禁止乘客乘坐电梯;乘客进出电梯时工作人员应注意查看电梯轿厢地板和楼层是否水平,如果不平,说明电梯存在故障,应及时通知检修,以免发生意外事故。

3)城市轨道交通车站电梯常见故障处理

(1)电梯故障处理原则。

在运营期间对故障的处理要求"先修复后分析"。

维修人员接到故障报告后,应在30min内赶到现场并开始进行处理。当维修人员自身无法处理故障而需要技术人员处理时,技术人员接到通知后应在1h内赶到现场协助处理。故障处理完毕后,维修人员回报维修调度消除故障号并填写故障处理记录。重大设备故障由技术人员进行分析并提供故障处理分析报告,以避免今后出现同类故障,同时制订故障处理工艺。故障分析报告存入资料档案。

(2)电梯抢修组织流程。

①车站系统设备故障发生后,由维修调度判断是否为重大故障,是否需要立即进行抢修。

②若为系统设备一般故障,在故障接报后,由工班长根据实际情况及当日的排班情况,派遣维修人员进行故障维修。若维修人员不能解决,工班长或技术人员必须到场协助解决。

③若为重大故障,维修调度通知上级生产调度进行抢修组织,生产调度接报后组织电梯系统就近维修人员第一时间赶赴事故现场。同时,通知维修工班长、专业工程师参加抢修。

单元6 车站设备日常操作及应急故障处理

④首先到场的专业维修人员应向控制中心维修调度申请进行抢险作业。
⑤原则上系统专业工程师或工班长为现场抢修负责人,抢修人员必须服从。
⑥抢险作业完成后,由现场抢修负责人报告抢修情况,同时向维修调度报告抢修结束。

 思政点拨

站务员狂奔5秒扶起老人:"我火不火不要紧,爷爷没摔倒是万幸。"
2018年10月8日,年轻的站务员周淼在车站内狂奔扶老人,从起跑到抵达现场仅用时5s,从按手扶梯上的紧急按钮到扶稳老人,她一气呵成。事情经过被长江日报融媒体《救人比运动员跑得还快!地铁员工狂奔5秒扶起老人》报道后,受到人民日报、新华社等中央媒体的关注,两家媒体微信公众号均头条转发,周淼也获得了全国网友的点赞。如果不是把乘客的安危放在第一位,这种去救人的本能反应,不是一般人能做得出来的。

武汉地铁最帅志愿者:你摔倒飞奔的样子,一点都不狼狈!
2019年11月24日,武汉工程科技学院学生余涛宏和同学们在地铁7号线纸坊大街站参加志愿服务。10时43分,他正在车站的A出入口执勤。突然,他听到旁边电扶梯上轰的一声,有人惊叫起来。扭头一看,有人摔倒了。"我知道,第一时间要按停电梯!"

说时迟那时快,余涛宏返身下步梯打算关停电梯,可就在他下到地面时,却因跑得太急,一下摔倒在地。可哪怕这样,他还是迅速爬起来关停了电梯,连滚带爬急忙将乘客扶起来。地铁站工作人员也第一时间赶到现场,多亏余涛宏关停电梯及时,乘客只是手部轻微擦伤,没有受到更大伤害。

车站的摄像头记下了他摔倒马上又爬起的一幕,却一点都不狼狈!因为那是英雄飞奔而来的样子!

6.3 站台门操作程序及故障处理

6.3.1 站台门的主要作用

1)安全
站台门减少甚至杜绝了乘客或者物品跌入隧道区间发生安全事故的可能性,保障了列车的安全正点运营;封闭的站台区间,提高了候车乘客及车站工作人员的安全感。

2)节约运营成本
对于采用空调系统的地铁,由于空调风不再散失到隧道中去,大大降低了环控空调系统的能耗,在节约了电费的同时,还由于减少了对空调系统的容量要求,也降低了空调系统的投资成本;减少了对站台工作人员的数量要求,进一步节约了运营的人员成本。

3)舒适
站台门能减少列车进站和离站时所带来的噪声、活塞风等的影响,使乘客的候车环境更安静、舒适;减少隧道中的灰尘等污物进入车站,为乘客提供一个更加清洁的候车环境;减少因安全事故导致的列车误点,保障准点运行;乘客能更加有序而从容地上下列车,提高了乘车效率。

6.3.2 站台门日常操作程序

1）站台门系统控制模式

站台门系统控制模式设置有系统级、站台级、手动操作三种正常控制模式。

系统级控制即执行信号系统命令的控制模式。

站台级控制即执行站台 PSL 操作盘发出命令的控制模式。

手动操作即站台工作人员在站台侧用专用钥匙解锁或由乘客在轨道侧推动解锁装置打开滑动门。

此外，站台门系统设置有火灾控制模式，即在相应的火灾模式下，车站值班人员在车站控制室操作消防联动盘、操作站台门紧急控制开关，配合打开滑动门，疏散乘客和配合环控系统排烟。

上述模式的控制优先权从高到低依次为手动操作模式、火灾控制模式、站台级控制模式、系统级控制模式。

2）站台门系统功能

站台门系统具有障碍物检测功能，即滑动门关闭时检测到障碍物，会后退作短暂停止，以释放夹到的障碍物，然后再关闭，从而避免夹伤乘客。

3）站台门系统设备运行操作程序

（1）站台门系统启动与关闭。

①站台门系统的启动步骤。

a. 先后合闸为驱动不间断电源供电以及为控制不间断电源供电。

b. 先后按照驱动不间断电源开机指引，启动驱动不间断电源工作，按照控制不间断电源开机指引，启动控制不间断电源工作。

c. 在系统配电柜顺序闭合门单元供电、系统控制器供电开关，进入待机状态；启动站台门监视器的系统诊断软件。

d. 确认在列车未进站时，所有门单元关闭并锁紧（必要时应试验站台就地控制盘的开关门操作）。

②站台门系统的停机步骤。

a. 确认所有门单元关闭并锁紧；操作站台门监视器退出站台门系统诊断软件和操作系统。

b. 在系统配电柜顺序分断系统控制器供电、门单元供电开关。

c. 先后按照不间断电源停机指引，停止控制不间断电源和驱动不间断电源工作。

d. 先后断开控制不间断电源供电和驱动不间断电源供电。

（2）站台门正常运行。

站台门系统正常运行时采用系统级控制，当需要站台级控制操作时，须遵守站台就地控制盘操作方法。该方法操作程序为：

①将操作钥匙插入站台 PSL 的钥匙开关锁孔内（原始位置为"OFF"）。

②开门时，顺时针转动钥匙打至"OPEN"位置并停留（不能拔下钥匙），此时滑动门开始打开，站台 PSL 上"OPEN"指示灯亮；滑动门完全打开后，站台就地控制盘上"DOOR OPEN"

指示灯灭,门头灯长亮,此时完成一次站台就地控制盘开门操作。

③关门时,按前面操作,逆时针转动钥匙打至"CLOSE"位置并停留(不能拔下钥匙),此时滑动门开始关闭,站台 PSL 上"DOOR CLOSE"指示灯亮,门头灯闪亮;滑动门完全关闭后,站台 PSL 上"DOOR CLOSE"指示灯和门头灯灭,同时滑动门/应急门指示灯亮,此时完成一次站台 PSL 关门操作。

④关门操作完成后,继续逆时针转动钥匙打至"OFF"位置后,拔下钥匙,退出站台 PSL 操作。

(3)滑动门人工操作开门。

①适用范围。

当控制系统电源不能供电,或个别站台门单元发生故障,或其他紧急需要时,由站台人员或乘客对站台门进行操作。

②操作过程如下:

a. 站台工作人员在站台侧滑动门上,用菱形三角钥匙逆时针旋转操作滑动门人工解锁机构解开闸锁锁栓,并推开门扇;或乘客在轨道侧压住滑动门绿色锁把,并推开门扇打开站台门。

b. 执行此操作时,站台门系统监视器上的"滑动门/应急门手动操作"状态指示灯点亮,并在站台门系统监视器的液晶显示器上反映出手动操作的具体位置及操作状态信息显示。手动操作打开滑动门后,如门单元正常且门控制单元能正常工作,则在15s 后自动关闭滑动门。

c. 手动操作打开滑动门后,如有需要,保持滑动门的打开状态,应断开该门单元的供电、隔离,并加强监控,防止人员跌入轨道。

(4)滑动门人工操作关门。

①适用范围。

当站台门单元发生故障时,由站台人员对站台门进行操作。

②操作过程如下:

a. 打开门单元前盖板,关闭该门单元的就地供电负荷开关。

b. 小心、慢速推动门扇至全关闭位置。

c. 由于关闭了门头电源,在站台门系统监视器上将有该门单元的报警显示。

(5)关于门单元门头模式开关的说明。

①每个门单元有三种工作方式,即正常模式、隔离模式和测试模式,通过操作门头模式开关选择其中一种工作方式。

②当门单元无故障,处于正常运营工作状态时,选择正常模式。

当门单元出现故障,无法正常工作时,选择隔离模式。

测试模式由维修保养人员使用,在这种模式下,需要有门机内的测试开关配合使用。

(6)关于站台门关门障碍物检测功能的说明。

站台门在关门过程中,遇有障碍物阻挡关门时,如门控器检测到关门的阻力大于设定值,则门控器进入关门障碍物处理功能,即滑动门立即停止关闭,并反向打开 50cm,解脱被夹的障碍物,稍作停留后,低速继续关至原来检测到障碍物的位置,如障碍物已不存在,则以正常速度完成关门。如障碍物继续存在,则上述过程重复四次后,一直至打开该滑动门并发出报警。

(7)站台门火灾模式使用及其注意事项。

①火灾模式的使用。站台门火灾模式操作开关为钥匙开关,安装于各站车站控制室内

的消防联动盘上,每侧站台分别设置一个操作开关,需要打开某一侧的站台门时,采用专用钥匙插入对应的开关钥匙孔,顺时针方向拧转钥匙即可打开站台门。打开后如把钥匙逆时针拧回(或取下钥匙),站台门将不会自动关闭。

②站台门火灾模式使用注意事项。

a. 站台门火灾模式仅适应于火灾模式启动时使用。

b. 正常运营时,勿将专用的操作钥匙插入操作开关的钥匙孔,以免引起误操作,特别要避免在运营期间误操作而开门。

c. 站台门火灾模式控制不设置关门功能,如需要关闭站台门,可采用站台 PSL 关门。

4)站台门故障处理程序

(1)站台门系统级故障分析流程如图 6-10 所示。

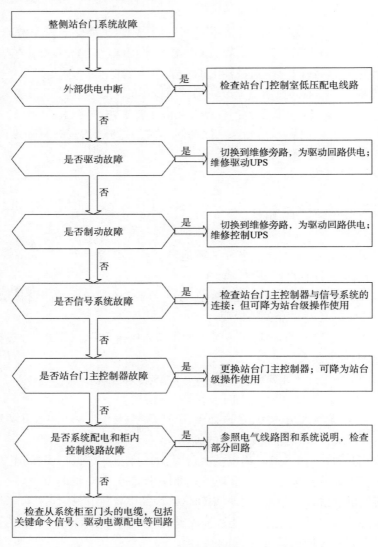

图 6-10 站台门系统级故障分析流程

（2）站台门站台级故障分析流程。

①一扇站台门不能关闭的处理程序见表6-5。

一扇站台门不能关闭的处理程序 表6-5

负责人	处理程序
列车司机	（1）驾驶室未能接受站台门关闭信号； （2）通知 OCC，要求站务员到场处理； （3）等待车站职员到站台处理及作出配合； （4）必要时通知乘客并向乘客表示歉意； （5）随时向 OCC 汇报情况
值班站长	（1）在 IBP 检查并确定站台门位置； （2）安排车站职员到站台视察及处理； （3）通知 OCC 有关情况； （4）向故障报警中心通报； （5）通知乘客使用其他车门上车，并利用广播系统或乘客信息系统向乘客表示歉意； （6）尽快处理情况，让列车出站
站台站务员	（1）若故障信息是列车司机关门时发现的，需到故障站台门处确认是否有物体阻碍其关闭； （2）若有则取出，告知列车司机重新关闭站台门； （3）若站台门仍不能正常关闭，则用专用钥匙隔离，将该滑动门就地控制盒打到手动位，手动关闭该扇滑动门后通知列车司机； （4）客流高峰期可保持该车门为常开，但应有站务员留守

②一扇站台门不能开启的处理程序见表6-6。

一扇站台门不能开启的处理程序 表6-6

负责人	处理程序
值班站长	（1）在 IBP 检查并确定站台门位置； （2）立刻通知 OCC 和故障报警中心； （3）安排车站职员到站台视察及处理； （4）通知乘客使用其他车门上车，并利用广播系统或乘客信息系统向乘客表示歉意； （5）随时向 OCC 汇报现场情况
站台站务员	（1）发现故障或接到通知后立即赶到现场； （2）立即到站台引导故障站台门处的乘客上下车，并用专用钥匙将该故障滑动门就地控制盒（LCB）打到"手动"位； （3）贴上"此门故障"告示

③多扇站台门不能正常开启的处理程序见表6-7。

多扇站台门不能正常开启的处理程序 表6-7

负责人	处理程序
站务员	（1）发现故障或接到通知后立即赶赴现场处理； （2）手动打开部分门（确保没有连续不能开启的门即可）上下乘客，待列车司机关闭车门、站台门后，查看站台关闭情况，如无法关闭处理程序，按多对不能关闭程序处理

续上表

负责人	处理程序
车站值班员	(1)接到值班站长站台门故障的通知后,立刻到站台协助处理; (2)手动打开部分门(确保没有连续不能开启的门即可)上下乘客
值班站长	(1)接到站台门故障的信息后,及时通知巡视岗和车站督导员到站台处理; (2)将信息报行车调度员和故障报警中心; (3)跟进站台门维修情况,并将站台门的故障和修复情况报行车调度员

④多扇站台门不能正常关闭的处理程序见表6-8。

多扇站台门不能正常关闭的处理程序　　　　　　　表6-8

负责人	处理程序
站务员	(1)收到故障信息后,在列车司机关闭车门、站台门后须逐个确认不能关闭的站台门与列车间的空隙安全; (2)按照"没有连续的不能开启的门"的原则切除部分站台门上下乘客,加强对未关闭站台门的监控,确保安全; (3)维护好站台秩序,防止乘客落轨
车站值班员	(1)接到故障信息后,到站台处理; (2)到故障侧头端操作站台门站台PSL进行"互锁解除"
值班站长	(1)将故障信息报行车调度员和故障报警中心; (2)督促、跟进站台门维修情况,并将站台门的故障和修复情况报行车调度员; (3)安排巡视岗监控处于打开状态,防止站台门处的乘客跌入轨道

注:列车进站或停在车站时须停止对站台门的维修。

6.4　AFC设备操作与常见故障处理

6.4.1　AFC设备常见故障分析与处理

AFC系统是指城市轨道交通中普遍应用的网络化自动售检票系统。AFC系统集计算机技术、信息收集和处理技术、机械制造于一体,具有很强的智能化功能。

AFC系统现已广泛应用在城市轨道交通车站的客运管理中,是城市轨道交通系统中公众直接参与交互、影响公众体验的重要系统。AFC系统由城市轨道交通清分系统、AFC线路中央计算机系统、AFC车站计算机系统、车站的AFC终端设备、车票五层架构组成。其中,车站客运服务人员的能够解决且经常面对的就是车站AFC终端设备——自动检票机,它们被安装在各车站的站厅,直接为乘客提供售检票服务。

1)自动检票机开关机操作

在日常运作中,一般的自动检票机软件故障均可通过重启(开关机)设备进行处理,重启工作可由站务员完成。

具体的操作顺序为：打开维修门→关闭配电盘的开关→打开通道维修门→打开配电盘的开关。自动检票机开关机操作如图6-11所示。

关机时，将钥匙沿顺时针方向转动，打开维修面板，输入操作员号（ID）和密码，将配电盘的开关关闭。

开机时，将钥匙插入并沿顺时针方向转动，向上、向外倾斜提起并打开维修门，将电源开关打向"ON"方向，将配电盘的开关打向"ON"方向。

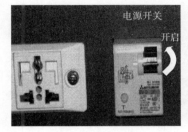
a）上电

b）打开开机开关

c）在维修面板输入ID和密码

图6-11　自动检票机开关机操作

2）自动检票机更换票箱操作

出站自动检票机设有单程票回收系统，有效单程票通过出站自动检票机时，会被回收进自动检票机票箱内。由于票箱具有一定的容量，在票箱将满或已满时，自动检票机会发出报警提示，以提醒车站人员及时对票箱进行更换。如果没有及时更换，闸机将进入暂停服务模式。一般情况下，车站需在出站自动检票机票箱将满时或已满时进行更换，也可根据实际需要进行更换。

更换自动检票机票箱时，打开自动检票机的维修门后，按维修面板显示要求输入正确的操作员号（ID）和密码，验证成功登录后，选择运营服务中的更换票箱操作，在更换票箱操作中选择取下票箱，当票箱电动机完全降下后，双手取出票箱，如图6-12所示。拆卸票箱的工作过程与安装方法一样要按顺序进行，在完成当前动作之前不能进入到下一个动作。

①接收来自上位机的票箱更换命令;
②托盘向下移动;
③检测车票的最高位置,当检测到车票的最高位置低于指定的位置时,停止移动托盘;
④关上顶盖;
⑤打开工作锁(顶盖被锁上);
⑥托盘被固定;
⑦拨动开关至"OFF";
⑧托盘移动机构下降;
⑨拆卸票箱。

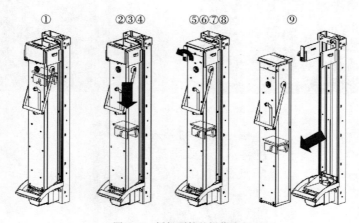

图 6-12　拆卸票箱的操作流程

将装满单程票的票箱拆卸下后,更换上空的票箱,如图 6-13 所示。安装票箱的工作过程如下,要按顺序进行,在完成当前动作之前不能进入下一个动作。

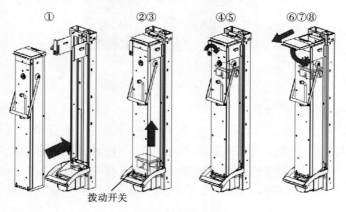

图 6-13　安装票箱流程

①安装票箱:利用票箱前面的把手,以水平方向把票箱小心地安装在 ID 连接器上;
②检测票箱安装到位(检查票箱 ID);
③拨动开关到"ON";
④托盘移动机构带动托盘向上移动;

单元6 车站设备日常操作及应急故障处理

⑤检测车票最高位置,当检测到车票最高位置到达指定的位置时,停止移动托盘;
⑥锁上工作锁(顶盖锁机构松开);
⑦固定托盘的机构松开,打开顶盖;
⑧回收或发售模块初始化。

票箱安装完毕后,在维修面板中选择安装票箱,退出维修面板并注销,推进并关好维修门。设备读到不同的票箱 ID 后计数器清零,完成票箱更换工作,随后站务员将换出的票箱运回票务收益室进行清点。

 知识链接

更换票箱时要注意爱护票箱,轻拿轻放,避免损坏票箱,同时注意要双手操作,以避免刮伤手。

3)几种常见自动检票机故障的处理

(1)卡票的处理。

卡票是指单程票在经出站自动检票机单程票回收系统导入相应的票箱过程中,因车票问题,如边缘变形、过厚等,导致车票不能顺利导入储票箱,卡在导入系统的某个位置的现象。发生卡票故障后,自动检票机将不再接收单程票,但能正常处理储值票。处理卡票问题时,站务员应先查看投票口及单程票通道,将卡住的单程票取出,并重新启动自动检票机。若仍不正常,需联系专业维修人员进行处理。

(2)启动自动检票机后亮起报警灯。

启动自动检票机后,报警灯亮起红灯,其原因可能是有通行传感器被遮挡住。在正常启动自动检票机后,设备内部逻辑会对通信传感器进行测试,如果测试失败会亮起报警灯。这种问题一般是通行传感器的透窗被灰尘或异物遮挡导致,站务员应打开维修门,并对通行传感器透窗进行清洁并重新启动设备。

 知识链接

自动检票机日常维护方法

为保证自动检票机能够长期安全有效地运行,应定期对机器进行维护。日常维护应注意:
①传感器透窗保持洁净,没有灰尘附着;
②检票口不可异物遮挡;
③不锈钢机壳表面定期进行清洁,应使用不锈钢保养油;
④机器表面塑料件防止硬物划伤,保持表面光洁,擦拭时应使用柔软清洁材料;
⑤电源插头防止氧化、沾污、损毁而漏电伤人;
⑥勿折网线,避免接头损伤;
⑦避免硬物撞击检票机;
⑧检票机在不使用时,应罩上防尘罩。

(3)自动检票机屏幕显示"网络连接失败"。

正常启动自动检票机后,乘客显示器显示"网络连接失败",这是由于网络出现故障造成的,通常站务员应向值班站长报告,并组织专业人员查看以下方面:

①检查自动检票机和服务器之间的网络连接是否正常;

②检查系统服务器软件是否正常运行。

(4)自动检票机启动后乘客显示器没有显示。

正常启动自动检票机后,发现乘客显示器没有显示,这是由于自动检票机内部工控机没有开机或显示器处于关闭状态,站务员应打开维修门,查看工控机的电源开关是否打开,若工控机电源在打开状态,则查看显示器电源,并开启。

6.4.2 自动售票机常见故障分析与处理

站务员在日常工作中,需掌握对自动售票机各种状态、模式的识别,加强对自动售票机的巡视检查,确保自动售票机能正常提供服务;同时,对自动售票机乘客购票界面的操作也应熟练掌握,以便能为乘客购票提供准确指引。

1)自动售票机常见运营模式的识别

自动售票机可运行在多种模式下,这些模式可以通过车站计算机下达参数设置,也可以根据自动售票机模块的状态进行自动调整。运行模式主要有正常服务模式、停止服务模式和限制服务模式三种。自动售票机处于正常服务模式时,能提供所有设计要求的服务,单程票发售、储值票充值功能可用,支付方式不受限制,乘客信息显示器显示"正常服务"等字样。当自动售票机发生卡票等故障或运营结束后,或车站人为设置停止服务后,自动售票机进入停止服务模式,乘客信息显示器和触摸屏显示"暂停服务"字样。

当自动售票机内部各模块中任一模块状态不良而其他模块正常时,自动售票机会自动进入限制服务模式,只具备部分功能,一般包含只售单程票、只收硬币、只收纸币、不找零、只充值几个子模式。当自动售票机充值功能模块无法使用时,进入只售单程票模式,只能发售单程票,不充值,乘客信息显示器显示"只售单程票"字样,此时,站务员应引导需要充值的乘客去票务处充值。

当纸币接收器和储值票模块无法使用时,进入只收硬币模式、不接收纸币购票,乘客信息显示器显示"只收硬币"字样,此时,站务员应及时报告值班员,对自动售票机补充硬币。当硬币接收器和储值票模块无法使用时,进入只收纸币模式,不接收硬币购票,乘客信息显示器显示"只收纸币"字样,如乘客没有携带相应币种的纸币时,站务员应主动引导乘客到票务处兑换相应纸币购票。

当找零模块发生故障时,进入不找零模式,购买单程票时不能找零,当投入金额超过应付金额时,多余金额给下一笔交易使用,乘客信息显示器显示"不找零"字样,此模式涉及乘客利益,国内城市轨道交通一般不使用该模式。当纸币接收器、硬币接收器、单程票发售模块和找零模块无法使用时,进入只充值模式,不能发售单程票,只接受充值业务,乘客信息显示器显示"只充值"字样。

2)自动售票机乘客操作界面的操作

自动售票机是自助型系统设备,城市轨道交通车站内会有部分乘客对该系统的操作不熟练，站务员应主动、热情地提供操作指引服务。

在自助售票机乘客操作界面上，选择线路区域提供了按线路分类的按钮，当乘客点击选择要乘坐的线路时，该线路在地图区域放大，方便乘客快速、准确地点选目的地站。运营及票卡选择区域可以实现按票价直接购票，为熟悉轨道交通票价的乘客提供了便利。

时间区域能实时显示当前的日期与时间。功能选择区域提供了供乘客选择或确认的按钮，如中英文切换按钮和充值操作按钮等，实现相应的功能选择。信息提示区域主要用于向乘客显示相应情况下的信息。状态区域显示了 TVM 当前运营状态的信息。

3）自动售票机充值操作

乘客使用现金在自动售票机上进行储值票充值时，通常不同地区的自动售票机可接收人民币的面值不同，但是随着科学技术的普及，纸币面值的影响已经很小。

自动售票机充值具体操作流程大致分为：在主界面选择充值按钮→插入储值卡→支付储值票充值金额→设备对储值票充值→返还储值票。储值卡充值界面如图 6-14 所示。

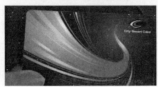

图 6-14　储值卡充值界面

4）几种常见自动售票机故障与处理办法

几种常见自动售票机故障与处理见表 6-9。

常见自动售票机故障与处理　　　　表 6-9

序号	故障现象、原因及处理办法
1	现象：自动售票机启动后显示"只收纸币"
	原因：硬币处理模块有卡币或者硬币箱没有正确安装
	解决办法： （1）启动设备后机器内部逻辑会对硬币模块进行测试，如果测试失败会进入"只收纸币"状态，这种问题一般是有硬币识别模块被硬币或其他异物堵塞导致，应检查硬币识别模块并重新启动设备。 （2）正确安装硬币箱
2	现象：自动售票机屏幕显示"网络连接失败"
	原因：是网络出现故障造成的
	解决办法： （1）请检查自动售票机和服务器之间的网络连接是否正常。 （2）请检查系统服务器软件是否正常运行

续上表

序号	故障现象、原因及处理办法
3	现象:自动售票机屏幕显示"只收硬币" 原因:纸币识别模块有卡币或者纸币钱箱没有正确安装 解决办法: (1)纸币识别模块被纸币或其他异物堵塞导致,请检查纸币识别模块并重新启动设备。 (2)正确安装纸币钱箱
4	现象:自动售票机屏幕显示"无找零" 原因:硬币识别模块内没有放入找零用硬币或者硬币找零钱箱没有正确安装 解决办法: (1)放入找零用硬币。 (2)正确安装硬币找零钱箱
5	现象:自动售票机屏幕显示"只充值" 原因:单程票发售模块内没有放入车票或者票箱没有正确安装 解决办法: (1)放入发售用车票。 (2)正确安装票箱
6	现象:自动售票机启动后显示"暂停服务",不能进入工作状态 原因:可能是维修门没有关上 解决办法:检查维修门并将维修门全部关紧上锁
7	现象:自动售票机屏幕显示"只发售" 原因:储值票读卡器有故障或连接错误 解决办法:联系厂家更换储值票读卡器,或检查连接线缆
8	现象:自动售票机启动后乘客显示器没有显示 原因:自动售票机内部工控机没有开机或显示器处于关闭状态 解决办法:打开工控机电源或打开显示器电源

6.4.3 半自动售/补票机常见故障分析与处理

半自动售/补票机作为站务员发售车票、处理乘客事务的专用设备,主要用于出售车票、充值、分析车票状态、查询车票历史记录、对问题车票进行处理(如超程、超时车票,进出站次序错误车票等)。在日常工作中,站务员需熟练掌握对半自动售/补票机的操作,以便迅速、准确地为乘客提供车票发售、充值等服务。AFC系统为每个操作员都设定了唯一的操作员号 ID 和密码,任何人使用设备时,必须首先使用 ID 和密码登录设备,才能进入设备的操作界面进行业务操作。

1) 登录操作

打开半自动售/补票机电源,系统启动后,半自动售票机主程序自动以全屏方式运行。此时,操作界面中各功能模块(如"分析车票"和"数据查询"等)的功能按钮均处于未激活状态,需要点击"班次登录"按钮,输入班次操作员号(ID)和密码进入程序主界面后,这些按钮才会根据该操作员的权限相应地被激活,操作员可开始系统允许的功能操作。

2) 单程票发售操作

票务员登录半自动售/补票机后,单击车票发售,进入车票发售单元的界面。发售单程车票流程如下:

①选择目的车站;②选择售票张数;③选择每张票的单价;④输入实收金额;⑤单击发售按钮。

3) 补出站票操作

票务员登录半自动售/补票机后,单击车票发售,进入车票发售单元的界面。补出站单程车票流程如下:①选择车站;②输入补票金额;③输入实收金额;④单击发售按钮。

4) 储值票操作

(1) 储值票发售。

储值票发售是指第一次发售充值,即储值票开卡。票务员将要发售的储值票放在储值票读卡区,单击主界面的储值票按钮,在储值票操作中单击储值票发卡,储值票发卡时,须向乘客收取押金。其具体操作流程如下:

①选择充入金额;

②输入实收金额;

③单击发卡按钮。

(2) 储值票充值操作。

票务员为乘客办理储值票充值时,将储值票放在读卡区,单击储值票按钮,进入储值票操作界面。储值票的充值流程如下:

①选择充入金额;

②输入实收金额;

③单击充值按钮。

(3) 储值票退卡。

乘客在将储值票退卡时,票务员将要退的储值票放在储值票读卡区,单击主界面的储值票按钮,在储值票操作中单击储值票退卡,储值票退卡时,在检查储值票完好后,须向乘客返还押金。具体操作流程如下:

①输入实退金额;

②单击确定按钮。

5) 车票分析

车票分析是指通过半自动售/补票机分析车票的信息,票务员在接到乘客提供的车票后,首先必须进行车票分析,并根据分析结果进行后续处理。首先选择是付费区操作还是非付费区操作,将要分析的车票放在读卡区,点击"分析车票"按钮,就能在车票状态栏看到票卡当前的状态,如车票票卡号、种类、最近一次进出站的车站、进出站时间、车票余额等信息,同时在分析结果栏显示出系统对票卡状态进行分析的结果。

几种常见半自动售/补票机故障与处理见表6-10。

几种常见半自动售/补票机故障与处理　　　　　　表6-10

序号	故障现象、原因及解决办法
1	现象:半自动售/补票机无法正常充值
	原因:储值卡读卡器没有正确连接
	解决办法:正确连接储值卡读卡器
2	现象:半自动售/补票机屏幕显示"网络连接失败"
	原因:是网络出现故障造成的
	解决办法: (1)请检查半自动售票机和服务器之间的网络连接是否正常; (2)请检查系统服务器软件是否正常运行
3	现象:半自动售/补票机乘客显示器没有显示
	原因:可能是乘客显示器电源没有打开或者连接错误
	解决办法:打开乘客显示器电源或者检查线缆连接
4	现象:半自动售/补票机不能打印凭条
	原因:可能是打印机电源没有打开或者打印纸已经用尽
	解决办法:检查是否打开打印机电源或者正确安装打印纸
5	现象:半自动售/补票机无法发售单程票
	原因:单程票发售模块内没有放入车票或者票箱没有正确安装
	解决办法: (1)放入发售用车票; (2)正确安装票箱
6	现象:半自动售/补票机启动后显示"暂停服务",不能进入工作状态
	原因:可能是维修门没有关上
	解决办法:检查维修门并将维修门全部关紧上锁
7	现象:半自动售/补票机打印的凭条没有内容
	原因:打印机色带没有安装或者已经用尽
	解决办法:正确安装色带或更换色带
8	现象:半自动售/补票机启动后操作员显示器没有显示
	原因:半自动售/补票机内部工控机没有开机或显示器处于关闭状态
	解决办法:打开工控机电源或打开显示器电源

6)日常维护方法

为了保证半自动售/补票机能够长期安全有效地运行,应该定期对机器进行维护。在日常维护中应注意以下方面:

单元6 车站设备日常操作及应急故障处理

(1)触摸显示器保持洁净,没有灰尘或其他异物附着。
(2)出票口不可异物遮挡。
(3)不锈钢机壳表面定期进行清洁,应使用不锈钢保养油。
(4)机器表面防止硬物划伤,保持表面光洁,擦拭时应使用柔软清洁材料。
(5)电源插头防止氧化、玷污、损毁而漏电伤人。
(6)勿折网线,避免接头损伤。
(7)避免硬物撞击售票机。

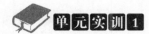 单元实训 1

1. 任务描述
站台一处明火在短时间内火势迅速蔓延,站台内浓烟滚滚。

2. 任务目标
(1)培养学生处理城市轨道交通系统内突发火灾状况的能力。
(2)培养学生理论应用于实践的能力。

3. 任务要求
(1)学员 4 人一组,分演车站不同岗位工种,按照演练步骤,根据本单元所学内容,制订本组演练方案,桌面演练应急处理情况。
(2)学生可反复演练,逐步完善演练效果。
(3)各组设置观察员 1 名,用摄像机、手机等视录设备将演练过程拍摄下来,使用观察清单记录和分析该小组演练问题及演练程序中关键点的时间把控程度。演练视频也是教师评价依据之一。
(4)演练后应对演练效果进行评价,并汇报说明演练中存在的问题,提出改进措施。

4. 任务实施与评估标准
(1)任务实施:能对乘客在城市轨道交通系统内突发状况进行应对,遵循处理的规章规范,按照应急预案基本程序编制小组演练方案;依据演练方案完整有序地完成桌面演练;演练完毕做好自我评估总结和汇报。
(2)评估标准:演练方案思路清晰程序正确完整;桌面演练准备得当,组织有力,分工明确,小组成员扮演各岗位的应急工作程序执行准确,节奏紧凑,动作和用语规范,关键点控制得当;本组演练总结客观全面,意见中肯,能发现本组演练中的问题和不足并提出改进意见,汇报话语流畅,表达准确、得体、清楚。

5. 检测评价
完成本次课程,根据同学在角色扮演中的表现,结合训练的要求,给予客观评分。

项目	类别		
	组员自评	小组自评	小组互评
团队和谐(10分)			
团队分工(15分)			
角色设置(10分)			

续上表

项目	类别		
	组员自评	小组自评	小组互评
工具使用(5分)			
规范使用工具(5分)			
处理程序(15分)			
处理技巧(15分)			
汇报效果(25分)			
总分(100分)			

单元实训 2

1. 任务描述

某地铁出口扶手电梯在运行途中突然反转(由向上转为下行),导致电梯上的多名乘客摔倒受伤。

2. 任务目标

(1)培养学生处理城市轨道交通内突发手扶梯故障、伴随乘客受伤这种复杂状况的能力。

(2)培养学生理论应用于实践的能力。

3. 任务要求

(1)学员 4 人一组,分演车站不同岗位工种,按照演练步骤,根据本单元所学内容,制订本组演练方案,桌面演练应急处理情况。

(2)学生可反复演练,逐步完善演练效果。

(3)各组设置观察员 1 名,用摄像机、手机等视录设备将演练过程拍摄下来,使用观察清单记录和分析该小组演练问题及演练程序中关键点的时间把控程度。演练视频也是教师评价依据之一。

(4)演练后应对演练效果进行评价,并汇报说明演练中存在的问题,提出改进措施。

4. 任务实施与评估标准

(1)任务实施:能对乘客在地铁站内突发状况进行应对,遵循处理的规章规范,按照应急预案基本程序编制小组演练方案;依据演练方案完整有序地完成桌面演练;演练完毕做好自我评估总结和汇报。

(2)评估标准:演练方案思路清晰程序正确完整;桌面演练准备得当,组织有力,分工明确,小组成员扮演各岗位的应急工作程序执行准确,节奏紧凑,动作和用语规范,关键点控制得当;本组演练总结客观全面,意见中肯,能发现本组演练中的问题和不足并提出改进意见,汇报话语流畅,表达准确、得体、清楚。

5. 检测评价

完成本次课程,根据同学在角色扮演中的表现,结合训练的要求,给予客观评分。

单元6 车站设备日常操作及应急故障处理

项目	类别		
	组员自评	小组自评	小组互评
团队和谐(10分)			
团队分工(15分)			
角色设置(10分)			
工具使用(5分)			
规范使用工具(5分)			
处理程序(15分)			
处理技巧(15分)			
汇报效果(25分)			
总分(100分)			

单元实训 3

1. 任务描述

(1)车厢的站台门反复开启,无法闭合。

(2)一乘客被夹在车门和站台门之间的缝隙中,无法脱身,车辆面临开启,情况十分危急。

2. 任务目标

(1)培养学生处理城市轨道交通内突发站台门故障、伴随乘客受伤这种复杂状况的能力。

(2)培养学生理论应用于实践的能力。

3. 任务要求

(1)学员 4 人一组,分演车站不同岗位工种,按照演练步骤,根据本单元所学内容,制订本组演练方案,桌面演练应急处理情况。

(2)学生可反复演练,逐步完善演练效果。

(3)各组设置观察员 1 名,用摄像机、手机等视录设备将演练过程拍摄下来,使用观察清单记录和分析该小组演练问题及演练程序中关键点的时间把控程度。演练视频也是教师评价依据之一。

(4)演练后应对演练效果进行评价,并汇报说明演练中存在的问题,提出改进措施。

4. 任务实施与评估标准

(1)任务实施:能对乘客在地铁站内突发状况进行应对,遵循处理的规章规范,按照应急预案基本程序编制小组演练方案;依据演练方案完整有序地完成桌面演练;演练完毕做好自我评估总结和汇报。

(2)评估标准:演练方案思路清晰程序正确完整;桌面演练准备得当,组织有力,分工明确,小组成员扮演各岗位的应急工作程序执行准确,节奏紧凑,动作和用语规范,关键点控制得当;本组演练总结客观全面,意见中肯,能发现本组演练中的问题和不足并提出改进意见,汇报话语流畅,表达准确、得体、清楚。

5. 检测评价

完成本次课程，根据同学在角色扮演中的表现，结合训练的要求，给予客观评分。

项目	类别		
	组员自评	小组自评	小组互评
团队和谐(10分)			
团队分工(15分)			
角色设置(10分)			
工具使用(5分)			
规范使用工具(5分)			
处理程序(15分)			
处理技巧(15分)			
汇报效果(25分)			
总分(100分)			

单元检测

一、单选题

1. 需要进行AFC紧急释放操作时，应按下IBP盘上的紧急释放按钮(　　)，闸机释放灯亮，表示操作成功。
   A. 1～5s　　　B. 2s　　　C. 1～3s　　　D. 5s

2. 干粉灭火器扑救可燃、易燃液体火灾时，应对准(　　)扫射。
   A. 火焰中部　　B. 火焰根部　　C. 火焰顶部　　D. 火焰中下部

3. FAS的主要功能是火灾报警、监视报警、故障报警、(　　)和消防电话通信。
   A. 声光报警　　B. 控制消防设备　　C. 消防水泵　　D. 故障报警

4. (　　)主要用于保护车站内火灾危险性较高的设备房。
   A. 自动喷水灭火系统　　　　　B. 消火栓给水系统
   C. 灭火器　　　　　　　　　　D. 气体灭火系统

5. 下列哪种灭火器常用于贵重设备或要求较高的场所？(　　)
   A. 干粉灭火器　　B. 泡沫灭火器　　C. 酸碱灭火器　　D. 二氧化碳灭火器

6. 下列属于地铁火灾特性的是(　　)。
   A. 燃烧速度快　　　　　　　　B. 氧含量急剧上升
   C. 不容易造成群死群伤　　　　D. 扑救较为容易

7. 电梯预留井或其他深层孔洞内最多隔(　　)m就应设一道安全网。
   A. 8　　　　B. 10　　　　C. 5　　　　D. 6

8. 车站人员应关注扶梯、楼梯处乘客进出站动态，及时安排人员引导乘客有序进出站，尽量减少客流(　　)、(　　)，保持楼梯、扶梯通道畅通，确保客流顺畅。
   A. 交叉；拥挤　　B. 交叉；对流　　C. 拥挤；对流　　D. 滞留；拥挤

9. 发生火灾时，对于垂直电梯描述正确的是( )。
   A. 继续运行，疏散乘客　　　　　　　B. 自动停在基层，打开电梯门
   C. 停在任意位置　　　　　　　　　　D. 停在顶层

10. 当车站控制室行车值班员将IBP盘上站台门操作打到"操作允许"，站台上相应站台门PSL盘上( )，此时站台PSL盘( )。
    A. 紧急操作橙色灯亮；无法操作PSL　　B. 互锁红色灯亮；无法操作
    C. 紧急操作橙色灯亮；可以操作PSL　　D. 互锁红色灯亮；可以操作

11. 行车值班员在首班车到站前( )min，按规定试验道岔、安排人员试开关站台门，检查站台和线路出清情况，并汇报行车调度员。在首班车到站前( )min安排人员到站台接发车。
    A. 20；10　　　　B. 30；10　　　　C. 35；10　　　　D. 25；10

二、多选题

1. 员工消防的安全职责是( )。
   A. 落实消防安全检查制度　　　　　　B. 负责消防器材，设备维护管理
   C. 协助消防安全事故调查　　　　　　D. 参加消防安全教育培训和消防演练

2. FAS主机柜内包括哪些主机？( )
   A. FAS主机　　　　B. 气灭主机　　　　C. 消防电话主机

3. FAS的主要功能包括( )。
   A. 火灾报警　　　B. 监视报警　　　C. 故障报警　　　D. 控制消防设备

4. 车票按AFC系统不同分为( )。
   A. 传统车票　　　B. 多元化票卡　　　C. 实体车票　　　D. 虚拟车票

5. 下列故障中属于AFC设备大面积故障的是( )。
   A. 自动售票机全部故障　　　　　　　B. 进出站闸机全部故障
   C. 半自动售票机全部故障　　　　　　D. 乘车码故障或无法生成

6. AFC系统运营模式有哪些？( )
   A. 正常模式　　　B. 非正常模式　　　C. 紧急放行模式　　　D. 降级模式

7. 当发生火灾、爆炸、毒气等紧急情况时，可以采用( )的方法打开闸机，紧急疏散乘客。
   A. 按压车站控制室AFC紧急按钮　　　B. 在SC上设置紧急模式
   C. 关闭AFC设备总电源　　　　　　　D. 砸开闸机

8. AFC系统运营模式有哪些？( )
   A. 正常模式　　　B. 非正常模式　　　C. 紧急放行模式　　　D. 降级模式

9. 电梯事件应急处理要点包括( )。
   A. 上报行车调度员，安抚好乘客保持镇定
   B. 确认当事人的伤势情况，进行紧急救助(简单的包扎等)，拨打120(视现场情况定)
   C. 如是液压电梯困人应等候救援人员到场处理
   D. 暂停相应设备的使用(待相关专业人员检测后才能投入使用)

10. 站台门的作用有(　　)。
    A. 对车站整体空间布置进行简化　　B. 降低车站投资成本
    C. 降低空调系统的运营能耗　　　　D. 改善乘客候车环境
    E. 防止乘客或物品落入轨道

三、判断题

1. 站务员发现或接收到扶梯发生人员伤亡事故信息后,应立即到现场处理。(　　)
2. 发现乘客乘坐电扶梯受伤后立即报告车站控制室或值班站长,并赶往事发现场,寻找目击证人。(　　)
3. 自动扶梯开启后即可马上投入使用。(　　)
4. 在 AFC 系统中能够自动生成或者运营企业使用票务管理系统记录的,可以不用填写票务报表。(　　)

单元 7　城市轨道交通车站客流组织

教学目标

▶ 知识目标

了解客流的概念及其影响因素。

▶ 能力目标

1. 掌握车站大客流的组织办法；
2. 掌握车站疏散程序中站务人员作业程序；
3. 掌握车站清客程序中站务人员作业程序。

▶ 素质目标

具备沉着冷静的处事心态、有理有据的服务意识。

▶ 建议学时

8 学时

案例导入

全国主要城市 2023 年 4 月 30 日轨道交通客流量如图 7-1 所示。

2023 年 4 月 30 日为"五一"小长假第二天，东西南北、长城内外开启"人从众"模式。全国轨道交通客流百万榜共有 22 座城市上榜。有 9 座城市轨道交通客流破历史最高纪录，例如：武汉 519.01 万人次，连续第三天创历史新高；重庆 471.9 万人次，是 2023 年第 6 次刷新单日客运量纪录。大连 125.82 万人次，首次突破 100 万客流档。

还有城市破其他纪录，例如：广州 1038.3 万人次，为休息日历史第二高，也是全国地铁史上休息日第二高；上海 938.4 万人次，创 2020 年以来休息日的新高；深圳 845.07 万人次，创休息日新高；武汉凭借连续优异表现，实现年度客流量成功逆袭反超重庆。

客流绝对值区间分布，主要为广州超 1000 万，上海 900 万～1000 万，深圳 800 万～900 万，成都 600 万～700 万，武汉 500 万～600 万，西安/重庆 400 万～500 万，杭州/南京/长沙 300 万～400 万，苏州/青岛 200 万～300 万，南昌/郑州/天津/南宁/合肥/沈阳/宁波/昆明/大连 100 万～200 万。

客流强度值超过 1.0 的城市 12 座，依次为长沙（1.96）、广州（1.67）、西安（1.62）、深圳、南昌、南宁、成都、上海、武汉、苏州、北京、沈阳。

排名	城市	客流 (万人次)	开通里程(km)	客流强度 (万人次/km)	天气	较前一天增幅 (%)	月日均客流 (万人次)	年日均客流 (万人次)
1	广州	1038.30	621.00	1.67		11.80	885.67	780.74
2	上海	938.40	800.59	1.17		18.29	1051.40	920.10
3	北京	844.27	785.69	1.07		−3.34	1001.45	860.94
4	深圳	845.07	547.38	1.54		15.10	749.19	665.07
5	成都	611.86	518.50	1.18		−3.04	605.53	537.49
6	武汉	519.01	460.58	1.13		2.56	399.45	338.72
7	重庆	471.90	485.02	0.97		6.12	382.75	338.663
8	西安	448.59	277.46	1.62		−0.52	370.00	325.51
9	杭州	421.80	516.00	0.82		18.38	389.12	330.97
10	南京	379.60	449.45	0.84		7.17	303.78	257.46
11	长沙	374.16	191.11	1.96		9.27	272.64	226.46
12	苏州	229.40	210.37	1.09		36.79	156.17	130.71
13	青岛	220.95	315.55	0.70		27.71	132.78	105.79
14	天津	195.21	286.18	0.68		7.93	167.94	139.91
15	南昌	190.10	128.50	1.48		11.91	111.74	93.43
16	郑州	183.25	235.11	0.78		−8.52	172.31	140.69
17	宁波	169.00	185.18	0.91		36.84	113.13	91.18
18	南宁	162.65	128.20	1.27		22.43	104.22	89.63
19	沈阳	155.16	115.89	1.34		23.38	130.17	113.23
20	合肥	135.11	170.95	0.79		−0.92	117.40	100.54
21	大连	125.82	236.95	0.53		35.73		
22	昆明	112.90	165.85	0.68		−6.05		

图 7-1　全国主要城市 2023 年 4 月 30 日轨道交通客流量排行榜

7.1　城市轨道交通客流概述

客流是规划城市轨道交通线网及线路走向、选择轨道交通制式及车辆类型、安排轨道交通项目建设顺序、设计车站规模和确定车站设备容量、进行项目经济评价的依据,也是轨道交通安排运力、编制开行计划、组织日常行车和分析运营效果的基础。城市轨道交通主要通过合理的客运组织来完成其大容量的客运任务。通过合理布置客运有关设备、设施,对客流采取有效的分流或引导措施来组织客流运送的过程。

7.1.1　客流的概念

客流是指在单位时间内,轨道交通线路上乘客流动人数和流动方向的总和。客流的概念既表明了乘客在空间上的位移及其数量,又强调了这种位移带有方向性和具有起讫位置。客流可以是预测客流,也可以是实际客流。

根据客流的时间分布特征,轨道交通客流可分为全日客流、全日分时客流和高峰小时客流。全日客流是指每日轨道交通线路输送的客流量。全日分时客流是指一天内轨道交通线路各小时输送的客流量。高峰小时客流一般指轨道交通线路早晚高峰及节假日高峰小时内输送的客流。

根据客流的空间分布特征,轨道交通客流可分为断面客流和车站客流。断面客流是指通过轨道交通线路各区间的客流,车站客流是指在轨道交通车站上、下车和换乘的客流。

根据客流的来源,轨道交通客流可分为基本客流、转移客流和诱增客流。基本客流是指轨道交通线路既有客流加上按正常增长率增加的客流。转移客流是指由于轨道交通具有快速、准时、舒适等优点,使原来经常由常规公交和自行车出行转移到经由轨道交通出行的这部分客流。诱增客流是指轨道交通线路投入运营后,促进沿线土地开发、住宅区形成规模、商业活动繁荣所诱发的新增客流。

1)断面客流量

在单位时间内(1h或全日),通过轨道交通线路某一地点的客流量为断面客流量。

2)最大断面客流量

在单位时间内,通过轨道交通线路各个断面的客流一般是不相等的,其中的峰值称为最大断面客流量。轨道交通线路上、下行方向的最大断面客流量一般不在同一个断面上。

3)高峰小时最大断面客流量

在以小时为时间单位计算断面客流量的情况下,全日分时最大断面客流量一般是不相等的,其中的峰值称为高峰小时最大断面客流量。轨道交通的高峰小时一般出现在早晨和傍晚,称为早高峰小时和晚高峰小时。高峰小时最大断面客流量是决策修建轨道交通类型,确定车辆形式、列车编组、行车密度,确定运用车配置数和站台长度等的基本依据。

4)车站客流量

车站客流量是指在轨道交通车站上、下车和换乘的客流量,可细分为全日车站客流量、高峰小时车站客流量和超高峰期车站客流量。超高峰期是指在高峰小时内存在一个为15~17min左右的上、下车客流特别集中的时间段。车站高峰小时和超高峰期客流量决定了车站设计规模,是确定站台宽度、售检票设备数量、自动扶梯数量、楼梯与通道宽度,出入口数量等车站设备容量或能力的基本依据。

7.1.2 影响客流的因素

1)轨道交通沿线土地利用情况

土地利用涉及城市各个区域的功能定位、地上建筑物的类型、用地上社会经济活动类型等多个方面。轨道交通沿线土地利用情况与客流的关系是"源"与"流"的关系。沿线土地利用对轨道交通客流规模存在着举足轻重的影响,如果轨道交通线路行经的区域能将城市的主要居住区和商务区覆盖,那么其客流就有了基础的保障。比如在香港,大约50%的居民和约55%的职业岗位距离轨道交通车站约10min的步行距离,强有力的客流支撑是其获得收益、成功运营的一个重要原因。

2)城市布局发展模式

土地利用规划对城市布局发展模式有着重要的影响,在城市由单中心布局发展到单中心加卫星城镇布局,又进一步发展到多中心布局的过程,通常伴随着客流的大幅增长。

例如,1997年,上海轨道交通1号线上海火车站—莘庄段贯通运营,但1997年、1998年的客流增长幅度并不大,主要原因是1号线锦江乐园至莘庄段沿线地区的房地产开发刚刚开始。到2000年以后,市民纷纷迁入新建成的住宅区,商业、餐饮业也发展起来,1号线客流也快速增长,2001年的客流增长率达到381%,远高于2000年的客流增长率5%。

城市轨道交通的建设可以带动沿线土地的开发强度,而轨道交通车站周边的土地开发又反过来影响轨道交通的客流。美国曾对城市轨道交通车站周边房地产开发增加量与城市轨道交通客流增加量做过一项研究,研究结果显示,在城市轨道交通车站附近每增加929 m^2 的楼地板面积,轨道交通线路将每天额外增加60个乘客的客流量。

例如,北京地铁13号线自2002年开通运营以来,极大地促进了沿线房地产业的发展,以一条城市轨道交通线路带动了北京市城北大片土地的开发利用。特别是住宅建设的开发,对缓解市区住房紧张、改变北京市土地利用结构和城市形态变化起到了积极的推动作用。其中,回龙观站周边经济适用住宅小区的规划和开发,使土地的使用性质发生了巨大的变化。普通住宅及配套设施的建设拉动了整个区域的经济发展,为地铁13号线输送了稳定的客流。图7-2所示为北京地铁13号线开通运营以来历年的客运量变化情况。

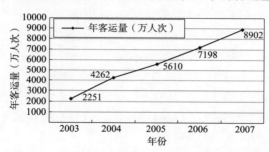

图7-2 北京地铁13号线历年客运量变化情况

3)城市人口规模与出行率

城市中的出行量与人口规模、出行率存在密切的关系,因此,除了分析常住人口、暂住人口和流动人口的数量外,还应分析人口的年龄、职业、出行目的、居住区域等特征。资料显示,不同人群的出行率存在差异,一般规律是:常住人口中,中青年人群的出行率高于幼年与老年人群的出行率;上班、上学人群的出行率高于退休人群的出行率;市区人口的出行率高于郊区人口的出行率。暂住人口、流动人口中,旅游人群的出行率高于民工人群的出行率,流动人口的出行率高于常住人口的出行率。

4)票价

票价是影响客流的重要因素,票价的变动会对沿线客流数量和运营公司的票务收入产生综合影响。票价与市民的消费能力与收入水平直接相关,轨道交通的客源主要来自中、低收入人群,而中、低收入人群对票价变动比较敏感,低收入、高票价的组合对客流的吸引最为不利。当轨道交通票价支出占收入水平的比例较大时,选择轨道交通方式出行的客流量就会下降。

以北京地铁票价对客流的影响为例。事实证明,北京地铁票价的每次上涨都会导致其客流量的下降。1987—1995年,北京地铁票价为0.5元,客运量增长较快,年增长率一般在

单元7　城市轨道交通车站客流组织

4%～15%之间。1996年、2000年客运量两次大幅下跌都是由于车票涨价引起的。1996年1月,地铁票价由0.5元调整为2元,当年的车客运量减少118亿人次,折合每天减少乘客323万人次,降幅为21%,如果考虑客流的自然增长,实际下降的幅度为26%。1999年12月,地铁票价由2元调整为3元,2000年的客运量又减少了6000万人次,折合每天减少乘客164万人次,降幅为122%。2000—2004年北京地铁票价一直维持在3元,其客流量没有明显增长,2003年客流量与1999年相当。

在收入水平一定的情况下,只有在轨道交通的性价比高于其他出行方式或替代服务的性价比时,轨道交通才具有吸引客流的优势。

5) 服务水平

随着市民收入水平的提高,可选择的出行方式也逐渐增多。城市轨道交通服务的安全性、舒适性、经济性、换乘便利性以及列车的运行间隔、运送速度、正点率等多项指标也逐渐成为市民选择出行方式时考虑的主要因素。城市轨道交通运营企业的服务水平已成为影响客流及潜在客运需求的关键因素。

6) 政府的交通运输政策

大城市确立以公共交通为主、个体交通为辅的交通运输政策,优先发展公共交通、大力发展轨道交通、控制私人汽车的发展,对引导市民出行利用公共交通与轨道交通具有重要意义。而要实现这一交通运输政策,首先是加快公共交通设施的建设,如提高轨道交通线网的密度、建成大型换乘枢纽等;其次是优化现有交通资源的利用,如完善轨道交通与常规公交、自行车、私家车的衔接换乘,减少与轨道交通线路走向重复的常规公交线路等。

2001年,上海因打浦路过江隧道能力饱和,取消了几条经隧道开往浦东的常规公交线路,为引导乘客乘坐轨道交通2号线过江,推出了在黄浦江两侧乘坐地铁4站以内,优惠票价为1元的调控措施,2号线客流大幅增加。

7) 交通网的规模与布局

多层次的轨道交通线网、合理的线路布局及走向和功能完善的换乘枢纽对实现城市中心区域45min交通圈、增大轨道交通对出行者的吸引力、提高轨道交通在公共交通中的运量分担比例有着重要的作用。

北京轨道交通的网络效应

随着地铁新线的建设和通车,地铁网络规模效应开始显现。新线通车后不仅将沿线客流由其他交通方式转移到轨道交通上来,同时由于轨道交通换乘站的形成,使线路相互连通,线路之间发生客流交换,极大地提高了乘客出行的可达性,从而提高了轨道交通的服务质量。

以北京地铁为例,2002年前,运营线路只有1号线和2号线,1995年达到最大年客运量为558亿人次。自2002年13号线投入运营、2003年八通线投入运营后,年客流量稳步增长,尤其在2007年5号线开通和2008年10号线一期、8号线一期、首都机场线相继开通后，全线网年客流量急剧上升，2008年全线网运送乘客突破12亿人次，比2007年提高了75%以上。

随着北京地铁建设的加速，不断有新线建成通车，北京地铁的网络效应日益明显，在其他条件不变的情况下北京地铁的客流也将稳步增加。

8）私人交通工具的拥有量

在客运需求一定的情况下，利用私人交通工具出行越多，则通过公共交通出行的人数就越少。在发展个体交通，还是发展公共交通的问题上，国外的经验教训值得借鉴。西方国家大城市过去曾对私人汽车的发展不加控制，结果在破坏城市生态环境的同时，出现了严重的道路拥挤和出行难问题，最后不得不又转向发展公共交通和轨道交通的道路上来。因此，从优化出行方式结构、提高公共交通的客运比例出发，应有序控制私家车的发展。在出行的快捷、方便和舒适方面，私家车出行无疑优于公共交通出行，但私家车的发展应考虑道路网能力是否适应，不能以降低大部分市民的快捷、方便和舒适为代价。对私家车的使用应通过经济杠杆进行适度控制，鼓励并创造条件让私家车使用者以停车-换乘方式进入城市中心区。

7.2 城市轨道交通客流分析

轨道交通的客流是动态的，它的分布与变化因时因地而不同，但这种不同归根结底是城市社会经济活动与生活方式以及轨道交通本身特征的反映。因此，客流的分布与变化是有规律的。

对客流的分布特征与动态变化进行实时跟踪和系统分析，掌握客流现状与变化规律，有助于经济、合理地进行线网规划、运力安排与设备配置，对做好日常行车组织与运营管理工作具有重要意义。在轨道交通的运营实践中，客流分析的对象既可以是预测客流，也可以是实际客流，客流分析的重点是客流在时间与空间上的分布特征、动态变化规律以及客流与行车组织、客运组织能力配备的关系。

7.2.1 客流的时间分布特征分析

1）一日内小时客流分布特征

轨道交通一日内小时客流随人们的生活节奏和出行特点而变化，在一日内呈起伏波状图形。通常夜间客流量较少，早晨渐增，上班或上学时间达到高峰，午间稍减，至下班或放学时间又出现第二个高峰，进入晚间客流又逐渐减少。因此，轨道交通一日内小时客流通常是双峰型，这种规律在国内外的轨道交通线路上几乎都是一样，只是程度不同而已。

2）一周内全日客流分布特征

由于人们的工作与休息是以周为循环周期进行的，这种活动规律性必然要反映到一周内全日客流的变化上来。在以通勤、通学客流为主的线路上，双休日的客流会有所减少；而在连接商业网点、旅游景点的轨道交通线路上，双休日的客流又往往会有所增加。与工作日的早、晚高峰出现时间比较，双休日早高峰出现时间往往推迟，而晚高峰出现时间又往往提前。另外，周一与节假日后的早高峰小时客流，周五与节假日前晚高峰小时客流，会比其他

单元7 城市轨道交通车站客流组织

工作日早、晚高峰小时客流要大。

根据全日客流在一周内分布的不均衡和有规律的变化,城市轨道交通运营企业应在一周内实行不同的全日行车计划和列车运行图,以适应不同的客运需求,提高运营的经济性。

3)季节性或短期性客流变化

在一年内,客流还存在季节性的变化,如南方的梅雨季节,市民出行率降低,轨道交通的客流会随之减少;但在旅游旺季,城市中流动人口的增加又会使轨道交通线路的客流增加。

客流带来不少的拉动效应。对季节性的客流变化,可采用实施不同列车运行图的措施来缓和运输能力紧张的情况。短期性客流激增通常发生在举办重大活动或遇到天气骤然变化的时候。当客流在短期内增加幅度较大时,运营部门应及时执行大客流应急疏导方案,确保乘客安全、有序地乘车。

7.2.2 客流的空间分布特征分析

1)各条线路客流分布特征

沿线土地利用状况的不同是各条线路客流不均衡的决定因素,而轨道交通线网与其他交通工具接驳的现状也是各条线路客流不均衡的影响因素。各条线路客流的不均衡包括现状客流分布的不均衡和客流增长的不均衡两个方面,它们构成了整个轨道交通线网客流分布的不均衡。

2)上下行方向客流分布特征

由于客流的流向原因,轨道交通线路上下行方向的最大断面客流通常是不均衡的。在放射状的轨道交通线路上,早晚高峰小时上下行方向的最大断面客流不均衡尤为明显。

3)线路断面客流分布特征

在轨道交通线路上,由于各个车站乘降人数的不同,线路上各区间的断面客流通常各不相同,甚至相差悬殊。断面客流分布通常是阶梯形与凸字形两种情形,前者是指线路上各区间的断面客流为一头大、一头小;后者是指线路上各区间的断面客流为中间大、两头小。

4)各个车站乘降客流分布特征

轨道交通各个车站的乘降人数不均衡,甚至相差悬殊的情况并不少见。在不少线路上,全线各站乘降量总和的大部分往往集中在少数几个车站上。此外,车站乘降客流是动态变化的,新的居民住宅区形成规模,新的轨道交通线路建成通车,既有轨道交通线路延伸使一些车站由中间站变为换乘站,或由终点站变为中间站,列车共线运营等,都会使车站乘降量发生较大的变化和加剧不均衡或带来新的不均衡。

车站乘降人数的不均衡决定了各个车站的客运工作量、设备容量或能力的配置、客运作业人员的配备以及日常运营管理的重点。

7.2.3 车站客流分析

1)车站客流时间分布特征

城市轨道交通的运能、线路走向、所处交通走廊的特点以及车站所处区位的用地性质,使轨道交通车站客流在一天内随时间变化而不断起伏,可简要归纳出以下五种车站客流日分布曲线类型。

(1)单向峰型。当城市轨道交通线路所处的交通走廊具有明显的潮汐特征,或车站周边地区用地功能性质单一时,车站客流分布集中,有早晚错开的一个上车高峰、一个下车高峰。

(2)双向峰型。车站位于综合功能用地区,客流分布与其他交通方式的客流分布一致,有两个配对的早晚上下车高峰。

(3)全峰型。城市轨道线路位于用地已高度开发的交通走廊,或车站位于公共建筑和公用设施高度集中的中央商务区(Central Business District,CBD)地区,客流分布无明显的低谷,双向上下客流全天都很大。

(4)突峰型。车站位于体育场、影剧院等大型公用设施附近,演出节目或比赛结束时,有一个持续时间较短的突变的上车高峰。一段时间后,其他部分车站可能有一个突变的下车高峰。

(5)无峰型。当城市轨道交通本身运能较小,或车站位于用地未完全开发地区时,客流无明显上下车高峰,双向上下车客流全天较小。

2)车站客流空间分布特征

城市轨道交通的建设规模、线路布设形式和走向以及首末车站所处区位,是影响其沿线客流分布的主要影响因素。纵观不同类型城市轨道交通线路,可归纳出以下四种沿线空间分布特征。

(1)均等型。当城市轨道交通线路呈环线布置,或沿线用地已高度开发成熟时,各车站上下车客流接近相等,沿线客流基本一致,不存在客流明显突增路段。

(2)两端萎缩型。当城市轨道交通线路两端伸入还未完全开发的城市边缘地区或郊区时,线路两端路段的客流小于中间路段的客流。

(3)中间突增型。当城市轨道交通线路途经大型对外交通枢纽、高密度开发地区或者车站利用周边常规公交线路辐射吸引范围广阔时,位于该区位车站的上下车客流明显偏大,线路客流存在突增的路段。

(4)逐渐缩小型。当城市轨道交通线路首末车站位于大型对外交通枢纽附近或城市中心CBD地区时,随着线路向外延伸,线路客流逐渐缩小。

7.3 城市轨道交通车站客流组织

7.3.1 城市轨道交通客流组织的原则

城市轨道交通客运工作的核心是保证客流运送的安全,保持客流运送过程的畅通,减少乘客出行时间,避免拥挤,保证大客流发生时及时疏散。为此,在进行客运组织时应特别考虑以下几个方面的原则:

(1)合理安排车站售检票、出入口及楼梯的位置,行人流动路线简单明确,尽量减少客流交叉、对流。

(2)完善车站内外乘客导向系统的设置,使乘客快速分流,减少客流聚集和过分拥挤的现象。

(3)乘客能够顺利地换乘其他交通工具。换乘过程中人流与车流的行驶路线要严格分开,以保证行人的安全和车辆的行驶不受干扰。

(4)满足换乘客流方便、安全、舒适的基本要求。如适宜的换乘步行距离、恶劣天气下的保护、全天候的连廊系统,对残疾人专门设计无障碍通道;又如适宜的照明、开阔的视野以及突发事件应急系统等。

> **知识链接**
>
> ### 香港轨道交通人性化的换乘设计
>
> 香港的轨道交通系统与其他繁忙的都市轨道交通系统相比,在很多方面均保持着领先的地位,做到了给予老百姓"多点时间、多点生活"的体验。在香港轨道交通系统中,处处可见同台换乘、无缝交通枢纽以及独特的全天候、人性化行人连廊,使香港的轨道交通系统历年被市民评为公众最满意的交通工具,真正成为广大老百姓生活的重要组成部分。
>
> 如此的规划和设计,无疑既方便了乘客,又促进了站内外商业的发展,增加了客流,使轨道交通系统内部的设施成为香港市民生活设施的一部分。

7.3.2 城市轨道交通车站客流组织的内容

城市轨道交通车站客流组织的主要内容包括:车站售检票位置、车站引导标志、车站自动扶梯、隔离栏杆、车站广播导向等设备设施的设置,各种设备数量及工作人员的配备,应急措施的制订与实施等。

影响车站客运组织的因素较多,不同类型的车站,其客运组织的内容有着较大的区别,中小车站的客运组织比较简单,而大车站、换乘站因客流较大、客流方向比较复杂,其客流组织也比较复杂。侧式站台的车站相对于岛式站台的车站容易将不同方向的客流分开,但不利于乘客的换乘,且售检票位置设置较分散,不利于车站管理。无论是何种形式的车站,乘客进出站路线图如图7-3所示。

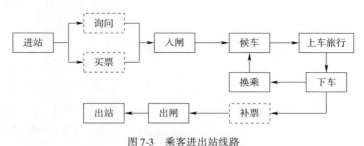

图7-3 乘客进出站线路
注:若乘客刷卡进站就省略了买票环节。

7.3.3 车站日常客流组织办法

车站日常客流组织主要由进站客流组织、出站客流组织、换乘客流组织三部分组成。
1)进站客流组织
按照进站客流的路线流程进行组织,有下列几种方式:

（1）组织引导客流经出入口、楼梯、自动扶梯（或垂直电梯），通过通道进入车站站厅层非付费区。

（2）组织引导部分乘客在自动售票机、客服中心或临时售票亭购票后检票通过进站闸机进入付费区，引导部分持储值票、月票等不用购票的乘客直接检票通过进站闸机进入付费区。

（3）乘客入闸检票或人工检票进入站厅付费区后，组织引导乘客再通过楼梯、自动扶梯（或垂直电梯）进入站台层候车。

（4）乘客到达站台，应组织引导乘客站在黄线内候车，通过导向标识和乘客咨询系统选择乘车方向和了解列车到发时刻。

（5）列车到站停稳开门后，引导乘客按先下后上的顺序乘车，站台工作人员要注意做好引导工作，防止乘客因抢上抢下导致安全和纠纷问题的产生。

2）出站客流组织

按照出站客流的流动过程进行客流组织，有下列几种方式：

（1）乘客下车到达车站站台，组织引导其经楼梯、自动扶梯（或垂直电梯）进入站厅层付费区。

（2）通过出站闸机（单程票出闸时将被收回）或人工验票，进入站厅层非付费区后，组织引导乘客（通过导向标志）找到相应的出入口，经通道、出入口出站。

（3）组织引导车票车资不足（无效车票）或无票乘车的乘客到客服中心办理相关补票事宜后，方可出站。

3）换乘客流组织

（1）按照换乘地点的不同，客流换乘形式主要有两种，即付费区换乘和非付费区换乘。

①付费区换乘。乘客到达换乘站下车后，无须通过出站闸机，直接在付费区内根据换乘导向标志指引经楼梯、自动扶梯（或垂直电梯）、换乘通道或平台到达另一站台层换乘候车。付费区换乘一般包括同站台平面换乘、站台立体换乘及通道换乘。这种换乘组织要求有良好的引导标志和通道设计，在容易走错方向的地点安排工作人员值守引导，保证乘客尤其是初乘者安全顺利地完成换乘。

②非付费区换乘。乘客到达换乘站下车后，根据换乘导向标志指引，经楼梯、自动扶梯（或垂直电梯）到达站厅层付费区，通过出站闸机进入非付费区或出站，到另一线路重新进入付费区或进站进行换乘。这种换乘组织需要最大限度缩短乘客的走行距离，具有良好的衔接引导标志，并且要避免换乘客流与其他进、出站客流的交叉干扰。

（2）换乘方式。换乘方式首先决定于轨道交通两条线路的走向和相互交织形式。一般常见的有垂直交叉、斜交、平行交织等多种线路交织形式。轨道交通不同线路间的换乘方式主要有站台换乘、站厅换乘、通道换乘、站外换乘和组合式换乘几种类型。

①站台直接换乘。

站台直接换乘有两种方式：同站台换乘和上下层站台换乘。

同站台换乘一般适用于两条平行交织的线路，且采用岛式站台的设计，两条不同线路的车辆分别停靠同一站台的两侧，乘客换乘时，由岛式站台的一侧下车，穿越站台至另一侧上车，即完成了转线换乘，换乘极为方便。

同站台换乘要求站台能够满足换乘高峰客流量的需要,乘客无须换乘行走,换乘时间最短,但换乘方向受限。

双岛式站台通过同一个站厅能实现四个方向的换乘,单岛式站台每一层只能实现两个方向的换乘,其余换乘方向的乘客仍然要通过站厅或自动扶梯、楼梯进行换乘,换乘时间相应增加。

在所有换乘方式中,同站台换乘的换乘能力最大,适用于优势方向换乘客流较大的情形。这种换乘方式的主要制约因素是站台的宽度和列车的行车间隔,前者关系到站台的容量,后者关系到站台出清速度的快慢。

上下层站台换乘是指乘客由一个站台通过楼梯或自动扶梯到另一站台直接换乘。根据地铁线路交叉的情况及两车站的位置,可形成站台与站台的十字换乘、T形换乘、L形换乘和平行换乘的模式,如图7-4、图7-5所示。

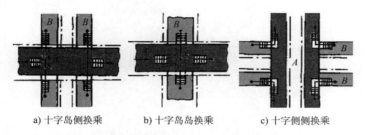

a) 十字岛侧换乘　　b) 十字岛岛换乘　　c) 十字侧侧换乘

图7-4　城市轨道交通车站十字换乘模式

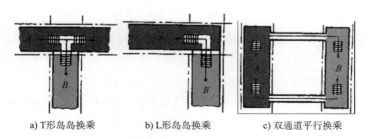

a) T形岛岛换乘　　b) L形岛岛换乘　　c) 双通道平行换乘

图7-5　城市轨道交通车站T形、L形、平行换乘模式

上下层站台换乘方式的关键在于楼梯或自动扶梯的宽度,该宽度往往受岛式站台总宽度的限制,使其通行能力不能满足乘客流量的需要。这种换乘方式要求换乘楼梯或自动扶梯应有足够的宽度,以免高峰客流时发生乘客堆积和拥挤。在所有换乘方式中,这种换乘方式的换乘能力最小,其制约因素是自动扶梯(楼梯)的运量。在上下层站台配置的组合中,线路的交叉点越少,则换乘能力越小。实践中,通过增加站台宽度以扩大交叉处面积,是提高上下层站台换乘能力的基本途径。

②站厅换乘。站厅换乘一般用于相交车站的换乘,设置两线或多线的共用站厅,或相互连通形成统一的换乘大厅。乘客下车后,无论是出站还是换乘,都必须经过站厅,再根据导向标志出站或进入另一个站台继续乘车。由于下车客流到站厅分流,减少了站台上人流交织,乘客行进速度快,在站台上的滞留时间减少,但换乘距离比站台直接换乘要长。若换乘过程中需要进出收费区,检票口的能力可能成为限制因素。

站厅换乘方式中,乘客换乘线路必须先上(或下),再下(或上),换乘总高度落差大。若是站台与站厅之间是自动扶梯连接,可改善换乘条件。这种换乘方式有利于各条线路分期修建、后期形成。

③通道换乘。通道换乘是指在两个或几个单独设置车站之间设置联络通道等换乘设施,方便乘客完成换乘。通道可直接连接两个站台,这种方式换乘距离较近,换乘时间较短;通道还可连接两个站厅收费区,换乘距离相对较远,换乘时间较长。一般情况下,换乘通道长度不宜超过100m,换乘通道的宽度可根据客流状况加宽。这种换乘方式最有利于两条线路工程分期实施,预留工程最少,后期线路位置调节有较大的灵活性。图 7-6 所示为香港地铁鲗鱼涌站的换乘通道。

图 7-6 香港地铁鲗鱼涌站换乘通道

④站外换乘。站外换乘是指乘客在车站付费区以外进行换乘。此种换乘方式往往是客观条件不允许或设计不当造成的。乘客换乘路线可分割为出站行走、站外行走和进站行走,在所有换乘方式中站外换乘所需的换乘时间和换乘距离最长,给乘客的换乘带来很大不便,应尽量避免。对轨道交通自身而言,站外换乘是缺乏线网规划造成的一种后遗症。

⑤组合式换乘。在换乘方式的实际应用中,往往采用两种或几种换乘方式组合,以便使所有换乘方向的乘客均能实现换乘。同时组合式换乘可改善换乘条件,方便乘客的使用。例如,同站台换乘方式辅以站厅或通道换乘方式,可使所有的换乘方向都能换乘;站厅换乘方式辅以通道换乘方式,可以减少预留的工程量。组合式换乘可进一步提升换乘通过能力,同时还具有比较大的灵活性,工程实施比较方便。

7.3.4 车站大客流的组织

城市轨道交通线路的走向一般都是客流集中的交通走廊,连接着重要的客流集散点,如轨道车站、汽车客运站、航空港、航运港等交通枢纽,大型商业经济活动中心、体育场、博览会、大剧院等重要文体活动中心,以及规模较大的住宅区等。正因为如此,某些特殊车站会不定期遇到大客流。为了保证乘客的安全和正常的运营秩序,这些车站在客流组织方面应备有完善的运营组织方案和措施。在一定程度上,这些方案、措施补救了硬件设施的缺陷。

1) 大客流的定义

大客流是指车站在某一时段集中到达的,客流量超过车站正常客运设施或客运组织措施所能承担的流量时的客流。

一般来说,大客流出现的时间具有规律性,如每天由于通勤原因引起的早晚高峰:大城市上班高峰为7:30—9:30;下班高峰为16:30—18:30。同时,还应预见外界因素引起的大客流,如节假日伴随的旅游高峰期;举办重大活动(大型体育赛事、文艺表演等);风、雨、雪等恶劣天气情况等,都可引起客流的大幅增加。

我国"五一""十一"黄金周和其他节假日期间,各大城市轨道交通的客流量都会在短期内急剧上升。如广州地铁2004年上半年客运量大约日均450万人次,而同年5月1日的客运量为826万人次,约为平时的2倍,线路单向高峰小时的最大断面客流量是平常的数倍。2005年元旦,投入运营的深圳地铁由于客流量远超预计数量,致使1号线暂停运营42min。2009年"十一"期间,到天安门广场参观的客流不断暴涨,邻近天安门广场的地铁王府井站、西单站、和平门站客流大幅增加。2009年10月2—4日三天,地铁王府井站进出站客流最高增幅达719%,西单站最高增幅为281%,和平门站最高增幅为607%。

由此可见,大客流虽然持续时间不长,但在大客流冲击情况下,往往对客流组织形成较大甚至很大的压力,城市轨道交通运营企业必须在保证疏散客流安全的前提下,尽快地疏散客流。

一般情况下,大客流出现的地点主要有:

①与其他交通方式相连接的轨道交通车站,如与火车站、大型汽车站相连接;

②轨道交通车换乘站;

③与轨道交通沿线景点和商业中心相连接的车站。

2)大客流的分类

根据大客流产生的影响和后果不同,可分为一级大客流和二级大客流。

(1)一级大客流。判定标准:各车站根据本站的正常乘客数量进行比较,站台聚集人数达到或大于站台有效区域的80%,并且持续时间大于实际行车时间间隔。这种情况会给乘客及轨道交通运营安全造成影响,存在明显的安全隐患。

(2)二级大客流。判定标准:各车站根据本站的正常乘客数量进行比较,站台聚集人数达到站台有效区域的70%,并有持续不断上升的趋势。这种情况下,乘客的正常出行和轨道交通所提供的服务水平受到一定程度的影响,车站比较拥挤,乘客感觉比较压抑,但尚未对乘客及轨道交通运营安全造成影响。

3)车站大客流组织的影响因素

城市轨道交通运营企业会根据每个车站的具体位置、站台形式、设备配置方式、客流特点等因素,有针对性地编制该车站的客流组织方案。车站大客流的组织主要考虑下列影响因素:

(1)车站出入口及通道的设置。车站出入口及通道的数量、规模和位置在设计之初已经确定,一般不能再改变。车站大客流组织应根据车站进出客流的方向和数量,灵活选择关闭或开放车站出入口的数量和位置,同时可改变或限定通道内乘客流动的方向,达到限制乘客进站数量和流动速度的目的。从运输安全和消防疏散的角度考虑,每个车站必须保持开通两个以上出入口及通道。

(2)站厅的面积。根据城市轨道交通客流组织经验,站厅容纳率一般为$2\sim3$人$/m^2$。

（3）站台的面积。站台主要供列车停靠时乘客上下车使用，站台的设计应满足远期预测客流的需要，且站台的宽度应满足高峰小时客流量的需要。

（4）楼梯与通道的通过能力。楼梯与通道的设计参数见表7-1。

楼梯与通道的设计参数　　　　　　　　　　　表7-1

名称		每小时通过人数（人）
1m宽通道	单向通行	5000
	双向通行	4000
	单向下楼	4200
	单向上楼	3700
	双向混行	3200
1m宽自动扶梯		8100
1m宽自动人行道		9600

根据《地铁设计规范》（GB 50157—2013），为保证一定的通过能力，楼梯的宽度不小于 1.8m，通道的最小宽度不应小于 2.5m。单向行走时楼梯的通过能力一般按 70 人/min（下行）、63 人/min（上行）及 53 人/min（混行）计算，若采用自动扶梯，通行能力可达 100~120 人/min，通道的通行能力则按每米 88 人/min（单向）、70 人/min（双向）计算自动售检票设备的通过能力。以天津地铁的自动售票机及检票设备为例，每台自动售票机及检票设备的通过能力见表7-2。

天津地铁每台自动售检票设备通过能力（单位：人/min）　　表7-2

条件	自动售票机	进站闸机	出站闸机
引导充分时	3~4	12~15	12~15
乘客自助时	1~2	8~9	8~10

（5）列车输送能力。列车输送能力是车站大客流组织的主要影响因素，而影响列车输送能力的两大因素则是行车间隔和车辆荷载。列车行车间隔越小，车辆满载率越高，对车站客流组织的压力越大。

综上所述，车站大客流的组织主要受出入口通道、站厅站台面积、车站楼梯（自动扶梯）、自动售检票设备通过能力以及列车输送能力等的影响。根据实际运营经验，车站大客流组织的瓶颈主要体现在出入口、进出站闸机以及由站厅转到站台的自动扶梯口等处。在车站客流组织过程中，只要控制好这些车站设备中的薄弱环节，就能做好车站的客流组织工作。

4）车站大客流的组织原则

基本原则：

（1）OCC负责地铁线路的客流组织工作，车站的客流组织由值班站长负责。

（2）在大客流的情况下，车站应采取有效措施对车站人流进行控制。客流控制应遵循由内至外、由下至上的原则。

(3)如站台乘客数量大于站台容积能力,必须进行入闸机控制点的客流控制,控制乘客前往站台的数量。

(4)如果站台乘客数量大于站台容积能力,站厅乘客数量大于站厅容积能力,就必须对出入口控制点进行控制,临时限制或者不允许乘客进站。

车站大客流的组织措施:

(1)增加列车运能。可根据预测客流量,提前编制针对大客流的特殊情况下的列车运行图,从运能上保证大客流的运营组织。在大客流发生时,根据大客流的方向,利用就近的折返线、存车线组织列车运行方案,增开临时列车,从而保证大客流的疏散。增加列车的运能是大客流组织的关键。

(2)增加售检票能力。售检票能力是大客流疏散的主要障碍,车站在设置售检票位置时应考虑提供疏散大客流的通道。当可预见大客流情况发生时,可事先做好相应的票务服务准备工作。

①售检票设备的准备。在大客流发生前,设备维护人员应事先对车站全部售检票设备进行维护、检修,确保在大客流发生时售检票设备能正常使用。

②车票和零钞的准备。车站应根据客流预测和以往大客流所消耗的车票及零钞数,在大客流出现前,向票务部门申领和储备充足的车票和零钞。

③临时售票厅的准备。车站根据大客流的进出方向,选择在进站客流较集中的位置,设置临时售票亭。站厅面积较小的车站,可考虑将临时售票亭设置在进站客流较多的通道内。

(3)做好进站客流组织工作。可根据站台是否还能容纳和承受更大的客流,分两种情况来进行进站客流组织工作。

①当站台还能容纳和承受更大客流时,可采取以下措施:

a. 增加售检票能力。准备好足够的车票、零钞;在地面、站厅增设临时售票点,增设临时售检票位置或增加自动售票设备的投入。

b. 加开进站方向的闸机。

c. 加开通往站台方向的扶手电梯。

d. 适当延长列车停站时间。在站台上做好乘客上下车的引导工作,在保障安全的前提下,争取让更多的乘客上车,增加本次列车的运能。

②当站台不能容纳和承受更大客流时,可采取以下措施:

a. 暂停或减缓售票速度,关闭部分自动售票机。

b. 暂时关闭局部或全部进站方向闸机。

c. 更改扶手电梯方向,将部分或全部扶手电梯调整为向站厅层及出入口方向运行,延缓乘客进站速度。

d. 适当延长列车停站时间,尽可能让更多乘客上车。

e. 采取进出分流导向措施,将部分出入口设置成只能出不能进,限制乘客进入,延长站台层大客流的疏散时间。可在公安人员的配合下关闭出入口,暂停客运服务,安排人员到出入口做好乘客服务解释工作,并张贴车站关闭的通告。

(4)做好出站客流组织工作。出站客流组织工作的指导思想是保证乘客出站线路的畅通,加快出站速度,使其安全、快速、有序地离开车站。站务人员可采取以下措施:

①更改扶手电梯方向,将部分或全部扶手电梯方向调整为向站厅层及出口方向运行。
②将部分或全部进站闸机更改为出站闸机。
③紧急情况时,可采取票务应急处理模式。如采用进站免检模式、AFC 紧急放行模式等。

(5)采取临时疏导措施。在大客流组织中,临时合理的疏导是一项很重要的组织措施。临时疏导主要包括车站出入口、站厅层的疏导,电动扶梯以及站台层的疏导。车站出入口、站厅层的疏导主要是根据临时售检票位置的设置,引导、限制客流的方向。临时售检票位置宜设置在站外、站厅层较空旷的位置,应为排队购票的乘客留出充分的空间,确保通道的畅通和出入口、站厅客流的秩序。电动扶梯以及站台层的疏导主要是为了尽量保证客流均匀上下扶梯和尽快上下列车,保证站台候车的安全。站务人员应在靠近楼梯、扶梯处站岗并分散在站台前、中、后部疏导乘客。采取的疏导措施主要有设置临时导向标志、设置警戒绳或隔离栏杆、采用人工引导及通过广播宣传引导等。

(6)特大客流应急措施。当车站遭遇特大客流时,应遵循由下至上、由内至外的人潮控制原则。采取站台客流控制、站厅付费区客流控制、出入口(站厅非付费区)客流控制三级客流控制方法。

第一级控制为站台客流控制,控制点可设在站厅与站台的楼梯(或电扶梯)口处,站务人员应分散在站台的各部,维持候车、出站秩序,协助司机开关车门,确保乘客安全上下车。第二级控制付费区客流控制,控制点在进站闸机处,站务人员确保有序、快捷的进站秩序,及时处理票务问题。第三级控制非付费区客流控制,控制点在车站出入口处,可在站外设置迂回的限流隔离栏杆,延长进站时间,最大限度缓解站台层客流压力。只要严格按照上述三级客流控制方法,遭遇特大客流时,是能确保乘客安全和车站秩序的。

5)车站大客流组织应急预案

各城市轨道交通运营企业制定的大客流组织应急预案各不相同,大致内容及程序如下:

(1)值班站长及时报告行车调度员,行车调度员通过监控系统加强对车站客流情况的监控。

(2)车站应加强现场的疏导工作,增加工作人员,利用隔离带、铁马做好秩序维护和服务组织工作。

(3)车站应在适当位置增设临时售票点,出售预制票,避免乘客排长队购票的情况出现。

(4)车站根据现场情况,利用告示牌、临时导向标志、车站控制室广播设备、手提广播,适时做好乘客的宣传、引导工作。

(5)车站行车值班员应通过监控系统,加强对现场情况的监控工作。

(6)车站应加强对出入口、站厅、站台客流的监控及疏导,避免站厅非付费区内人员过度拥挤或流通不畅。

(7)车站应根据客流情况,实行楼梯和自动扶梯、闸机、出入口三级控制。

(8)当站台发生拥挤时,车站应采取关闭部分自动售票机、进站闸机的措施,以减缓乘客购票进站速度,控制进站客流,或在某些出入口实行单向疏导方式,缓解站内客流压力。

(9)站台保安应密切注意站台和列车情况,一旦发生列车上乘客拥挤,乘客上车有困难时,车站应立即向控制指挥中心请求加开列车。

(10) 列车司机发现有乘客上不了车或影响车门、站台门关闭时,应及时报告行车调度员,并通过广播引导乘客有序上车。

7.4　城市轨道交通突发事件客流组织办法

突发事件是指在没有任何征兆的情况下,在城市轨道交通车站内、列车上或其他设备设施内突然发生的危及人身安全的事件,如地震、投毒、爆炸恐吓、设备故障失火等事故。突发事件发生时在车站内或列车上的客流均称为突发事件客流。

各车站应根据本站具体情况建立切实可行的突发事件客流组织预案,合理安排各岗位和地点的具体工作,迅速疏散客流,避免意外发生、扩大和蔓延。

当突发事件发生时,车站可根据实际情况采用不同的客流组织办法对乘客进行疏导。主要有疏散、清客、隔离三种办法。

7.4.1　疏散

疏散是指在紧急情况下,利用一切通道和出入口迅速将乘客从危险区域全部转移到安全区域,按照疏散地点可分为车站疏散和隧道疏散,车站可因火警、列车事故、炸弹恐吓、气体泄漏、水淹等多种原因而进行紧急疏散。

车站疏散需要城市轨道交通运营企业各个部门的高度配合,力争在最短的时间内完成客流的转移。对于城市轨道交通运营企业而言,这种疏散办法应定期进行现场模拟演练,让每位员工充分了解自己的岗位职责及作业程序,只有这样才能保证在突发事件发生时疏散工作井然有序,乘客得到安全、快速的转移。以下简要介绍车站疏散程序及隧道疏散组织办法。

1)车站疏散程序

(1)行车调度员的行动,见表7-3。

车站疏散——行车调度员行动表　　　表7-3

步骤	行动
1	根据情况需要召唤110、119、120等紧急服务,协助疏散车站及相邻车站
2	通知有关车站实施车站疏散,并告知其相关的行车安排、清客安排
3	指示环控调度员、值班站长接管环控系统控制权,以便在车站进行控制
4	根据情况需要关断有关区段的电力供应
5	指示列车司机驶过疏散车站时不要停车

(2)车站员工的行动,见表7-4。

车站疏散——车站员工行动表　　　表7-4

1	值班站长	确定事故的种类及地点	①通过闭路电视(CCTV)查看事故现场; ②派站务人员前往现场,调查事故原因; ③上报行车调度员及通知所有车站员工; ④确定是否执行紧急疏散程序

续上表

1	值班站长	指挥抢险进行疏散	①通过广播系统(PA)/乘客信息系统(PIS)宣布疏散车站(注意:避免引起乘客恐慌); ②在上级领导未到达前担任现场指挥
			如乘客被困站台,要求行车调度员安排一列空车前往站台
			通知车站内其他人员,如:承包人、施工人员、商铺租户等离开车站并前往集合地点报到
			命令车站员工执行车站紧急疏散计划,组织乘客撤离车站
			视情况需要: ①要求行车调度员召唤119、110、120等紧急服务; ②如需救援人员支持,安排一名站务人员到紧急出入口引导救援人员进站; ③要求行车调度员不要放车进站
			若车站内有火警或冒烟而需作出紧急通风安排,则要取得环境系统控制权,并操作环境系统控制设备
		指挥撤离	①疏散完毕后,检查是否还有乘客滞留,安排员工关闭车站出入口; ②如灾害危及车站员工安全,组织员工到紧急出入口集合
2	车站员工	组织乘客疏散	①在车站IBP盘上操作AFC紧急放行模式,使闸机扇门全部打开; ②将TVM设为暂停服务
			开启相应的环控模式
			①组织乘客撤离,需要时用扬声器疏散乘客; ②按停扶手电梯或转用适当的运行模式; ③为伤残人士提供协助
		关闭车站	完成疏散后: ①检查所有乘客是否已离开车站; ②张贴车站关闭的通告; ③前往集合地点报到

2)隧道疏散

(1)车站值班站长在上级领导未到达前担任临时现场指挥。

(2)接到行车调度员或列车司机需要隧道疏散的通知后,通知各岗位员工执行车站疏散程序。

(3)开启隧道灯,需要时开启隧道风机进行排烟(或由环控调度员开启)。

(4)带领车站员工,穿好荧光服,携带应急灯、无线对讲机等设备前往隧道疏散现场,负责引导乘客前往车站站台疏散。

(5)疏散完毕,在确认乘客全部离开和线路出清后,报告行车调度员,关闭车站。

(6)消防、公安人员到达车站后,告知有关情况,协助其参加抢险应急工作。

7.4.2 清客

清客是指当车站或列车出现异常时,需要将乘客从某一区域全部转移到另一区域。清客可分为非紧急/紧急情况清客、设备故障清客、列车失火或冒烟清客、清客至站台、清客至轨道等多种情况,以下以非紧急情况下清客至轨道、列车发生火警单端清客至轨道为例,简要介绍清客的组织程序及内容。

1) 清客的规则

各城市轨道交通运营企业制订的清客程序、人员分工都有所不同,但大致遵循下列清客规则:

(1) 清客前必须获得行车调度员的授权,除非在危及乘客安全或与 OCC 的通信中断等紧急情况下,列车司机或车站值班站长才可未经授权进行清客。

(2) 列车司机应尽可能将列车驶至下一站或在指定的站台清客,避免在两站之间清客。

(3) 清客期间,以下轨道不得行车:乘客下车后途经的轨道,乘客可由隧道门或交叉口进入的轨道。直至完成清客,证实所有乘客已撤离轨道后,上述轨道才可解除行车限制。

(4) 一般情况下,若没有车站员工的协助不得清客,除非发生了极度紧急、严重威胁乘客生命安全的情况,方可由列车司机单独组织清客。

(5) 为防止乘客偏离清客路线或被障碍物绊倒,必须安排员工在道岔、交叉口、隧道口及其他有潜在危险的地方驻守。协助清客的员工应携带手提灯、扩音器、无线电对讲机等设备,同时应特别注意疏散过程中伤残人士的安排。

(6) 任何员工或乘客进入轨道前,必须亮起隧道灯。

(7) 凡是清客至轨道的情况,都必须关断牵引电流。

(8) 列车完成在轨道清客的程序后,必须安排车站员工巡查所有下车乘客可能经过的轨段,确保区间内已无任何乘客或障碍物,然后才可恢复正常行车。

(9) 实施清客时,应召唤公安、消防等应急救援人员协助。

2) 非紧急情况下清客

非紧急情况是指:清客工作按照正常的途径得到授权,有充裕时间做好相关准备工作。以下介绍非紧急情况——两站之间清客至轨道的一般处理程序。

(1) 行车调度员的行动见表 7-5。

非紧急情况下清客——行车调度员行动 表 7-5

步骤		行动
1	停止相关轨道上的所有行车	①即将清客的轨道需停止; ②乘客离开车厢后可能途经的轨道需停止
2	指示列车司机做好清客前的准备	①停止所有列车运作,只维持无线电正常操作; ②前往即将清客的一端候命; ③待车站员工抵达后即可清客
3	通知环控调度员	关断牵引电流,做好防护措施

续上表

步骤		行动
4	命令受影响区域的值班站长执行清客程序	①亮起隧道灯,关掉鼓风扇,采取相关保护措施; ②向有关值班站长查证:列车停止的正确位置,指示其在何处清客,在列车哪一端清客; ③通过 PA 系统通知乘客服务恢复正常
5	确认清客已结束	与列车司机确定: ①所有乘客已离开车厢; ②是否有伤残人士还留在车上
		与值班站长确定: ①所有乘客已撤离车厢及轨道; ②要求值班站长派员工步行巡视各轨段,并确定轨段已畅通无阻
6	恢复正常运作	接到值班站长通知轨道已畅通后,指示: ①牵引电流送电; ②列车司机限速将列车驶往下一站; ③根据情况,部分或全部恢复正常运作

(2)值班站长的行动。

值班站长接获行车调度员通知执行清客程序后,须按表7-6所示程序执行。

非紧急情况下清客——值班站长行动　　表7-6

步骤		行动
1	与行车调度员确定清客事宜	①列车自动监督(Automated Train Supervision,ATS)控制台显示所有被停止的列车的正确位置; ②清客的位置,在列车的哪一端清客; ③牵引电流已关闭,安全保护措施已做好
2	接管环控系统操作权	视情况需要,关掉鼓风扇,亮起隧道灯
3	安排车站员工执行隧道清客程序	①指派1名车站员工负责执行清客程序; ②至少再派1名员工陪同其前往现场
		根据情况需要,加派员工前往: ①任何有潜在危险的位置,提醒乘客注意安全; ②在清客范围内协助引领乘客; ③引导离开车厢的乘客经站台两端的楼梯前往车站
4	清客结束后,向行车调度员报告	向执行清客程序的车站员工确认:所有员工和乘客已离开轨道
5	安排车站员工进行轨道巡查	①接行车调度员通知,要求进行轨道巡查; ②安排两名车站员工步行前往下一个车站,确定该区间畅通无阻; ③每确定一段指定轨道畅通无阻后,向行车调度员汇报
6	恢复列车正常运作	接到行车调度员通知后,恢复正常运作

单元7　城市轨道交通车站客流组织

（3）负责清客的车站员工的行动见表7-7。

非紧急情况下清客——车站员工行动　　表7-7

步骤		行动
1	前往清客现场	①带上手提灯、无线电对讲机等应急物品； ②确保隧道灯已亮起，牵引电流已关断，保护措施已做好
2	抵达现场，开始清客	①至少两名车站员工共同前往列车现场，抵达现场后立即开始清客； ②指示同行的车站员工带领乘客前往指定车站，引领乘客使用站台两端的楼梯，以加快疏散速度； ③协助列车司机清客； ④乘客中若有伤残人士，安排车站员工或自愿协助的乘客陪同； ⑤确定车上乘客已全部撤离后，收回逃生踏板
3	返回车站，沿途巡查轨道	①沿途巡视轨道，确保轨道上没有遗留乘客或障碍物，安全保护措施已拆除； ②抵达车站后，向值班站长报到

3）列车发生火警——单端清客至轨道

列车因为发生火警停在隧道内，产生烟雾或刺激性气味的浓烟时，必须立即进行清客。若火警发生在车头，清客的位置须在车尾；反之，火警发生在车尾，清客的位置须在车头；若火警发生在列车中部，则需进行双端清客。

以下介绍列车因失火或冒烟停在隧道内——单端清客至轨道的一般处理程序。

行车调度员的行动见表7-8。

列车火警单端清客至轨道——行车调度员行动　　表7-8

步骤		行动
1	阻截列车进入火警范围	①阻截任何其他列车进入受影响的轨道范围； ②停止以下轨道上的所有行车：事发列车所在轨道相邻的轨道，乘客离开车厢后可能途经的轨道
2	与列车司机沟通清客事宜	①确定清客方向； ②向列车司机证实轨道安全，可以开始清客
3	通知环控调度员，做好防护安排	①关闭牵引电流； ②确定导烟的方向； ③执行相关火灾模式
4	命令受影响区域的值班站长执行清客程序	①亮起隧道灯，关掉鼓风扇，做好相关保护措施； ②向有关的值班站长查证：停下列车的正确位置，指示其在何处清客，在列车哪一端清客
5	召唤紧急服务	召唤119、110、120等紧急服务支持
6	下达清客命令	通知受影响列车的司机开始清客

167

续上表

步骤	行动	
7	进行导烟、排烟工作	联络需要导烟的车站，指示其值班站长： ①亮起隧道灯； ②监视环控系统的操作状况
8		联络需要排烟的车站，指示其值班站长： ①亮起隧道灯； ②做好准备，一旦浓烟进入站台范围，立即疏散车站
9	维持受影响范围内的列车运作	最大限度维持与受影响轨道相邻隧道内的行车

4) 值班站长的行动

值班站长接获行车调度员通知执行清客程序后，须按表7-9所示程序执行。

列车火警单端清客至轨道——值班站长行动 表7-9

步骤	行动
1	按情况需要，亮起隧道灯
2	①烟雾若冲入站台范围，疏散车站； ②烟雾未冲入站台范围，派人到区间协助清客，引领乘客到站台
3	紧密监视环控系统的操作

7.4.3 隔离

隔离是指采用某种方式或设备人为地隔开人群或封闭某个区域。根据造成隔离的原因，隔离的组织方法有以下三种。

1) 非接触纠纷隔离

乘客发生口头纠纷时，离现场最近的工作人员要立即上前调解，必要时要把纠纷双方分别带到人少的地方（或带到车站会议室），进行劝说和调解。如有其他乘客围观，应及时劝离现场，维持好车站正常秩序。

2) 接触式纠纷隔离

乘客发生肢体冲突时，离现场最近的工作人员要立即赶到现场，与车站保安人员一起把打架双方隔开，并通知地铁公安到场。车站控制室通知值班站长赶到现场处理，将肇事双方移交地铁公安处理。车站要及时疏散围观的其他乘客，并寻找目击证人填写事件记录。

3) 客流流线隔离

当车站某一端排队购票队伍与进、出客流发生交叉干扰时，车站工作人员可利用伸缩铁制围栏、隔离带、警戒绳、铁马等设备器具人为地隔开人群，保持进、出客流畅通，并利用手提广播引导一部分乘客到人少一端购票进站，避免乘客排长队的现象发生。

4) 疫情隔离

车站发现有恶性传染疫情时，必须采取隔离组织办法，关闭各出入口，列车通过不停车，对与疑似人员有过密切接触过的物品、人员进行消毒、隔离,未经防疫部门的许可不得离开车站。

 **单元实训 1**

1. 任务描述

暑期返乡高峰,大量学生涌向城市轨道交通车站,如何应对?

2. 任务目标

(1)培养学生处理城市轨道交通内乘客大客流聚集的能力。

(2)培养学生将理论应用于实践的能力。

3. 任务要求

(1)学员可 4 人一组,分演车站不同岗位工种,按照演练步骤,根据本单元所学内容,制订本组演练方案,桌面演练应急处理情况。

(2)学生可反复演练,逐步完善演练效果。

(3)各组设置观察员 1 名,用摄像机、手机等视录设备将演练过程拍摄下来,使用观察清单记录和分析该小组演练问题及演练程序中关键点的时间把控程度。演练视频也是教师评价依据之一。

(4)演练后应对演练效果进行评价,并汇报说明演练中存在的问题,提出改进措施。

4. 任务实施与评估标准

(1)任务实施:能对乘客在城市轨道交通系统内一系列违规行为进行规范,遵循处理的规章规范,按照应急预案基本程序编制小组演练方案;依据演练方案完整有序地完成来面演练;演练完毕做好自我评估总结和汇报。

(2)评估标准:演练方案思路清晰程序正确完整;桌面演练准备得当,组织有力,分工明确,小组成员扮演各岗位的应急工作程序执行准确,节奏紧凑,动作和用语规范,预案关键点控制得当;本组演练总结客观全面,意见中肯,能发现本组演练中的问题和不足并提出改进意见,汇报话语流畅,表达准确、得体、清楚。

5. 检测评价

完成本次课程,根据同学在角色扮演中的表现,结合训练的要求,给予客观评分。

项目	类别		
	组员自评	小组自评	小组互评
团队和谐(10分)			
团队分工(15分)			
角色设置(10分)			
工具使用(5分)			
规范使用工具(5分)			
处理程序(15分)			
处理技巧(15分)			
汇报效果(25分)			
总分(100分)			

单元实训 2

1. 任务描述

以本区域某个具体车站为例,结合客流调查的结果,分析该车站客流的限制因素,制定该车站大客流应急处理预案。

2. 任务目标

(1)培养学生分析客流走向,结合自身车站特点制订应急处理预案的能力。

(2)培养学生理论应用于实践的能力。

3. 任务要求

(1)学员4人一组,分演车站不同岗位工种,按照演练步骤,根据本单元所学内容,制订本组演练方案,桌面演练应急处理情况。

(2)学生可反复演练,逐步完善演练效果。

(3)各组设置观察员1名,用摄像机、手机等视录设备将演练过程拍摄下来,使用观察清单记录和分析该小组演练问题及演练程序中关键点的时间把控程度。演练视频也是教师评价依据之一。

(4)演练后应对演练效果进行评价,并汇报说明演练中存在的问题,提出改进措施。

4. 任务实施与评估标准

(1)任务实施:能对乘客在城市轨道交通系统内一系列违规行为进行规范,遵循处理的规章规范,按照应急预案基本程序编制小组演练方案;依据演练方案完整有序地完成来面演练;演练完毕做好自我评估总结和汇报。

(2)评估标准:演练方案思路清晰程序正确完整;桌面演练准备得当,组织有力,分工明确,小组成员扮演各岗位的应急工作程序执行准确,节奏紧凑,动作和用语规范,预案关键点控制得当;本组演练总结客观全面,意见中肯,能发现本组演练中的问题和不足并提出改进意见,汇报话语流畅,表达准确、得体、清楚。

5. 检测评价

完成本次课程,根据同学在角色扮演中的表现,结合训练的要求,给予客观评分。

项目	类别		
	组员自评	小组自评	小组互评
团队和谐(10分)			
团队分工(15分)			
角色设置(10分)			
工具使用(5分)			
规范使用工具(5分)			
处理程序(15分)			
处理技巧(15分)			
汇报效果(25分)			
总分(100分)			

单元7 城市轨道交通车站客流组织

 单元检测

一、单选题

1. 当出现突发性大客流时,运营员工最重要的处理原则是(　　)。

　　A. 确保乘客都能顺利搭乘地铁,同时又不影响列车运营

　　B. 尽量保障员工和设备设施的安全,降低车站损失

　　C. 竭力控制拥挤程度和人群秩序,谨防出现混乱和由混乱引发的人身伤亡事件

　　D. 确保车站收益安全,将票款损失降至最低

2. 根据客流控制力度可分为单站控和(　　)。

　　A. 级客流联控　　　B. 一级客流控制　　C. 二级客流控制　　D. 三级客流控制

二、多选题

超大客流情况下,车站客运组织应遵循(　　)的原则,避免乘客大量积压在车站站台、站厅等面积有限的狭小空间内,保障乘客安全。

　　A. 能控在站外就不放在站内　　　　B. 能控在站厅就不放在站台

　　C. 能控在站台就不放在列车　　　　D. 能引导,不控制

三、判断题

1. 疏散是组织乘客向安全区域撤离的一种客流组织。　　　　　　　　　　(　　)

2. 应急行车指挥组负责现场乘客疏导组织、客流组织、应急公交接驳预案的实施。

　　　　　　　　　　　　　　　　　　　　　　　　　　　　　　　　　　(　　)

3. 客流控制仅分为三级站级控制,不可以联控。　　　　　　　　　　　　(　　)

单元 8　城市轨道交通车站突发事件应急处理办法

教学目标

▶ **知识目标**
1. 掌握车站突发事件的处理原则及报告程序；
2. 了解车站各种突发事件的应急处理流程；
3. 明确车站员工在应急处理中的岗位职责及作业程序。

▶ **能力目标**
掌握车站站台事故的基本处理办法。

▶ **素质目标**
1. 培养冷静、临危不乱职业素养；
2. 培养细致耐心的工匠精神。

▶ **建议学时**
12 学时

案例导入

城市轨道交通突发事件会对乘客的生命和财产安全造成威胁，主要的形式包括火灾、爆炸、地震、毒气泄漏等。以下两起城市轨道交通真实突发事件便造成了惨重的后果：

一是 1995 年日本东京地铁的沙林毒气泄漏事件，乘客伤亡惨重，地铁运营也受到了极大的影响，交通陷入瘫痪。此次事故造成巨大损失的原因是地铁车站和车厢狭窄，人员密度过大，再加上沙林毒气泄漏的事件为早高峰时期，所以毒性较强的沙林毒气迅速扩散，也给救援人员的工作带来了很大难度。

二是 2003 年的韩国大邱地铁故意纵火事件，死伤惨重，不仅使车站内的人员受到伤害，后续进站的列车也受到了冲击，大量人员死于车厢内部。在发生火灾后，工作人员没有及时疏导乘客，调度人员没有及时更改指令，安全设施没有起到应有的作用，大量乘客无法及时逃脱，活活烧死在车厢里，还有很多乘客在避难时窒息死亡。

单元8 城市轨道交通车站突发事件应急处理办法

城市轨道交通人员密度大,人流量大,很容易出现突发状况,也容易出现安全问题。地铁空间狭小,一旦发生突发事件极易造成人群恐慌,乘客疏散工作难度大,因此城市轨道交通运营企业应该做好城市轨道交通突发事件的应急预防与处置,建立一套完整的突发事件预防和处置体系。

城市轨道交通突发事件发生的原因:

首先是没有做好应急和预防工作。

人为因素是城市轨道交通突发事件发生的一个重要原因,法律规定,城市轨道交通运营企业必须制定完善的管理制度,定期检查安全隐患,但是由于一些客观因素的影响,有些设备和线路处于环境比较复杂的地区,很难对其进行维护和保养。一些运营时间较长的城市轨道交通由于线路和设备老化,在运营时很容易出现短路现象,导致突发事件的发生。如果没有事先采取预防措施,将安全隐患排除,可能就会导致一起安全事故的发生。

在事故发生之前,如果相关工作人员没有采取有效的预防措施,可能就会导致事故的发生;在事故发生过程中,如果工作人员没有采取及时的处置措施将乘客及时疏散,也会造成乘客的生命财产受到安全。因此,不断提升工作人员处置突发事件的能力非常必要。

其次是应急预案和救援体系不完善,对于突发事件,城市轨道交通客运工作人员如果没有及时上报,导致事件的处置被搁置。应急预案不能及时制定,乘客不能及时疏散,势必会造成更严重的后果。

最后是指挥处理应急事件的能力较低。信息收集效率较低,不能根据实际情况制定出切实可行的应急救援计划,在人员调度、资源调用和任务分配上都会出现较大的偏差,从而导致上级下达的任务和指挥能力受到限制。

 8.1 车站突发事件的处理原则及报告程序

我国各个城市的轨道交通建设发展程度不尽相同,不同城市采用不同的车辆、设备制式,各城市轨道交通运营企业的岗位设置、岗位职责及作业程序也不同,车站突发事件的应急处理办法也存在较大差异。

8.1.1 车站突发事件的处理原则

城市轨道交通车站及列车是人群集中的公共设施,一旦发生火灾、爆炸、毒气泄漏、恐吓等突发事件,不仅会引起轨道交通沿线的交通瘫痪,若应急处置不当,势必会造成群死群伤的严重后果,严重地影响社会秩序。因此,当轨道交通车站发生突发事件时,各岗位员工应遵循突发事件的处理原则,团结协作、迅速高效地妥善处置,防止事故的扩大、升级,最大限度减少事故造成的危害损失。

车站突发事件的处理原则如下:

(1)突发事件发生时,城市轨道交通运营企业的应急处置指导思想是先控制、后处置,救人第一。

(2)突发事件现场应急处置的重点是控制事故源头、危险区域,组织人员撤离和抢救受伤人员。

(3)各岗位员工应按规定程序及时间,及时向有关方面报告,迅速开展工作,尽一切可能控制事故的扩大,以减少伤害损失。

(4)各岗位员工应沉着冷静,严格执行规定的标准和程序,优先组织人员疏散、伤员抢救,做好乘客疏导和安抚工作,维持秩序,减少乘客恐慌。

(5)各岗位员工应坚守岗位,立即进入突发事件抢险救灾状态,兼顾重点设备和环境的防护,采取一切可能措施减少损失。

(6)兼顾现场的保护工作,以利于公安、消防和事件调查部门的现场取证。

(7)员工在应急事件处理时,坚持对外宣传归口管理的原则,不得擅自发布相关信息。

(8)坚持就近处理的原则,在上一级事故处理负责人到达现场前,由表8-1所示人员担任现场指挥,担负临时事故处理负责人职责。

现场临时负责表   表8-1

序号	事故发生处所	现场临时负责人
1	列车上(列车在区间)	本次列车司机
2	列车上(列车在车站)	所在站值班站长
3	车站	所在站值班站长
4	区间线路上	行车调度员指定的值班站长
5	车辆基地	车辆基地调度
6	其他场所	现场职务最高的员工

8.1.2 车站突发事件的报告程序

1)车站突发事件的报告原则

(1)迅速、准确、完整。

(2)逐级上报。

事故发生在区间,列车司机应立即上报行车调度员;事故发生在车站内或车辆基地内,车站值班站长或车辆基地调度员应立即上报行车调度员。

任何员工发现或接到突发事件信息,均应立即执行规定的通报流程,不得延误、中断或缺漏。

2)事故报告前应采取的行动

在报告事故前,站务人员应根据事故的严重性,果断采取下列其中一项行动:

(1)若发现任何可能影响列车安全运行的情况,例如信号设备损坏、异物落入轨道等异常情况,必须立即利用下列方法,截停可能受影响的列车。

①操作车站控制室内的紧急停车按钮。

②按动站台紧急停车按钮。
③猛烈摇动"危险"手信号,或猛烈摇动任何物品。
(2)若发现设备或装置有故障,则必须立即停用或隔离有关故障设备/装置。

3)突发事件的报告内容

报告突发事故时,应尽可能全面,包括下列内容:
(1)报告人姓名、职务、单位。
(2)事件发生的时间(时、分)、地点(区间、百公尺标、公里标或股道)。
(3)事件发生的概况、原因(若能初步判断)及对运营影响的程度。
(4)人员伤亡情况、设备设施损毁情况。
(5)已经采取的措施。
(6)请求救援的内容(例如公安、消防、救护等)。
(7)其他必须说明的内容。

4)突发事件报告程序

突发事件发生后,现场人员应严格遵守报告程序迅速上报,调度控制中心根据当时各部门、各车站上报的情况及时汇总,确认突发事件性质、原因,作出准确判断,高效调动、协调企业内外资源,确保事态得到有效控制,力争将损失降到最低限度。因此,城市轨道交通运营企业内部必须建立起一套严格、高效的信息传递程序。具体通报流程如图8-1所示。

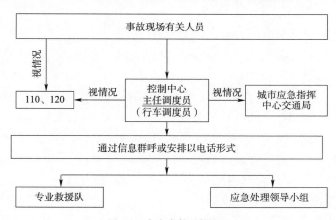

图8-1 突发事件通报流程

8.2 车站突发事件应急处理办法

8.2.1 车站火警应急处理办法

根据火灾发生时间、地点的不同,车站火灾可分为车站在运营期间/非运营期间失火、站台失火、站厅失火、设备用房失火、车站外失火、邻站失火、列车在车站失火、列车在区间失火等多种情况。

1)火灾的处理原则

火灾处理的首要原则是保障乘客及工作人员的生命安全。一旦生命安全受到威胁,所有人员必须立即撤离至安全的范围。任何员工若发现轨道交通范围内发生火情,必须立即通知有关车站的值班站长,通过行车调度员要求消防部门协助,在确保个人人身安全的情况下,员工可尝试将烟火扑灭。

2)车站在不同地点失火的应急处理办法
(1)车站(运营期间)失火应急处理办法。

①火灾警报响起时,值班站长通过 FAS、BAS 确认报警位置,派 1 名车站员工前往该范围查看。此时,车站员工需携带无线电对讲机前往事发地点,找出报警原因;实时通知值班站长是否发生火灾,火灾是否已触动了防火系统。

②如警报为误报,值班站长要及时通知行车调度员及站内所有员工。若发生火灾,现场员工视情况需要手动操作防火系统;或在安全的情况下,使用灭火器灭火;若火势较大,应立即通知行车调度员召唤消防人员到场,并遵照车站疏散程序组织乘客撤离。现场工作人员也应与现场保持安全距离,直至消防人员到场。

③启动车站排烟模式。

④乘客疏散完毕后,关闭车站出入口(紧急出入口除外)。

⑤如火势很大,值班站长应组织员工撤离车站到紧急集合地点集中,并安排人员在指定出入口引领消防人员到现场灭火。

⑥消防人员到场后,值班站长汇报有关情况,将灭火工作交给消防人员,并加入到应急处理救援工作中去。

⑦值班站长协助相关部门做好事故调查工作。

⑧值班站长接到可以恢复运营的指令后,清理现场,恢复运营。

(2)站外失火应急处理办法。

当车站外发生火灾时,因为空气的自然流动、车站通风设备的运作、列车移动的活塞效应都会使站外产生的烟气通过通风井、车站出入口而扩散至站内,对车站内的乘客产生巨大的威胁,因此,车站员工应正确操作车站环控系统,确保车站内乘客的生命安全。

①一旦发现烟气经由通风井进入站内,必须执行相关程序,阻截烟气继续进入。

值班站长:由行车调度员处取得该车站环控设备的控制权;

将车站公共范围的通风设备关掉;

通知行车调度员将有关通风设备关掉,关闭相应的风闸。

行车调度员:指示环控调度员操作有关环境控制系统设备。

②一旦发现有烟经由车站入口扩散到公众范围,应执行下列程序:

值班站长:通知行车调度员,说明烟的浓度;

关闭有关的入口;

取得该车站环控设备的控制权,操作环控设备。

行车调度员:应指示各邻站的值班站长;

取得所管辖车站的环控设备的控制权;

将车站公众范围的通风设备关掉;

操作环境控制系统设备,帮助驱散受影响车站的浓烟。

各邻站值班站长:应取得所管辖车站环控设备的控制权。

(3) 列车失火应急处理办法。

①列车在站台失火应急处理办法：列车在车站发生火灾时，司机应迅速打开站台侧所有车门，使用车内灭火器进行扑救，对乘客进行广播疏散，配合车站工作人员的引导将乘客疏散到安全区域；

②列车在区间失火应急处理办法：列车在区间发生火灾时，地下线路运行的列车应尽一切可能运行到前方车站，及时向行车调度员报告，请求前方车站协助；

若无法运行到前方车站，司机应立即向行车调度员报告并进行初期灭火扑救，同时将起火车厢的乘客疏散到其他车厢，确认灭火器不能抑制火灾时，请求行调接触轨停电，就地疏散乘客。

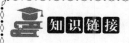 知识链接

火警后恢复行车服务

行车调度员在与值班站长确认站内火已熄灭，烟雾也明显消散后，方可恢复该站的行车服务，允许列车驶经该站。值班站长应根据车站火警后的损毁程度或水淹情况，决定全面或局部重开车站。

8.2.2 乘客受伤事故处理办法

在城市轨道交通运营过程中，发生乘客在城市轨道交通运营范围内感到不适、发病、昏迷或因意外事故受伤等事件，车站工作人员应按照下列原则及程序处理。

1) 乘客受伤事故的处理原则

(1) 车站在处理乘客受伤事件时要以维护城市轨道交通运营单位形象、保护公司最大利益为原则，以人为本，给予乘客必要的帮助。

(2) 车站在处理乘客受伤事件时要在第一时间内进行取证工作，尽可能得到旁证及当事人签字确认。以事实为依据，客观记录，充分留下原始资料。

(3) 及时将事件的处理结果报告给相关部门，以备后续处理。

2) 乘客受伤的处理办法

乘客受伤现场处理程序如下：

(1) 车站现场工作人员发现或接到受伤乘客求救时，应立即报告当值值班站长并赶赴现场，了解伤(病)者情况及初步原因。

①视伤(病)者的情况，若其意识清醒，询问其是否需车站协助致电 120 急救中心，征得同意后帮助其拨打 120 急救电话。询问伤(病)者家人联系电话，设法联系其家人尽快来站救护。伤(病)者家人到站后，由其家人将其接走，如车站已致电 120 急救中心，救护人员到达后，车站应协助将伤(病)者送至救护车上。如乘客认为是车站原因导致其受伤，要求车站派人同往医院时，车站员工应请示站长及运营企业客运主管部门，获准后方可派人陪同前去医院。

②若伤(病)者情况危急，意识不清，不及时救护可能会有生命危险，车站应及时致电 120 急救中心，同时车站需及时上报行车调度员、车站站长及运营单位客运主管部门。

(2) 如因轨道交通设备造成事故，应立即停止该设备运作(影响列车运行的设备除外)，

并报告车站控制室。

（3）疏散围观群众，寻找目击证人，收集、记录有关证人资料。

（4）需要时，对乘客外伤进行简单的包扎处理。

（5）如调查需要，应保护好现场，必要时对有关区域进行隔离，并用相机记录现场有关情况。

（6）必要时，根据值班站长安排，站务人员到紧急出入口引导急救中心人员进站。

（7）必要时协助警方进行事故调查。

为保证乘客出现伤亡时的及时抢救和快速处理，城市轨道交通运营企业一般设置乘客伤亡紧急处理经费。若初步判断乘客受伤属于运营方责任，车站应立即向有关部门、单位报告，车站可安排员工陪同伤者前往医院检查、治疗，伤者在医院所花费用，经请示同意后，可由车站在有关处理经费中垫付。伤者提出索赔时，车站应配合相关部门人员与当事人协商处理。

8.2.3 列车撞人、撞物事故处理办法

1）地外伤亡事故处理办法

在城市轨道交通运营线路上，发生列车撞轧外部人员或与其他车辆、物体碰撞，造成人员伤亡，即列为地外伤亡事故，伤亡事故的现场处置应按以下办法进行：

（1）车站发生伤亡事故，由车站值班站长担当现场指挥工作；区间发生伤亡事故，由列车司机担当现场指挥工作。

（2）车站发生伤亡事故，列车司机必须立即停车，将情况向车站行车值班员汇报，行车值班员应根据情况要求接触轨停电，本着尽快开通线路的原则进行处置，并设法挽留1～2名证人。

（3）区间发生伤亡事故，列车司机应立即停车，向行车调度员或邻近车站行车值班员报告；根据情况要求接触轨停电，在事发地点做好标记，并将伤者送到最近前方车站交车站妥善处置。对死者要移至不妨碍行车的地点。地面线对死者尸体应进行遮盖，处理完毕后，请求送电，恢复行车。

（4）车站行车值班员接到报告后，应立即上报行车调度员，并通知公安。行车调度员上报值班经理，值班经理接到报告后及时通知公安部门。

（5）对伤亡事故现场不妨碍行车的事故遗留物品采取保护措施。

（6）公安机关、轨道交通工作人员接到报告后，应迅速赶到现场。

（7）轨道交通工作人员要协助公安机关调查取证，维护站、车秩序，处理现场，尽快恢复通车。对事故列车，行车调度员要及时调整回车辆基地，由公安机关进行调查。

（8）接触轨停电、送电和列车的移动要服从现场指挥。公安机关、地铁工作人员需要进入运营线路进行勘察、清理现场，必须经现场指挥认定，工作结束时由现场指挥清点人数后，方可要求接触轨送电。

（9）轨道交通工作人员应如实向公安机关陈述事故发生经过，其他知情者应及时向公安机关提供证据。

（10）公安机关依法对事故现场、设备进行勘查。需要时，轨道交通专业人员给予配合。

单元8　城市轨道交通车站突发事件应急处理办法

(11)发生伤亡事故,轨道交通客运部门应及时将伤者送往医院进行抢救。死者由公安机关依据有关规定进行处理。

(12)发生伤亡事故,车站行车值班员、列车司机应及时告知乘客。对乘客的广播宣传工作要按以下标准用语执行。

①列车广播词:"各位乘客请注意,现在是临时停车,由于前方发生人员侵入轨道线路事件,公安机关正在积极处理,列车很快将恢复运行,由此给您带来不便,请谅解。"

②车站广播词:"各位乘客请注意,由于发生人员侵入轨道线路事件,公安机关正在积极处理,列车很快将恢复运行,由此给您带来不便,请谅解。"

(13)发生伤亡事故,需要向媒体发布有关信息时,由城市轨道交通运营企业新闻发言人负责。

(14)伤亡事故的善后处理,由城市轨道交通运营企业根据公安机关出具的事故调查结论,依照《城市轨道交通安全运营管理办法》处理。

2)站务岗位人员应急处理程序

车站发生撞人、撞物等事故后,各站务岗位人员应急处理程序如下:

(1)车站发生撞人/物、地外伤亡事件后,行车值班员应立即向行车调度员、公安派出所报告,通知值班站长、站区长等上级领导。

(2)值班站长应立即到达现场并在上级领导及公安人员未到达之前担任现场负责人,组织指挥现场处理以下工作:

①指定专人负责挽留两名以上非轨道交通员工的目击者作为人证,索取证明材料,证人有急事不能留下时,应记下其工作单位、家庭住址及联系电话等。

②利用车站广播设施做好乘客宣传解释工作,劝导乘客改乘其他交通工具。

③售检票人员维护好站厅秩序,依据现场情况采取限制售票或停止售票方式控制乘客进站。

④需下站台查看及处理时,必须在接触轨停电后由现场负责人指定专人进行。

⑤现场查看时,在未发现之前或当事人未死亡的情况下,严禁送电、动车,找到被轧者后应查看其伤亡情况,无法断定是否死亡的一律按伤者处理,应设法将其尽快移至站台。

⑥如被轧者未亡,尽一切努力避免动车救人,但在只有动车方可救人的情况下,由现场公安人员作出动车决定。

⑦需对伤者进行救护时,应及时通知市急救中心,指派专人到指定出入口迎候救护车辆。

⑧如当事人已经死亡,其位置不妨碍列车运行,可先行送电通车;如其位置妨碍列车运行,可将尸体移上站台或移至边墙、道沟等不侵界位置,再行送电、通车,必要时再次停电处置,做好标记。

⑨除现场处理以外的其他车站工作人员应做好遣散围观乘客、维护站台站厅秩序的工作。

(3)车站工作人员应积极协助公安人员的调查工作,涉及刑事案件的地外伤亡事件,应尽量保护现场,尽一切可能留住嫌疑人、知情人及可提供线索者,积极协助公安人员的工作。

8.2.4 炸弹、不明气体、物体恐吓/袭击事件应急处理办法

城市轨道交通车站内时常会遇到无主物品,一般为乘客大意遗留或有意丢弃,但也有可能是犯罪分子有意放置的危险物品。对车站、列车范围内的不明物品,轨道交通工作人员应保持持续的敏感性,严格按照可疑物品处理预案执行,不可麻痹大意,延误处理时机,对乘客造成人身、财产的伤害。

1)炸弹、不明气体、物体恐吓事件应急处理步骤

当轨道交通工作人员接到电话、书面或电子邮件等各种形式的恐吓信息时,应按下列应急预案开展工作:

(1)接获恐吓信息后,轨道交通工作人员应立即向其上级领导报告。OCC 应立即向公安部门报告该恐吓事件,并通知受影响车站的值班站长、行车线上的列车司机及各紧急救援抢险部门。

(2)由公安部门确定恐吓信息的真实性,在车站进行不公开或公开的搜索行动。

①不公开搜索,无须疏散乘客,由地铁员工和公安人员联合进行。搜索可疑物品时,必须采取以下预防措施:

a. 在搜索过程中应只凭肉眼查看,切勿移动、摇动或干扰任何物品,留意是否有定时器或时钟运行的声音;

b. 停止一切无线电的发送及接收,不得使用无线电手台及手机等通信设备;

c. 切勿开关任何电灯及电气设备;

d. 认真观察清楚后再打开门、窗、抽屉,不可随意接触任何物品。

②若公安部门已掌握相关信息,或确实已发现可疑物品时,须在车站进行公开搜索。搜索前须局部或完全疏散乘客,并由公安人员单独执行搜索行动。车站员工停留在安全的范围内,为搜索人员提供协助。搜索过程中不应假定只有一件可疑物品,在疏散乘客的过程中,切勿在广播中提及炸弹或可疑物品,而应说系统、设备等发生故障,以免引起乘客恐慌。

(3)车站接到恐吓信息后,不公开搜索程序。

①值班站长安排停止所有清洁工作,依次搜索所有公众范围及所有非公众范围,及时将最新进展通知值班经理。

②公安人员前往有关车站,参与搜索行动,与值班站长保持密切联系,了解搜索工作的最新进展。

③若发现可疑物品或有毒气体,值班站长应立即封锁现场,决定局部或完全疏散车站,并立即通知值班经理。进行疏散前,必须先搜索所有疏散路线,确保疏散乘客的安全。员工发现可疑物品后,应立刻向上级报告该物品的形态及准确位置,切勿触摸该物品,并留意周围形迹可疑的乘客。且不得在可疑物品 50m 范围内使用手机、无线电对讲机等通信设备,设置警戒区域封锁物品的四周范围,疏散周围乘客。

④若未发现可疑物品或有毒气体,值班站长应报告公安人员负责人,请示是否进行二次搜索。公安人员负责人向所有搜索人员查询搜索情况,将搜索结果上报上级公安部门。

2)爆炸事件应急处理办法

城市轨道交通线路或列车发生爆炸事件时,有关单位、部门应按以下应急预案开展

单元8 城市轨道交通车站突发事件应急处理办法

工作。

(1)列车司机。

①当列车在区间发生爆炸时,司机(视故障情况)应尽可能将列车运行至前方车站,实施抢险救援。

②要立即穿戴好防护用品,迅速到达事发现场查明情况,向行车调度员及车站值班员报告。

③列车迫停于车站时,司机应迅速打开站台侧所有车门。若列车因爆炸起火,要迅速使用车内灭火器进行扑救,并对乘客用标准用语进行广播宣传,通知乘客下车,按车站工作人员的引导或标识,将乘客疏散到安全区域。

④列车迫停于区间时,司机应立即要求停电,情况紧急时可采取强行停电措施;确认接触轨已停电后,打好止轮器,做好防溜措施,并对乘客用标准用语进行广播宣传,稳定乘客情绪。

⑤根据行车调度员命令与救援抢险人员按区间疏导乘客的办法共同对乘客进行疏散、抢救。

(2)车站工作人员。

①车站发生爆炸后,就近岗位站务人员应迅速准确查明爆炸发生的时间、地点,涉及列车的车次、人员伤亡等情况,立即向行车值班员报告。

②行车值班员接到站务人员报告后,应立即向行车调度员、公安派出所报告,通知值班站长、站区长等各级领导。

③值班站长应立即到达现场并在上级领导及公安人员未达到之前担任现场负责人,组织指挥现场处理工作。

a. 指定专人保护现场,尽量搜集可疑人员、可疑物品等线索,挽留目击证人。

b. 将事发地点周围的乘客疏导至安全地带。

c. 若有人员伤亡时,将其转移至安全地带设置的候援区,及时通知急救中心,指派专人到指定出入口迎候救护车辆。

d. 部署全体在岗人员对车站采取临时封闭措施,疏导站内其他区域的乘客迅速出站,指定专人看守出入口大门,阻止其他乘客进站,同时保证上级领导、公安及抢险人员可快速进入车站。

e. 利用各种广播设施做好宣传工作,稳定乘客情绪,引导站内其他区域的乘客迅速有序疏散出站。

f. 通知机电人员开启车站送、排风系统,加大通风量。

g. 其他各车站接到疏散乘客、封闭车站的命令后,应迅速组织车站工作人员,按照突发事件应急处理相关办法规定的乘客疏散工作预案,迅速组织乘客出站,疏散乘客任务完成后,关闭出入口,并将情况报告行车调度员。

h. 待上级领导到达后,报告现场情况,移交指挥权。

(3)行车调度员。

①行车调度员接到报告后,应立即报告值班经理,并同时将后续列车扣至爆炸区域以外的车站。

②根据值班经理命令下达全线停运、疏散乘客命令,组织指挥全线列车迅速运行至车站站台疏散乘客。

　　a.若列车停于区间而前方车站有列车占用时,应使列车退回后方车站疏散乘客。

　　b.若列车停于区间且前、后方车站均占用时,根据前后方车站乘客疏散情况,将先完成疏散任务的列车调至区间待命,腾空车站,将停于区间的列车调至车站内疏散乘客。

　　c.若列车停于爆炸区域时,应使列车退行至未爆炸区域以外的车站疏散乘客。

　　(4)值班经理。

　　①值班经理接到行车调度员的报告后,应立即报告运营企业领导及市主管部门,通知运营企业所属各有关单位部门赶赴现场参加事故救援工作及乘客疏散工作。

　　②通知有关单位,开、停通风、排水等设备,安装临时照明及临时通信设备。

　　③根据公司领导指示,向行车调度员发布全线停运、疏散乘客的命令。

　　④协调公交部门增加地面公交车运力运输乘客。

　　3)不明气体袭击事件应急处理办法

　　当车站或列车上发生不明气体袭击,造成乘客群体性中毒时,应按下列应急预案开展工作。

　　(1)列车司机。

　　①对于在地下线路运行的列车,应尽可能运行到前方车站实施抢险救援;列车迫停于区间时,要立即穿戴好防护用品,迅速到达事发现场查明情况,向行车调度员和车站值班员报告。使用标准用语对乘客进行广播宣传,通知乘客撤离毒气源所在车厢。立即要求停电,情况紧急时可采取强行停电措施。确认接触轨已停电后,打好止轮器,采取防溜措施,根据行车调度员命令与救援抢险人员共同对乘客进行疏散抢救。

　　②列车在地面线区间运行,要立即穿戴好防护用品,迅速到达事发现场查明情况,立即向行车调度员报告,并要求紧急停电(必要时可采取强行停电措施),同时采取紧急停车措施,使用标准用语对乘客进行广播宣传,通知乘客撤离毒气源所在车厢。确认停电后,打开车门,疏散乘客,有条件时对可疑物进行遮盖。

　　③列车迫停于车站时,应迅速打开站台侧所有车门,有条件时对可疑物进行遮盖,使用标准用语对乘客进行广播宣传,通知乘客下车,按车站工作人员的引导或标识,将乘客疏散到安全区域。

　　(2)车站工作人员。

　　①车站发生不明气体袭击后,就近岗位站务人员应迅速佩戴防护装备,迅速查明事件发生的时间、地点、涉及列车的车次、人员伤亡等情况,立即向行车值班员报告。

　　②行车值班员接到站务人员报告后,应立即向行车调度员、公安派出所报告,通知值班站长、站区长等各级领导。

　　③行车值班员应立即采取措施,防止其他列车进入车站。

　　④行车值班员应立即通知机电人员启动防灾应急模式,关闭相关车站送、排风系统。

　　⑤值班站长应立即到达现场并在上级领导及公安人员未达到之前担任现场负责人,组织指挥现场处理工作。

　　a.部署全体在岗人员迅速佩戴防护装备,对车站采取临时封闭措施,疏导站内其他区域的乘客迅速出站,指定专人看守出入口大门,阻止其他乘客进站,同时保证上级领导、公安及抢险人员快速进入车站。

b. 指定专人保护现场,尽量搜集可疑人员、可疑物品等线索。查找不明气体源头,有条件时对可疑物进行遮盖。

c. 若有人员伤亡时,将其转移至安全地带设置的候援区,及时通知急救中心,指派专人到指定出入口迎候救护车辆。

d. 利用各种广播设施做好宣传工作,稳定乘客情绪,引导站内其他区域的乘客迅速有序疏散出站。

e. 车站所有参与处置工作的工作人员应在疏散乘客、封闭车站工作完毕后,迅速撤离车站,在指定的出入口外集合。

f. 待上级领导到达后,报告现场情况,移交指挥权,积极协助公安人员的调查工作。

⑥其他车站接到疏散乘客、封闭车站的命令后,应迅速组织车站工作人员,按照地铁突发事件应急处置相关规定的乘客疏散工作预案,迅速组织乘客出站。疏散乘客任务完成后,关闭出入口,并将情况报告行车调度员。

(3)行车调度员。

行车调度员接到报告后,应立即报告值班经理,并同时将后续列车扣至不明气体影响范围以外的车站。根据值班经理命令下达全线停运、疏散乘客命令,组织指挥全线列车迅速运行至车站疏散乘客。

①若列车停于区间,而前方车站有列车占用,应使列车退回后方车站疏散乘客。

②若列车停于区间,而前、后方车站都有列车占用,应根据前后方车站在站列车乘客疏散情况,将先完成疏散任务的列车调至区间待命,腾空站线,将停于区间的列车调至车站内疏散乘客。

③若列车停于受影响范围内区间,应使列车退行至受影响范围以外的车站疏散乘客。

(4)值班经理。

①值班经理接到行车调度员的报告后,立即报告公司领导及市主管部门,通知公司所属各有关单位部门赶赴现场参加事故救援工作及乘客疏散工作。

②根据公司领导指示,向行车调度员发布全线停运、疏散乘客的命令。向机电部门发布命令:关闭受影响车站的送、排风系统及相关区间的通风机。

③协调增加地面公交车运力运输乘客。

8.2.5 车站站台事故应急处理办法

1)站台紧急停车按钮被触发应急处理办法

紧急停车按钮一般设置在各站站台(图8-2)、站台监察亭(图8-3)和车站控制室IBP盘上,可实现紧急情况下对列车的控制。在紧急情况下,可通过按压站台任一位置的紧急停车按钮,或者扳动车站控制室IBP盘(或站台监察亭IBP盘)上的紧急停车开关,禁止列车自区间进入车站,以及已停在车站的列车出发进入区间。对于已启动而尚未完全离开车站的列车,应实施紧急制动停车,实现车站封锁的功能。

站台上下行每侧各有两个紧急停车按钮,如车站为岛式站台,则本侧紧急停车按钮仅对相应侧的线路实行车站封锁；如为侧式站台，则对上下行线路实行车站封锁。

图 8-2　站台紧急停车按钮　　　　　　　　图 8-3　站台监察亭

紧急停车按钮为非自复式按钮，使用钥匙使其复位；设置红色指示灯，当按下紧急停车按钮后，该按钮的指示灯点亮，车站控制室 IBP 盘和站台监察亭内对应站台的指示灯也同时点亮，表示该紧急停车按钮被激活。

如设有站台监察亭，在站台监察亭内对应每侧站台设置 1 个紧急停车开关，并有指示灯。当发现紧急情况需紧急停车时，扳动紧急停车开关至"急停"位置，IBP 盘上对应站台的指示灯和站台监察亭内对应站台的指示灯同时点亮，表示该紧急停车按钮被激活。

当站台发生紧急情况，需列车紧急停车时，车站工作人员应按以下程序处理：

(1)站台岗员工或乘客按下站台上的紧急停车按钮。

(2)对应的紧急停车按钮指示灯点亮，车站控制室和站台监察亭 IBP 盘上对应站台的指示灯点亮，车站 ATS 工作站和控制中心调度员工作站对应区域显示紧急停车，显示报警信号。

(3)车站值班员扳动车站控制室 IBP 盘上的紧急停车开关至"急停"位置。

(4)站台岗员工赶往事发地点，采取适当的措施处理该事件，并保持站台、车站控制室、OCC 联系畅通，必要时请求协助。

图 8-4　车内乘客报警器

(5)在确定处理完情况后，站台岗员工用钥匙复位被激活的紧急停车按钮，并通知车站值班员，处理完毕后给司机显示"一切妥当"手信号。

(6)车站值班员扳动车站控制室 IBP 盘上对应的紧急停车开关至"复位"位置。

(7)车站值班员复位 ATS 工作站上的事件，使列车自动控制(Automated Train Control,ATC)系统复位，并记录该次事件的时间、紧急停车按钮启动的原因及事件处理经过。

2)列车内乘客报警器被触发紧急处理办法

列车车厢内一般设置乘客报警器(图 8-4)。当乘客在车厢内遇到火灾、晕厥、车厢犯罪等突发情况时，按动此报警器，按照面板提示操作便可与司机直接通话，从而让司机及有关方面采取及时、正确的应对措施。

若列车停止站台还未启动时,乘客触发了车内乘客报警器,站台岗值班人员应按以下程序处理:

(1)接到车内乘客报警器被触发的信息,立即赶往事发现场并核实报警启动的原因、启动报警器的车次或车门,请示值班站长是否需要列车退行。

(2)使用车内乘客报警按钮扬声器与司机沟通,寻找启动报警按钮的原因,进行乘客救援工作。

(3)确定情况稳定后,车站员工必须将车内报警按钮复位,离开列车,向司机显示"一切妥当"手信号。

(4)行车调度员通知列车司机,车站已将车内报警按钮复位。

(5)站台岗员工在日志中详细记录该次事件发生的时间、原因、被启动的报警按钮的编号及事件处理经过。

3)车站停电处理办法

车站照明部分熄灭的应急处理办法如下:

(1)事故发生后,值班站长立即向行车调度员报告车站照明系统部分失效、应急照明是否已经启用、是否影响车站其他设备的正常运作、车站是否有列车停靠及列车的相应位置、车站内乘客滞留情况。

(2)值班站长或行车值班员联系故障报警中心,获取相应的故障信息,召唤人力支援。

(3)值班站长立即下达车站紧急疏散指示。

(4)行车值班员通过PA、PIS通知乘客,稳定乘客情绪。

(5)站务人员就近取用应急照明备品,站于重要位置为乘客提供照明和保护,加强宣传,稳定乘客情绪。

(6)票务岗位员工保管好票款,适时放慢售票速度。根据客流情况,通过合理关闭部分进站闸机、自动售票机进行客流控制。

(7)一旦照明系统无法恢复,所有员工随时做好乘客疏散的工作。

车站照明全部熄灭应急处理办法:

(1)事故发生后,值班站长立即向行车调度员报告车站照明系统全部失效、应急照明是否已经启用、是否影响车站其他设备的正常运作、车站是否有列车停靠及列车的相应位置、车站内乘客滞留情况。

(2)值班站长或车站值班员联系故障报警中心,获取相应的故障信息,召唤人力支援。

(3)值班站长立即下达车站紧急疏散指示。

(4)车站值班员通过PA、PIS,通知乘客进行疏散,稳定乘客情绪,疏导乘客向站台中部靠拢。

(5)站务人员就近取用应急照明备品,站于重要位置为乘客提供照明和保护,加强宣传,稳定乘客情绪,密切关注站台边缘地带,确保乘客安全。

(6)票务岗位员工立即停止售检票作业,保管好票款及有效票证,做好与乘客的解释工作。

(7)站务人员打开全部闸机和应急疏散门,立即引导乘客从各个出入口出站,同时阻止乘客进站,确认乘客全部疏散后,关闭出入口并张贴通告。

(8)对于进站列车、停靠站台的列车、即将出站的列车均需暂时停止运行,开启列车全部灯光(含前、后灯),为疏散乘客提供照明,在得到行车值班员允许后方可继续运行。

4)乘客物品掉落轨道的处理办法

城市轨道交通车站未安装站台门,或站台门发生故障时会发生乘客携带物品坠落至轨道的事件,此时要将掉落的物品分为影响行车和不影响行车两种情况。

(1)坠落的物品不影响行车。

①站台岗员工接到报告后,立即赶往现场查看情况,向行车值班员报告该物品不影响行车。若该车站未安装站台门,站台岗员工应在第一时间明确告诉乘客"请勿擅自跳下轨道,工作人员会尽快妥善处理"。

②站务人员应立即安抚乘客,告知乘客将在当日运营结束后下轨道拾回物品,请乘客留下联系方式,第二日到车站领回物品。

(2)坠落的物品影响行车(如高出轨面)。

①站台岗员工接到报告后立即赶往现场查看情况,若该物品影响行车,则立即按压站台侧紧急停车按钮。

②站台岗员工向行车值班员、值班站长报告该物品影响行车,需立刻处理。

③行车值班员上报行车调度员,经批准后,按动车站控制室内紧急停车按钮,做好防护,通知站务人员可以进行拾物处理。

④站务人员立即携带夹物钳、隔离带到现场,隔离该处站台门。夹不起的物品,安排人员从站台两端的楼梯或使用下轨梯进入轨道拾回物品。

⑤站务人员将物品取回后,确认线路出清,恢复站台门的使用,向行车值班员汇报。

⑥行车值班员及时取消紧停,并向行车调度员汇报。

⑦做好相关记录,将物品归还乘客。

8.3　自然灾害车站应急处理办法

8.3.1　水灾应急处理办法

1)车站工作人员

当给水管道破裂、地下车站和隧道进水等危及运营的情况发生时,车站有关人员应按下列程序进行处置。

(1)任何员工一旦发现水灾发生,应立即报告值班站长水灾发生的位置、流量、水源来自哪里,以及哪些设备可能会受到影响。

(2)值班站长向行车调度员报告:本站发生水淹事故、本站受到影响的区域、是否影响乘降及受影响设备的情况。

(3)值班站长携带防洪装备赶往事发位置,命令站务人员和保洁人员前往水灾区域。

(4)值班站长到达现场后评估情况,向行车调度员汇报最新进展,视情况需要请求机电部门人力支援。

(5)站务人员尝试用防洪板(图8-5)沙包或其他填充物阻断水源,或抑制流量,在周边用提示牌和警戒线布置禁行区。

(6)车站值班员通过 PA、PIS 向乘客进行宣传解释。

(7)若水灾可能导致车站设备出现危险或影响运营,视情况需要封闭车站部分区域。

图 8-5 防洪板

2)机电抢险人员

(1)对水灾地点及时采取断水堵水措施,开启全部排水泵排水。

(2)随时向值班站长和行车调度员报告水情。

(3)按照抢险预案要求,进行紧急处置。

3)行车调度员

(1)随时了解水情变化。必要时,通知电力调度接触轨停电。

(2)组织具备运行条件的区段维持运营。

4)列车司机

(1)列车在运行中发现积水漫过道床排水沟时,如接触轨能正常供电,司机以能随时停车的速度运行,并及时将情况报告行车调度员或车站值班员。

(2)因水灾造成路基塌陷、滑坡等危及行车安全时,应立即停车,将情况如实报告行车调度员,按其指示行车。

8.3.2 地震应急处理办法

轨道交通隧道及建筑结构的设计能够承受地震烈度Ⅺ度地震,等级较强的地震会导致轨道交通车站邻近建筑物、车站建筑物的损毁及倒塌,轨道线路移位或严重扭曲,列车出轨,车站、列车的电力中断等事故,从而引起沿线乘客的恐慌以及难以控制的人潮。为应对这些严重后果,车站工作人员应严格执行地震应急处理办法。

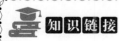 知识链接

我国地震烈度的划分

我国把地震的烈度划分为12度,采用罗马数字表示,最低为Ⅰ度,最高为Ⅻ度。不同烈度的地震,其影响和破坏力大有区别。

Ⅰ度：无感——仅仪器能记录到；

Ⅱ度：微有感——个别敏感的人在完全静止中有感；

Ⅲ度：少有感——室内少数人在静止中有感，悬挂物轻微摆动；

Ⅳ度：多有感——室内大多数人、室外少数人有感，悬挂物摆动，不稳器皿作响；

Ⅴ度：惊醒——室外大多数人有感，家畜不宁，门窗作响，墙壁表面出现裂纹；

Ⅵ度：惊慌——人站立不稳，家畜外逃，器皿翻落，简陋棚舍损坏，陡坎滑坡；

Ⅶ度：房屋损坏——房屋轻微损坏，牌坊、烟囱损坏，地表出现裂缝及喷沙冒水；

Ⅷ度：建筑物破坏——房屋多有损坏，少数破坏路基塌方，地下管道破裂；

Ⅸ度：建筑物普遍破坏——房屋大多数破坏，少数倾倒，牌坊、烟囱等崩塌，铁轨弯曲；

Ⅹ度：建筑物普遍摧毁——房屋倾倒，道路毁坏，山石大量崩塌，水面大浪扑岸；

Ⅺ度：毁灭——房屋大量倒塌，路基堤岸大段崩毁，地表产生很大变化；

Ⅻ度：山川易景——一切建筑物普遍毁坏，地形剧烈变化，动植物遭毁灭。

（1）地震发生后，值班站长立即向行车调度员汇报是否影响行车；是否有人员、设备、线路、车辆受损；是否需要召唤紧急服务（公安、急救、消防）。

（2）一旦确定发生Ⅳ度以上强度的地震，值班站长必须安排车站员工：

①亮起所有隧道灯；

②检查所有系统是否运作正常，特别是供电、通信、信号及环境控制系统运作状况；

③在确保自身安全的前提下，巡视车站建筑、设施，巡视出入口及站外情况，发现有任何异常情况，立即通知值班站长。

（3）值班站长接到车站巡视结果后，立即向行车调度员、故障报警中心报告设备、结构损毁的情况。

（4）如果站台有列车停车，按照行车调度员指示立即对列车进行清客作业。

（5）停止所有作业，察看是否有工作人员或乘客受伤。若发现有任何人员受伤，则立即展开救助工作。

（6）如发现建筑物损毁或阻塞，应立即疏散、封锁危险区域，安排人员驻守，制止他人接近。

（7）如地震强度较大，建筑物、设备设施损毁严重，则应立即执行车站紧急疏散程序。地震发生后，列车司机应立即采取停车措施，打好止轮器，防止溜车，并迅速查明周围情况，组织乘客自救、互救工作。行车调度员应立即通知电力调度全线接触轨停电，发布全线停运命令，采取一切手段了解人员、设备、设施损坏情况，迅速上报值班经理及公司领导。

8.3.3 恶劣天气应急处理办法

出现大风、雨雪等恶劣天气时，一方面会对线路、道岔等设备及地面行车带来不利影响，另一方面会引起车站客流的增加，车站工作人员应按照恶劣天气应急处理办法及时采取疏导、限流等措施，消除各种隐患，确保乘客的乘车安全。

单元8　城市轨道交通车站突发事件应急处理办法

1) 大风、沙尘天气的危害及应急处理办法

当风力超过7级时可对车站运营造成影响,接到OCC发布的有关恶劣天气的信息后,车站人员须检查悬挂物,以免脱落物砸伤乘客及员工;指派专人对站台上的可移动物品进行加固;督促保洁人员清理车站卫生;露天段车站做好停运、客流疏散准备;如有其他异常,立即上报OCC。

当列车遇雾、暴风、沙尘天气,瞭望困难时,列车司机应及时将情况报告行车调度员或车站行车值班员,必要时开启前照灯,适时鸣笛,适当降低速度。当看不清信号、道岔时,要停车确认,严禁臆测行车。列车进入车站时,司机要适时降低列车速度,确保对标停车。运行中严禁盲目抢点、臆测行车。

2) 雪天的危害及应急处理办法

城市轨道交通运营线路范围内出现大范围降雪时,钢轨冰冻会影响车辆的牵引制动,尖轨与基本轨无法紧密贴合,接触轨冰冻而无法与受流器接触造成机车无电,还会造成乘客摔伤等后果。值班站长应通知所有工作人员,通报恶劣天气的相关情况,做好应急处置工作。

(1) 站务人员在出入口、楼梯口铺设防滑垫和提示牌,同时组织人力及时清扫出入口积雪。

(2) 值班站长通知保洁人员注意出入口、楼梯口等区域的卫生状况。

(3) 站务人员在客流量较大的出入口疏导乘客进出站。

(4) 行车值班员通过PA、PIS向进站乘客宣传安全、防滑的事项。

(5) 行车值班员通过闭路电视(Closed Circuit Television,CCTV)密切关注进出站的客流变化,并随时向值班站长汇报。

(6) 值班站长要随时掌握运营现场和天气情况,并随时做好延长运营时间的准备工作。

(7) 地面线路有道岔的车站,应做好道岔的清扫及融雪工作。

列车司机在运行中遇大雪、霜冻等恶劣天气时应及时向行车调度员报告,并采取相应措施。运行中要严格控制列车速度,制动时要适当延长制动距离,制动力要尽量小,防止滑行,视其速度,根据情况追加或缓解,确保对标停车。

3) 雨天应急处理办法

(1) 如遇突降大雨,值班站长要立即组织有关人员到出入口等处查看降水情况。

(2) 站务人员在各出入口铺设防滑垫,设立警示标志。

(3) 地势较低的车站应立即放置防洪板、沙包,防止雨水灌入车站。若遇雨水较大有可能发生倒灌事故时,应及时通知机电部门做好排水准备。

(4) 值班站长通过BAS查看雨水泵开启情况,如有异常立即报修。

(5) 行车值班员通过PA、PIS向进站乘客宣传安全、防滑的事项。

(6) 站务人员加强巡视,确保车站出入口、站厅、站台的客流秩序。关注出入口客流情况,向乘客发放一次性雨衣、伞套,宣传疏导其快速出站,不要在出入口停留。

(7) 值班站长要立即准备雨天设备故障、长时间无车等特殊情况下的应急对策;根据现场情况,适当调配人员。做好限流的准备,并要及时挂出提示牌、张贴通告。

(8) 露天段车站应加强站台巡视,督促保洁员工做好地面清理工作。

8.4 车站应对大型传染病应急处理办法

8.4.1 引发突发事件的主要传染病概述

(1)能引起人类传染病的微生物很多,它们所导致的传染病的表现形式也各种各样。但是,能引发突发性公共卫生的传染病却并不多。尽管如此,人们还是必须时刻警醒,因为一旦发生传染病突发公共卫生事件,就可能会对全社会造成巨大影响。

目前,引发突发公共卫生事件的主要传染病可以分为两大类:一类是过去已经得到控制的古老传染病死灰复燃,如鼠疫、霍乱、结核、流行性脑膜炎、疟疾、病毒性肝炎等;另一类是不断出现的新传染病,如艾滋病、军团病、莱姆病、重症急性呼吸综合征(SARS)、禽流感、新克雅病以及在2019年底出现、2020年席卷全球的新型冠状病毒。

(2)城市轨道交通运营企业中传染病的危险性大。

如出现重大传染病疫情,由于轨道交通具有人员高度密集、环境空间封闭、运量大、运行时间较长、距离较远等特点,疫情很容易借轨道交通快速远距离传播扩散,其中尤以空气飞沫途径传播动力强,控制难度大。

本书通过SARS、甲型H1N1流感等疫情防控案例,对轨道交通防控模式的效率进行评估分析。

经空气飞沫途径的传染病沿轨道交通线传播有两个关键环节:其一是在相对较长一段时间内,乘客在列车内一个相对封闭的环境中,染病的乘客通过与健康乘客的密切接触,将病毒传染给其他乘客。此时,车厢内乘客总数是固定不变的,染病乘客可以认为是一个点传染源,以点扩散的方式向外传播病毒,可以借鉴经典的传染病传播模型(SIR模型)。其二是由于人员流动的影响,沿交通线各个站点人员的交换情况不一样,对站点所在地区传染病传播的影响概率也不一样。这两个环节不同维度传播模型的结合构成了轨道交通传染病远距离传播模型。

基于列车相对密闭的车厢环境,以及一次旅途车内乘客总数不变性,车内经空气飞沫传播传染病模式符合SIR模型基本特征。此外,目前轨道一次旅行时间一般不超过24h,而空气飞沫途径传染病潜伏期一般为2~10天,多为3~4天,因此新被感染者在一次乘车途中不会再向外传播病毒感染他人,即有传染能力的人数在旅途中不随时间而变化,同时在如此短期内病人痊愈康复的可能性也很小,可将SIR模型进行适当的简化。

基于SIR模型特性,车内病人与易感者有效接触致病的感染率β的大小,与其处于有染病者危险区域内的时间t,以及危险区域内的病毒密度ρ成正比,即:

$$\beta \propto t, \beta \propto \rho, 则 \beta \propto t\rho$$

同时还要考虑到车厢空气病毒密度受列车通风消毒措施的影响较大。根据传染病模型,在没有通风消毒措施态下,在乘车初始3h内旅客受感染概率较小,3h后旅客感染概率迅速上升,从4~10h,滞留时间延长2.5倍,乘客受感染概率却可以增长约15倍。这表明,乘客受染状况与病人在车厢内滞留时间呈指数性相关,长时间行程中,轨道交通车厢内危险系数还是相当大的,强烈显示"早发现,早隔离"染病者控制措施的极端重要性。同时,采用不同通风消毒措施效果状态曲线的比较可以发现,采取车内空气通风、过滤、消毒等有效预防控制措施,能对切断减少车内传播起到显著作用。

8.4.2 传染病突发事件与应急对策

公共卫生突发事件包括很多种类,传染病引起的突发事件是其中的一种,传染病突发事件的处理,已经成为城市轨道交通运营工作中一项非常重要的内容。因此,有必要了解它的属性和特点。

传染病突发事件的基本特性是由传染病的特点决定的,而传染病的特点则取决于其特异的病原体,后者的特性决定了传染病的传染源、传播方式和传播途径,传染病的流行与否取决于特异病原体和生态学因素的相互作用。

传染病最基本的特点是自身具有突发性、传播性。与非传染性疾病不同,传染病可以在短时间内突然造成大批人群发病或死亡,从而引发群体性恐慌。严重者,可影响到国家安全和政府形象,甚至政治稳定。尤其是新发传染病,其最大的特点在于疫情初发时,临床医生不知采取何种有效治疗方案,发病率或病死率居高不下;预防控制人员也不能及时确定病因,因而无法采取特异性预防和控制措施;政府机构得不到专业人员的明确意见,也很难及时作出决策;大众得不到有效的宣传和教育,恐慌心理严重,容易造成社会的不稳定。

1) 处置原则

(1) 坚持以人为本,切实履行工作职责,把保障公众健康和生命财产安全作为首要任务,最大限度地防止疫情扩散,保障乘客、员工生命安全。

(2) 坚持预防为主,落实"早发现、早报告、早隔离、早治疗"的工作原则。

(3) 坚持依法依规,贯彻落实国家、省、市及城市轨道交通运营企业疫情防控相关文件,实行统一领导、分级负责,相信科学,确保员工不信谣、不传谣。

(4) 坚持及时响应,要积极掌握疫情防控情况,落实相应响应措施,及时根据客流情况动态调整行车间隔,必要时采取闭站或停运措施。

(5) 坚持素质提高,组织开展有针对性的学习,提高员工对疫情防控相关知识的掌握能力及应对突发事件的处置能力。

2) 应急组织机构及职责

成立疫情防控应急指挥部,总指挥可由分管运营经理担任。指挥部需要组织、调度、协调各部门和各工作组开展防控工作。

应急指挥部的职责如下:

(1) 根据事件的实际情况、发展特点确定是否启动预案。

(2) 启动预案后,由统一领导指挥。

(3) 应急响应期间,负责与地方政府和上级主管部门的应急指挥机构联系,协调应急救援工作。监督、检查物资保障、人员管理、应急协调、设备保障、宣传培训等工作。

(4) 根据预案启动后的处理情况决定结束应急处置。

(5) 组织事故调查,总结经验教训。

防疫工作小组的职责如下:

(1) 督查检查组:由总部安全技术部经理或其指定人员任组长,安全技术部、综合管理部具体负责。负责收集、传递、落实上级部门防疫要求,制定总部防控措施,监督检查各部门具体工作的落实情况,保证运营生产安全。

(2)物资保障组:由总部综合管理部经理或其指定人员担任组长,综合管理部、财务管理部、经营管理部、安全技术部具体负责。负责专项物资的采购、配备、发放和仓储管理工作;负责所需资金的调配使用工作;负责与相关招标合同、法律事务及保险处置的管理工作。

(3)人员管理组:由总部人力资源部经理或其指定人员担任组长,人力资源部、综合管理部具体负责。负责合理处置疫情防控期间的劳动关系问题;制定特殊情况下的人员考勤制度;监控人员离场返场情况;监控人员身体健康状况。

(4)应急协调组:由总部生产调度中心经理或其指定人员担任组长,生产调度中心、票务清分中心、客运中心具体负责。负责突发事件信息接报及传递、行车指挥、生产组织与行车调整工作;负责特殊情况下的票务处理工作。

(5)设备保障组:由总部维修中心经理或其指定人员任组长,维修中心、车辆中心、通号中心具体负责。负责制定各项防控措施的现场工作标准、组织落实属地管理工作;组织做好特殊时期的设备维护保障工作;负责特殊情况下的工程抢修工作;负责特殊情况下的信息保障工作。

(6)宣传培训组:由总部党群工作部经理或其指定人员担任组长,党群工作部、经营管理部、人力资源部具体负责。负责收集防疫知识,进行内外部宣传培训;负责确定统一的对外信息发布口径;负责通过即时自媒体、外部媒体等渠道,组织进行对外信息公布;负责进行舆情监测、引导等工作。

3)应急处置

(1)应急启动。

综合管理部通过医疗卫生单位或其他渠道接到关于重大传染病疫情信息后,应及时向领导进行汇报,结合事件影响,宣布启动相应级别的应急响应,并向各相关部门进行信息发布。

相关人员在接到启动应急响应的信息后,及时向本部门相关人员进行传达。

(2)应急响应。

根据疫情性质、严重程度、可控性和影响范围等因素,及省、市、城市轨道交通运营单位发布的疫情防控应急响应级别,总部对应Ⅱ级响应(表8-2)。

某省会城市轨道交通运营单位的具体标准及措施 表8-2

相应级别	标准	响应措施
Ⅱ级响应	当外省市出现甲类、乙类传染病(疑似病例)及其他群体性疾病,可能存在扩散趋势或因其他情况某市启动传染病疫情防控Ⅱ级应急响应	(1)各部门提前做好人员调整准备,拟定调整计划。 (2)物资保障组结合防疫需求,对库存物资进行整理,并与相关物资厂家建立联系,提前储备一定数量防疫物资,并建立物资快速采购机制。 (3)各部门应做好本部门人员管控,一是应及时向部门员工普及防疫知识,劝说员工不要前往疫情区域。二是统计本部门员工近期出行轨迹、每日对员工健康状况进行登记,发现异常时及时进行报告,必要时应延后或取消疫情区域及周边的出差计划。

续上表

相应级别	标准	响应措施
Ⅱ级响应	当外省市出现甲类、乙类传染病(疑似病例)及其他群体性疾病,可能存在扩散趋势或因其他情况某市启动传染病疫情防控Ⅱ级应急响应	(4)安全技术部组织客运中心结合疫情特点,制定乘客进站检查标准(例如新型冠状病毒疫情暴发时乘客应在佩戴口罩、通过体温测试后方可进站)。 (5)结合疫情情况,提前制定防护标准(例如新型冠状病毒疫情期间,乘客密切接触的工作人员必须佩戴口罩,安检员必须佩戴口罩、手套上岗)。 (6)各部门应结合本部门的业务及办公场所特点,合理设置隔离区域。车站等人员较为密集的场所,原则上应设置多个隔离区,各隔离区应保持一定距离,避免隔离人员出现交叉感染。 (7)各部门做好属地区域的消毒管理工作,制定消毒工作方案,明确消毒频次(时间节点)、消毒人员、责任人等具体要求,并报总部安全技术部备案。客运中心重点组织对车站卫生间、电扶梯、闸机、售票机、安检设备、垃圾桶等客运设备设施的消毒工作,配制消毒液每日喷洒、擦拭消毒,夜间结束运营后消毒一次,日间消毒一次;票务清分中心重点做好票卡的消毒工作;车辆中心应组织每日对上线运营车辆回库后进行消毒工作;维修中心组织做好通风系统有关设备设施清洗、消毒工作。各生产中心要做好消毒的记录工作。 (8)加强通风工作,维修中心组织做好车站通风设施检查、维修工作,车辆中心应加强车辆通风系统维护保养工作,确保各通风系统功能正常。车辆、车站严格执行防疫期间通风运行要求,保证车站、车厢的通风良好,确保新风引入、空气清新。 (9)各车站提前设置120接驳点及走行路线。 (10)通过媒体、张贴海报/布标/提示标识、PIS及车站大屏播放宣传视频等形式,加强防疫宣传。 (11)可根据业务需求对生产运营方式进行调整
Ⅰ级响应	出现甲类、乙类传染病及其他群体性疾病疑似或确诊病例,或城市启动疫情防控	在Ⅱ级响应措施的基础上: 一、各部门做好人员及工作模式调整 (1)各部门启动班制调整机制,以降低员工流动、减少相互接触、降低疫情交叉感染概率为原则,调整行车调度员、司机、车站值班员、各设备专业维保人员等关键生产岗位运转方式。 (2)组建备班队伍。对于行车调度员、司机、维修员等重点岗位员工,压缩既有各班组人员配置或从具备上岗资质的其他岗位抽调人员组成"特殊时期备班班组",定期进行"大循环"倒班值班,当某一班组员工内部发生疫情,需要整班隔离的时候,由备班班组替换,维持在线正常运营或降级运营。 (3)根据业务需求,安排部分人员进行轮休或居家办公,尽量减少在岗人数。 (4)调整办公方式。将既有的交接班及会议形式调整为视频、电话会议等非直接接触交接方式,取消交接班握手、相互整理着装等环节,杜绝人员之间的直接接触和人员聚集。 二、加强运营区域清洁、消毒及通风 (1)候车区域应保持环境整洁卫生,并采取预防性消毒措施;对乘客频繁接触的车站卫生间、电扶梯、闸机、售票机、查询机、安检设备、垃圾桶等客运设备设施的重点消毒,乘客密切接触的部位做到1h擦拭1次,除原有每天全

续上表

相应级别	标准	响应措施
Ⅰ级响应	出现甲类、乙类传染病及其他群体性疾病疑似或确诊病例，或城市启动疫情防控	面彻底消毒的基础上，组织加大消毒频次(不少于每天4次)，必要时适当升级。通风系统采取全新风工况，通风管管路与滤网1周2次清洗消毒。对站务人员日常接触的窗口对讲机、触摸屏、鼠标、键盘、点钞机等工具，应保证不少于每次换班时进行消毒。消毒应采用含有效氯250~500mg/L的含氯消毒剂或其他可用于表面消毒的消毒剂进行喷洒或擦拭。 (2)运营车辆应保持环境整洁卫生，并采取预防性消毒措施；对运营车辆在两端折返期间开展车辆消毒工作；每日对上线运营车辆回库后进行消毒工作，主要针对驾驶室、车厢门把手、车内座椅、扶手、车窗、玻璃、侧墙及端墙等人员容易触碰的部位进行清洁消毒，对客室车厢采取喷雾方式进行空气消毒，作用半小时后再开启门窗通风换气至无刺激性气味。消毒采用含有效氯250~500mg/L的含氯消毒剂或其他可用于表面消毒的消毒剂进行喷洒或擦拭；座椅套等纺织物应保持清洁，并定期洗涤、消毒处理。 (3)设备、设施、器材可选用84消毒液或其他可用于表面消毒的消毒剂，进行喷洒或擦拭消毒。 (4)当轨道交通上出现人员呕吐时，应立即采用消毒剂(如含氯消毒剂)或消毒干巾对呕吐物进行覆盖消毒，清除呕吐物后，再使用新洁尔灭等消毒剂进行物体表面消毒处理。 (5)当有疑似或确诊病例出现时，有肉眼可见污染物时，应先完全清除污染物再消毒；无肉眼可见污染物时，可用1000mg/L的含氯消毒液或500mg/L二氧化氯消毒剂擦拭或喷洒消毒。地面消毒先由外向内喷洒一次，喷药量为100~300mL/m^2，待室内消毒完毕后，再由内向外重复喷洒一次。消毒作用时间应不少于30min。 (6)地面、高架运营车站在运营期间，应增加室内通风换气的频次。 (7)地下车站在运营期间，适当增加空调换风功率提高换气次数，滤网及通风、集中空调系统管路一周不低于两次清洗消毒。 (8)车辆确保通风系统正常，车厢按最大通风量进行通风换气，到站后使用消毒剂进行消毒，空调滤网每列车每天1次清洗消毒。 (9)所有消毒措施要形成完整可靠记录。除车站站厅等公共区域的记录由保洁人员管理外，其他区域消毒记录张贴、摆放在消毒现场，每日由属地管控部门归档。 三、车站其他防控措施 (1)制定客流组织方案，通过"增疏导人员、控进站速度、控站内人员密度、控车辆满载率"等措施，避免发生过度拥挤现象。 (2)车站应在各安检点位设置检测点，对乘客佩戴防护用品情况进行监督，组织进行乘客进站前体检。 (3)车站应建立乘客信息登记机制，出现疑似疫情时应及时组织对可能产生密切接触的乘客进行信息登记(含姓名、住址、联系电话)，为后续处置提供必要信息。 四、部门人员及环境管理 (1)各部门落实岗位防护用品佩戴标准及相关要求，加强监督。

单元8 城市轨道交通车站突发事件应急处理办法

续上表

相应级别	标准	响应措施
I级响应	出现甲类、乙类传染病及其他群体性疾病疑似或确诊病例，或城市启动疫情防控	（2）各部门对本部门人员状况进行监测跟踪，每日上岗前应进行身体检测，密切关注员工近期出行轨迹和接触人员情况；如员工在上岗前出现疑似症状，应及时上报部门并及时就医，严禁带病上岗。 （3）各车站出入口及宿舍楼、其他办公场所各楼层应设置专用垃圾箱，对废弃口罩等有毒有害垃圾进行集中收集处理。 （4）各办公场所及正线区域入口设置体温检测点，工作人员（包括正线工作人员）必须进行体温体测，体温正常方可进入；工作人员（包括正线工作人员）进入办公场所必须佩戴口罩；工作人员（包括正线工作人员）要注意个人卫生，勤洗手、多饮水，培养健康的生活习惯。 （5）要保持办公区域空气流通，经常开窗通风，每日通风，保持办公环境清洁。 （6）手卫生。应加强手卫生措施，工作人员（包括正线工作人员）随时进行消毒。可用有效的含醇速干消毒剂。特殊条件下，也可使用含氯或过氧化氢手消毒剂；有肉眼可见污染物时，应使用洗手液在流动水下洗手，然后消毒。 五、特殊情况下降级运营 针对因疫情原因造成人员大量缺岗、运营场所不能使用等无法满足运营需求的情况，相关部门应采取备班人员替岗等方式维持运营，如仍无法满足运营需求，可向总指挥提出降级运营申请，获批后组织落实，并及时通过新闻媒体、微信公众号、微博等方式发布公告。 六、其他 总部范围内出现传染病疫情或疑似疫情事件后：及时对疑似病例采取隔离措施，并结合实际情况，对密切接触者采取隔离措施或进行信息登记。应及时报告医疗单位，配合进行后续处置；及时向应急指挥部进行初报，开展疫情相关信息排查汇总，在事件处置需要使用资金时，可启动应急资金或个人进行先期垫付，并留存收据

4）处置措施

（1）传染病疫情暴发期间，在车站出入口设岗，如果发现健康状况异常人员，应：

①在做好个人防护的前提下，立即安排异常人员在出入口隔离区进行隔离，安排与其产生密切接触的员工消毒后在安检休息室隔离（应与安排异常人员与其他人员分开隔离，避免交叉感染），对周边可能出现密切接触的乘客进行信息登记。

②车站工作人员拨打120，通知本部门相关负责人及控制中心。部门相关负责人通知疾控中心及应急指挥部，同时协调其他人员准备接替被隔离员工，等候期间属地应做好该区域人员控制。

③暂时关闭该出入口，封锁出入口区域及该区域部分站厅。

④车站安排专人接应医疗单位。医疗单位到达后车站配合其进行人员带离。车站组织对有接触的员工、安检人员及公安人员进行全身消毒，并根据医疗单位要求安排相关人员居家隔离或继续在车站隔离。

⑤根据医疗单位要求,由医疗单位或其授权车站部门对相关区域进行消毒。

⑥消毒完成后,替岗人员进驻,车站出入口开启。

⑦客运中心对就医人员的情况进行追踪,如排除疑似疫情,则暂时被隔离人员可恢复上岗;如确诊疫情,应按照医疗单位的要求对暂时隔离人员进行检测或继续进行隔离,检测合格或通过隔离期无异常后,暂时隔离人员方可上岗。自行居家隔离观察的人员,隔离期内不得离开居所,并确保每天对房间进行消毒。

(2)传染病疫情暴发期间,如果在车站内出现疑似人员,应:

①车站内乘客出现疫情典型症状,或发现车站工作人员 24h 内出现 3 人及以上集中典型情况,属地人员在做好个人防护的前提下,立即安排异常人员在站内隔离区进行隔离,安排与其产生密切接触的员工进行隔离、消毒(应与安排异常人员与其他人员分开隔离,避免交叉感染),对周边可能出现密切接触的乘客进行信息登记。

②车站工作人员拨打 120,通知本部门相关负责人及控制中心。部门相关负责人通知疾控中心及应急指挥部,同时协调其他人员准备接替被隔离员工,等候期间属地应做好该区域人员控制。

③车站进行关站(控制中心安排列车在站跳停、车站只出不进,车站安排站内乘客疏散)。

④车站安排专人接应医疗单位。医疗单位到达后车站配合其进行人员带离,车站组织对有接触的员工、安检人员及公安人员进行全身消毒,并根据医疗单位要求安排相关人员居家隔离或继续在车站隔离。

⑤根据医疗单位要求,由医疗单位或其授权车站对相关区域进行消毒。

⑥消毒完成后,替岗人员进驻,车站恢复运营。

⑦客运中心对就医人员的情况进行追踪,如排除疑似疫情,则暂时被隔离人员可恢复上岗;如确诊疫情,应按照医疗单位的要求对暂时隔离人员进行检测或继续进行隔离,检测合格或通过隔离期无异常后,暂时隔离人员方可上岗。自行居家隔离观察的人员,隔离期内不得离开居所,并确保每天对房间进行消毒。

(3)传染病疫情暴发期间,列车司机出现疑似症状时,应:

①列车司机上报控制中心,控制中心通知客运中心做好清客准备。

②行车值班员拨打 120,通知其到达相应段/场,并通知部门负责人,部门相关负责人通知疾控中心及应急指挥部,同时协调其他人员准备接替被隔离员工。

③客运中心统计密切接触人员信息,如密切接触人员中含在线司机,应及时通知控制中心,安排备班司机在线进行接替,在岗位接替过程中应尽可能避免接触,接替后应对司机室进行消毒;如密切接触人员中含其他人员,安排相应人员进行隔离、封锁相关区域,及时通知医疗单位并做好消毒工作。

④控制中心组织当事列车在前方车站清客。通知前方车站,清客时车站人员应做好防护,清客过程中司机不得离开驾驶室。

⑤清客完毕后,司机根据行调安排,排空至段/场下线,进入隔离区域。车辆中心安排专人接应医疗单位,医疗单位到达后配合其进行人员带离,并根据医疗单位要求安排密切接触员工居家隔离或继续在属地隔离。

⑥根据医疗单位要求，由医疗单位或其授权车辆中心对列车及其他相关区域进行消毒，消毒完成后方可安排该列车上线、解除相关区域封锁。

⑦客运中心对就医人员的情况进行追踪，如排除疑似疫情，则暂时被隔离人员可恢复上岗；如确诊疫情，应按照医疗单位的要求对暂时隔离人员进行检测或继续进行隔离，检测合格或通过隔离期无异常后，暂时隔离人员方可上岗。自行居家隔离观察的人员，隔离期内不得离开居所，并确保每天对房间进行消毒。

（4）传染病疫情暴发期间，车内乘客出现疑似症状，应：

①如司机发现车内乘客出现疑似症状，通知控制中心及行车值班员，行车值班员上报客运中心相关负责人，相关负责人向疾控中心和应急指挥部进行报告；控制中心拨打120进行初报，令其与前方车站联系，同时通知前方车站事件情况，令其做好清客准备。

②如车站发现车内乘客出现疑似症状，上报控制中心及本部门相关负责人，拨打120。客运中心相关负责人向疾控中心和应急指挥部进行报告。

③列车在车站进行清客，车站安排异常人员在站内隔离区进行隔离，并对异常人员所在车厢内的乘客进行登记。清客完成后列车排空运行至终点站，沿途各站跳停。

④车站安排专人接应医疗单位，医疗单位到达后车站配合其进行人员带离。

⑤列车到达终点站，终点站对相应车厢进行消毒，完成后恢复运营。此外，还应根据医疗单位要求，对其他相关区域进行消毒。

（5）传染病疫情暴发期间，厂区等其他岗位发现在岗人员异常，应：

①异常人员单独隔离，其他密切接触人员在岗隔离或单独隔离，属地及时拨打120，通知本部门负责人，如可能对运营造成影响，应通知控制中心。

②部门负责人接报后及时上报疾控中心、应急指挥部及属地管理部门，同时根据业务需求进行人员协调调配。

③异常人员所属部门与属地部门配合，安排专人接应医疗单位。医疗单位到达后配合其进行人员带离，并根据医疗单位要求安排密切接触员工居家隔离或继续在办公场所内隔离。

④根据医疗单位要求，由医疗单位或其授权车站对相关区域进行消毒，消毒完成后根据实际情况安排替岗人员进驻。因消毒、岗位交接造成该场所无人值守、无法运转时，视情况采取适当的降级方式保证运营秩序。

⑤异常人员所属部门对就医人员的情况进行追踪，如排除疑似疫情，则暂时被隔离人员可恢复上岗；如确诊疫情，应按照医疗单位的要求对暂时隔离人员进行检测或继续进行隔离，检测合格或通过隔离期无异常后，暂时隔离人员方可上岗。自行居家隔离观察的人员，隔离期内不得离开居所，并确保每天对房间进行消毒。

（6）事件造成人员短缺、运营场所不能使用等情况，无法维持正常运营，应：

①事发部门应制定应急方案，出现此类状况时应采取应急措施尽可能维持现有运营秩序，例如人员不足时协调备班人员替岗、设备控制权转移、启动备用办公场所等。

②如无法采用备用方案或备用方案实施后仍无法满足运营需求，可根据受影响情况采取关口、关站、列车清客下线、调整运营交路、部分线路停止运营等降级方案进行组织。采取以上措施前，主责部门原则上应组织其他相关部门进行会商，拟定降级运营方案，由主责部

门上报总指挥,应急指挥部上报上级部门进行逐级审批,获得批准后组织相关部门实施。

③紧急情况下,相关部门可先采取上述降级措施进行处置,并在5min内向控制中心进行报备,10min内向总指挥进行报备。应急指挥部在接报后及时向上级主管部门进行报备。

5）扩大响应

在当前应急处置措施难以应对、可能造成重大人员伤亡或财产损失时,运营生产应急指挥部应及时向上级单位请求支援,同时充分寻求政府或相关救援机构的支援。

6）应急结束

（1）在总部范围内,已隔离人员得到有效治疗,疑似或确诊人员所经过场所经过杀毒灭菌,且未发生新增疑似病例及确诊病例,上级部门宣布疫情防控应急响应结束时,由应急指挥部总指挥宣布本次突发重大传染病疫情应急响应结束。

（2）应急响应结束后,按照把损失和影响降到最低程度的原则,及时做好运营生产恢复工作。

（3）物资保障组负责将本次应急处置消耗物资进行统计登记,及时补充消耗物资,确保物资储备充足。

（4）安全技术部负责收集、整理应急处置工作记录等资料,组织相关部门对应急处置过程进行总结、评估,提出改进意见和建议,作为完善总部防控重大传染病疫情工作程序和修订应急预案的依据。

单元实训 1

1. 任务描述

（1）车站（非运营期间）失火。

处理要点:应急处理程序,与车站（运营期间）失火处理程序的异同,应急处理的重点。

（2）紧邻车站出入口的一处建筑物发生火灾,站务人员应采取哪些行动?

处理要点:站务人员确认查看情况,报告值班站长,关闭受灾的出入口,进行车站广播,关闭车站内的空调、排风系统,邻站往本站送风加压。

2. 任务目标

（1）培养学生处理城市轨道交通火灾的能力。

（2）培养学生理论应用于实践的能力。

3. 任务要求

（1）学员4人一组,分演车站不同岗位工种,按照演练步骤,根据本单元所学内容,制订本组演练方案,桌面演练应急处理情况。

（2）学生可反复演练,逐步完善演练效果。

（3）各组设置观察员1名,用摄像机、手机等视录设备将演练过程拍摄下来,使用观察清单记录和分析该小组演练问题及演练程序中关键点的时间把控程度。演练视频也是教师评价依据之一。

（4）演练后应对演练效果进行评价,并汇报说明演练中存在的问题,提出改进措施。

4. 任务实施与评估标准

（1）任务实施:能对乘客在地铁内一系列违规行为进行规范,遵循处理的规章规范,按照

单元8　城市轨道交通车站突发事件应急处理办法

应急预案基本程序编制小组演练方案;依据演练方案完整有序地完成来面演练;演练完毕做好自我评估总结和汇报。

(2)评估标准:演练方案思路清晰程序正确完整;桌面演练准备得当,组织有力,分工明确,小组成员扮演各岗位的应急工作程序执行准确,节奏紧凑,动作和用语规范,关键点控制得当;本组演练总结客观全面,意见中肯,能发现本组演练中的问题和不足并提出改进意见,汇报话语流畅,表达准确、得体、清楚。

5. 检测评价

完成本次课程,根据同学在角色扮演中的表现,结合训练的要求,给予客观评分。

项目	类别		
	组员自评	小组自评	小组互评
团队和谐(10 分)			
团队分工(15 分)			
角色设置(10 分)			
工具使用(5 分)			
规范使用工具(5 分)			
处理程序(15 分)			
处理技巧(15 分)			
汇报效果(25 分)			
总分(100 分)			

单元实训2

1. 任务描述

车站内发现有不明包裹,怀疑是爆炸物。

2. 任务目标

(1)培养学生处理城市轨道交通内出现危险物品的能力。

(2)培养学生将理论应用于实践的能力。

3. 任务要求

(1)学员4人一组,分演车站不同岗位工种,按照演练步骤,根据本单元所学内容,制订本组演练方案,桌面演练应急处理情况。

(2)学生可反复演练,逐步完善演练效果。

(3)各组设置观察员1名,用摄像机、手机等视录设备将演练过程拍摄下来,使用观察清单记录和分析该小组演练问题及演练程序中关键点的时间把控程度。演练视频也是教师评价依据之一。

(4)演练后应对演练效果进行评价,并汇报说明演练中存在的问题,提出改进措施。

4. 任务实施与评估标准

(1)任务实施:能对乘客在地铁内一系列违规行为进行规范,遵循处理的规章规范,按照应急预案基本程序编制小组演练方案;依据演练方案完整有序地完成来面演练;演练完毕做好自我评估总结和汇报。

(2)评估标准:演练方案思路清晰程序正确完整;桌面演练准备得当,组织有力,分工明确,小组成员扮演各岗位的应急工作程序执行准确,节奏紧凑,动作和用语规范,关键点控制得当;本组演练总结客观全面,意见中肯,能发现本组演练中的问题和不足并提出改进意见,汇报话语流畅,表达准确、得体、清楚。

5. 检测评价

完成本次课程,根据同学在角色扮演中的表现,结合训练的要求,给予客观评分。

项目	类别		
	组员自评	小组自评	小组互评
团队和谐(10分)			
团队分工(15分)			
角色设置(10分)			
工具使用(5分)			
规范使用工具(5分)			
处理程序(15分)			
处理技巧(15分)			
汇报效果(25分)			
总分(100分)			

单元实训 3

1. 任务描述

城市出现大规模的病毒感染事件,病毒通过飞沫传染。

2. 任务目标

(1)培养学生处理城市轨道交通内传染病的能力。

(2)培养学生理论应用于实践的能力。

3. 任务要求

(1)学员4人一组,分演车站不同岗位工种,按照演练步骤,根据本单元所学内容,制订本组演练方案,桌面演练应急处理情况。

(2)学生可反复演练,逐步完善演练效果。

(3)各组设置观察员1名,用摄像机、手机等视录设备将演练过程拍摄下来,使用观察清单记录和分析该小组演练问题及演练程序中关键点的时间把控程度。演练视频也是教师评价依据之一。

(4)演练后应对演练效果进行评价,并汇报说明演练中存在的问题,提出改进措施。

4. 任务实施与评估标准

(1)任务实施:能对乘客在地铁内一系列违规行为进行规范,遵循处理的规章规范,按照

单元8 城市轨道交通车站突发事件应急处理办法

应急预案基本程序编制小组演练方案;依据演练方案完整有序地完成来面演练;演练完毕做好自我评估总结和汇报。

(2)评估标准:演练方案思路清晰、程序正确完整,桌面演练准备得当,组织有力,分工明确,小组成员扮演各岗位的应急工作程序执行准确,节奏紧凑,动作和用语规范,关键点控制得当;本组演练总结客观全面,意见中肯,能发现本组演练中的问题和不足并提出改进意见,汇报话语流畅,表达准确、得体、清楚。

5. 检测评价

完成本次课程,根据同学在角色扮演中的表现,结合训练的要求,给予客观评分。

项目	类别		
	组员自评	小组自评	小组互评
团队和谐(10分)			
团队分工(15分)			
角色设置(10分)			
工具使用(5分)			
规范使用工具(5分)			
处理程序(15分)			
处理技巧(15分)			
汇报效果(25分)			
总分(100分)			

 单元检测

一、单选题

1. 下列属于城市轨道交通恐怖活动的是( )。
   A. 火灾　　　　　B. 毒气投放　　　　C. 水灾　　　　　D. 列车脱轨

2. 当发生突发事件时,事件现场视情况成立现场指挥部,( )到达现场后成立应急指挥部并担任总指挥。
   A. 地铁运营最高级别负责人　　　　B. 车站站长
   C. 车站值班站长　　　　　　　　　D. 交通运输主管部门领导

3. 以下火灾属于A类火灾的是( )。
   A. 煤炭、棉麻、塑料等引起的火灾　　B. 煤油、柴油沥青等引起的火灾
   C. 金属火灾　　　　　　　　　　　　D. 带电火灾,物体带电燃烧

4. 在各种灾害中,( )是最常见威胁公众安全和社会发展的主要灾害之一。
   A. 火灾　　　　　B. 地震　　　　　　C. 水灾　　　　　D. 海啸

5. 火灾类型中C类火灾指的是什么火灾?( )
   A. 固体物质火灾　B. 气体火灾　　　　C. 金属火灾　　　D. 带电火灾

6. 造成10人以上30人以下死亡,或者50人以上100人以下重伤的火灾等级是

（　　）。
　　A. 特别重大火灾　　B. 重大火灾　　C. 较大火灾　　D. 一般火灾
7. 某地铁列车发生火灾,导致30人重伤,属于(　　)等级事故。
　　A. 一般火灾　　B. 较大火灾　　C. 重大火灾　　D. 特别重大火灾
8. 当发生突发事件时,事件现场视情况成立现场指挥部,(　　)到达现场后成立应急指挥部并担任总指挥。
　　A. 地铁运营最高级别负责人　　　　B. 车站站长
　　C. 车站值班站长　　　　　　　　　D. 交通运输主管部门领导
9. 下列不属于人身伤害事件的是(　　)。
　　A. 乘客纠纷　　B. 触电　　C. 高空坠落　　D. 物体打击
10. 当列车内发生群体伤害事件时,原则上(　　)。
　　A. 由司机处理　　　　　　　　　　B. 待列车进站后由车站协助处理
　　C. 由车站处理　　　　　　　　　　D. 由行车调度员处理

二、多选题

1. 车站发生恐怖袭击时的处理要点包括(　　)。
　　A. 报公安　　　　　　　　　　　　B. 疏散乘客
　　C. 按公安要求处理　　　　　　　　D. 与歹徒搏斗
2. 车站突发事件应急处理的指导思想是(　　)。
　　A. 先控制　　B. 后处置　　C. 救人第一　　D. 先报告
3. 外部环境突发事件类型有(　　)。
　　A. 火灾　　B. 爆炸　　C. 毒气　　D. 水淹
4. 车站发现可疑物品的判别方法有(　　)。
　　A. 看危险品标识　　　　　　　　　B. 听有无异常响声
　　C. 有无异味　　　　　　　　　　　D. 通过仪器鉴别
5. 地铁火灾一般可分为(　　)。
　　A. 气体保护房间火灾　　　　　　　B. 非气体保护房间火灾
　　C. 站厅火灾　　　　　　　　　　　D. 站台火灾
　　E. 列车火灾及隧道火灾
6. 车站突发事件应急处理的指导思想是(　　)。
　　A. 先控制　　B. 后处置　　C. 救人第一　　D. 先报告
7. 特殊气象及自然灾害的应急处理原则是(　　)。
　　A. 高度集中　　B. 统一指挥　　C. 逐级负责　　D. 集中处理
8. 以下属于客伤处置原则的是(　　)。
　　A. 属地管辖,各负其责　　　　　　B. 避免二次伤害
　　C. 乘客自己处理　　　　　　　　　D. 尽快恢复运营
9. 台风预警信号分为(　　)。
　　A. 白色　　B. 蓝色　　C. 黄色
　　D. 橙色　　E. 红色

单元8　城市轨道交通车站突发事件应急处理办法

10. 车站突发事件应急处理的指导思想是(　　)。
    A. 先控制　　　　　B. 后处置　　　　　C. 救人第一　　　　D. 先报告
11. 特殊气象及自然灾害的应急处理原则是(　　)。
    A. 高度集中　　　　B. 统一指挥　　　　C. 逐级负责　　　　D. 集中处理
12. 以下属于客伤处置原则的是(　　)。
    A. 属地管辖,各负其责　　　　　　　　B. 避免二次伤害
    C. 乘客自己处理　　　　　　　　　　　D. 尽快恢复运营

三、判断题
  1. 外部环境突发事件类型包括火灾、爆炸、毒气、可燃气体泄漏、供电故障、水淹、恐怖袭击、有可疑物品等。 (　　)
  2. 行车值班员接到车站发生恐怖袭击信息后,应马上通知值班站长到现场。 (　　)
  3. 员工接到反动宣传或恐怖信息宣传的电话,应主动交谈,套取相关信息后再向上报管理部门。 (　　)
  4. 当发生突发事件或事故时,值班站长负责牵头处置及时启动预案,减少和避免人员伤亡及财产损失。 (　　)

单元 9　城市轨道交通客运服务

教学目标

▶ **知识目标**
1. 了解客运服务礼仪的一般要求；
2. 能够运用服务礼仪知识来提高自身服务质量。

▶ **能力目标**
1. 掌握站厅、客服中心、站台等服务部门细微的服务内容；
2. 能够及时处理乘客进出站遇到的问题；
3. 能够解决乘客投诉并处理乘客常见票务问题；
4. 能够保证乘客在站台的安全，减少纠纷的发生；
5. 学习并掌握乘客投诉处理的原则和一般处理方法。

▶ **素质目标**
1. 具备沉着冷静的处事心态；
2. 具备为乘客提供及时、周到、热情、细致服务的服务意识。

▶ **建议学时**
10 学时

案例导入

"亲爱的毕业生，你好！奔赴山海，前路漫漫亦灿灿，武汉地铁祝福你们，想要实现的理想，都能如愿抵达！""此一程，山高路远，下一站，星河灿烂。"

2023 年 6 月 22 日以来，不少细心的小伙伴发现，武汉地铁一些站点内的地铁广播，播放送给毕业生的祝福语。武汉地铁运营公司工作人员称，毕业季如约而至，武汉地铁在部分商圈、高校、交通枢纽站广播为毕业生送上专属祝福。武汉地铁毕业广播播报时间是：6 月 22—30 日 7∶00—21∶00，每逢整点都会播放。

大量网友拍下武汉地铁这一暖心之举，在社交软件上，不少网友评论："武汉是个很浪漫的城市"。

9.1 城市轨道交通客运服务类型

客运服务是城市轨道交通客运组织工作的一项重要内容,是完成城市轨道交通运营服务的重要组成部分,也是反映城市轨道交通服务质量的一个重要因素。服务人员的工作处在企业实现社会效益和经济效益的焦点,同时也处在服务工作矛盾的焦点。

如果说城市轨道交通是社会生产和人民生活中较为重要的环节,那么客运服务人员的工作就是这一环节的一个重要部位。为了体现城市轨道交通一流的服务质量,客运服务人员必须讲究服务艺术,提高服务质量。

客运服务工作必须以确保乘客安全及列车正点为目的,为及时、快速地疏导乘客而提供优美舒适的乘车环境和便利周到的各种服务。为了提高服务质量,客运人员必须认真学习"客运服务"的相关知识,掌握服务技能,严格按照各工种岗位作业标准进行操作,本着"全心全意为乘客服务"的原则,让乘客享受到城市轨道交通一流的服务。

9.1.1 按服务内容分类

按服务内容分类,客运服务可以分为乘客进站服务、乘客购票服务、乘客进闸服务、乘客候车服务乘客出闸服务、乘客出站服务。

1)乘客进站服务

当乘客进入站厅时,城市轨道交通车站服务人员应根据乘客对城市轨道交通设备的熟悉程度提供有效服务,如果看到眼神迷茫、不知所措的乘客,应主动上前进行引导或者接受问询;如果是熟悉城市轨道交通设备的乘客,则要关注他们有没有违反城市轨道交通进站相关规则,如有应及时恰当地劝阻,这些都是站务员厅巡岗必须做到的岗位职责。

2)乘客购票服务

当乘客进入站厅时,城市轨道交通车站服务人员应根据乘客的情况提供不同的服务。如果是自助购票,要关注自助售票机的工作情况,及时作出应对;如果有乘客到客服中心进行储值票充值,应按照售票岗位标准准确售票或充值和接受乘客问询。

3)乘客进闸服务

在乘客进闸时,城市轨道交通车站服务人员应立岗服务;纠正进闸的不恰当行为;为携带大件行李乘客开边门;对进不了闸的乘客指引其到乘客服务中心;制止饮食乘客;监督特种票使用。

4)乘客候车服务

乘客在城市轨道交通车站站台候车时,站务员立岗对候车行为进行监督和提醒;制止吸烟和小孩子追逐打闹等行为;关注老人、精神有异常的人等特殊乘客;处理乘客物品掉落轨道,维持站台候车秩序,做好列车晚点等解释工作。

5)乘客出闸服务

乘客在城市轨道交通车站出闸时,站务员立岗组织乘客有序出站;制止超高小孩子逃票、成人逃票、成人违规使用车票等行为;协助携带大件物品的乘客开边门放行;处理手持车票出不了闸的乘客事务。

6) 乘客出站服务

当乘客完成进站、购票、进闸、候车、出闸的环节后,整个地铁出行过程就剩最后一个环节——出站。站务员要在此环节对不明出站方向的乘客进行引导,主动引导逗留旅客出站,及时解答在出站环节的乘客问询。

9.1.2 按服务形式分类

按服务形式分类可以分为乘客服务用语、乘客服务仪容仪表、乘客服务流程等。

在学习中熟练掌握标准答案语是正确服务的第一步,灵活运用城市轨道交通规章指导乘客乘车是完成服务的第二步也是关键的一步,而良好、规范的仪容仪表则可以为客运服务锦上添花。因此,不论客运服务类型如何划分,都是相辅相成的,都是为了更好地服务于乘客。

9.2 城市轨道交通客运服务内容及礼仪

9.2.1 服务场景

1) 乘客进站环节车站服务内容

(1) 乘客进站引导。

(2) 乘客进站环节可能会问询到的问题。

①车站如何报警?可回答:请找地铁公安或拨打 110。

②使用过期的车票是否算无效车票?可回答:是的。

③如果地铁故障,能不能退票?可回答:可以。

④乘客可免费携带多少行李?可回答:可带长 1.6m 以下、体积 0.06m 以下、质量在 20kg 以下的物体。

⑤一名成年人可带多少个小孩免费乘车?可回答:一名成年人可以免费带一名身高不足 1.2m 的儿童乘车。携带超过一名儿童的,应按超过的人数购票。

⑥为什么不可以携带气球乘车?可回答:气球飘进站台轨行区,可能会对地铁接触网造成影响。

⑦如果乘了相反方向的地铁该怎么办?可回答:在下一站下车,然后搭乘正确方向的列车。

⑧我能在哪里吸烟(车站内)?可回答:车站内不能吸烟。

⑨为什么不能在地铁站内作商业拍摄?可回答:如要拍广告、设备资料请先联系公司宣传部。

2) 乘客购票环节车站服务内容

(1) 当乘客询问如何购票时,如乘客不会使用 TVM,员工应主动带乘客到 TVM 前,详细示范给乘客看,帮其购买车票,并指引其入闸。

(2) 乘客兑换硬币售票员严格执行"一收、二唱、三操作、四找"的程序。

(3) 办理充值业务。

(4) 当收到残币或假币时进行处置。

(5)当乘客需要双程票等无法提供服务时进行处置。
(6)厅巡发现票亭前排长队,有乘客手持5元、10元、20元零钞时进行处置。
(7)厅巡发现一端票亭前排长队,另一端票亭乘客较少时进行处置。
(8)TVM需要更换票筒钱箱或故障维修。
(9)办理老免票激活。
(10)办理乘客超程、超时业务(表9-1)。

办理超程、超时业务程序　　　　　　　　　　　　　表9-1

乘客超程需要补票			
序号	服务情景	服务用语	服务举止、要求
1	乘客到票亭前	您好	面向乘客微笑
2	乘客表示不能出闸	请稍后	分析车票
3	分析后	您的车票值是××元,从××站到××站需要××元,请补××元	面向乘客微笑
4	乘客交钱	收您××元	微笑接过钱币或接受其他付款方式
5	处理后	找您××元,请清点好车票和现金	票、钱轻放
6	乘客到票亭前	您好	面向乘客微笑
7	乘客表示不能出闸	请稍后	分析车票
8	分析后	请问:您大约在什么时间进站乘车?	面向乘客微笑
9	乘客回答后	对不起,您进闸时间超过120min,按规定需要补交8元	微笑向乘客解释
10	乘客交钱	收您××元	微笑接过钱币或接受其他付款方式
11	处理后	找您××元,请清点好车票和现金	票、钱轻放

知识链接

如何对待旧钞、残钞?

城市轨道交通售票部门并非不能接受旧钞、残钞,但要把握好兑换标准。
(1)不接受缺损1/4以上的纸币。
(2)拒不接受破旧、辨认不清面值的纸币。
(3)其余流通的人民币都应该按规定收取(再小的零钱也要接受,不论数量多少)。
(4)遇到假钞时,不直接告诉乘客是假钞,只要求乘客更换;如果提醒无效,乘客干扰到正常服务可以报告值班站长或请求公安协助;如遇到数量较多的假币,应立即报告值班站长或请求公安出面处理。

因此,售票处工作人员要根据现场钞票的实际破损情况灵活处理,对可以收的旧钞、残钞应当收取,对待超过破损的钞票要耐心同乘客解释以取得乘客的理解。

(11) 办理乘客无票(遗失车票)业务程序,见表9-2。

办理乘客无票(遗失车票)业务程序　　　表9-2

序号	服务情景	服务用语	服务举止、要求
1	乘客到票亭前	您好	面向乘客微笑
2	乘客表示无票或车票遗失	××(称呼):按规定,您需要补全程票价××元	面向乘客微笑
3	需要易人处理时	请稍后,我请其他工作人员向您做具体解释	请车控室安排其他员工在2min内到现场

(12)乘客购票过程中可能遭遇到的疑问。

①收费标准。收费标准各地会有差异,本书中以武汉地铁目前的收费标准为例。武汉市轨道交通线网票价现行标准为:4km 以内(含 4km)2 元;4～12km 以内(含 12km)1 元/4km;12～24km 以内(含 24km)1 元/6km;24～40km 以内(含 40km)1 元/8km;40～50km 以内(含 50km)1 元/10km;50km 以上,1 元/20km。

②优惠政策。学生卡享受 7 折优惠,一卡通享受 9 折优惠。

③免费乘坐地铁人员。该标准各地会有差异,本书中以武汉地铁目前的免票标准为例:持有效证件的现役军人、消防救援人员、革命伤残军人、伤残人民警察和军队离退休干部、退休士官、伤残民兵民工;持《武汉市下肢残疾人、盲人免费乘坐车船卡》的下肢残疾人和盲人;持《武汉市残疾人免费乘坐车船卡》的武汉市贫困残疾人、重度听力/言语残疾人;持《武汉市见义勇为人员优惠卡》的武汉市见义勇为人员及其直系亲属;持《老年人优待证》的 65 周岁及以上老年人;一名成年乘客可以携带一名身高不超过 1.2m 的儿童。

3)乘客进闸服务内容

乘客进闸一张票只能一人使用;如果学生使用学生储值票未带学生证,必须补交全程最高票价出站;乘客的一卡通在进站时无法使用,可以先在票务处查询,如卡片受到损坏,车站工作人员会开具一张"办理凭证",乘客持该凭证连同一卡通到一卡通客户服务中心办理换卡。

4)乘客候车服务内容

如果物品掉下轨道,需马上与工作人员联系,耐心等候,不要跳下站台,车站服务人员做好安全措施后会尽快处理;如果发生有人掉到轨道上,车站的控制室、站台均设有紧急停车按钮。工作人员发现有危险或者有人掉下轨道,可按压在站台(红色)的紧急停车按钮,但如在非紧急情况下按压将罚款 2000 元。为防止车门夹人,车门灯闪烁时不要强行上车。

5)乘客出闸服务内容

如果乘客称车票丢失,需重新购买车票方能出闸;如果乘客车票丢失需补票,补票要补全程费用,因为车票是乘客乘车的唯一凭证,没有车票无法证明乘客的乘车路径,所以只能补齐全程票价;车票已放在验票区,闸口却无法打开时,车票可能存在问题,乘客可以到票务中心分析车票。

9.2.2　车站服务人员的仪容仪表

(1)车站服务人员仪容仪表要求和禁忌具体见表9-3。

车站服务人员仪容仪表的要求和禁忌

表 9-3

分类	基本要求	禁忌
发型	(1)整齐利落、清洁清爽； (2)发长过肩的女性必须将头发束起，最好佩戴有发网的头饰，将头发挽于发网内，头花端正； (3)男性要剪短发，具体要求为：前发不附额，侧发不掩耳，后发不及领； (4)女性戴帽子时，应将刘海放入帽子内侧，帽徽应朝正前方，不得歪戴	(1)头发凌乱，染发过于明显、夸张； (2)留怪异发型； (3)女性员工长发遮挡脸部； (4)男性员工留长发、鬓角遮挡耳部
面容	(1)女性上岗应着淡妆，保持清洁的仪容，避免使用味道浓烈的化妆品； (2)男性应保持脸面洁净，不可留胡须； (3)适时保持亲切的笑容	(1)化浓妆或怪异妆； (2)工作时化妆； (3)使用味道浓烈的化妆品； (4)男员工留胡须
口腔	(1)保持牙齿、口腔清洁； (2)定期除掉牙齿上的尼古丁痕迹； (3)去除吸烟过多而引起的口腔异味	工作前食用葱、蒜、韭菜等带有刺激性气味的食物
指甲	(1)时刻保持指甲干净整齐，经常修剪； (2)只可涂肉色和透明色指甲油	(1)指甲过长； (2)使用指甲装饰品
配饰	(1)可以佩戴的饰品有风格简约的手表、婚戒(戒指不可过宽)、一对耳钉(女性)； (2)佩戴纯色镜架和无色镜片眼镜； (3)饰品应自然大方，不可过度明显夸张	(1)佩戴过分夸张和闪耀的饰物； (2)男员工佩戴耳部饰物
制服	(1)干净无褶皱； (2)领口、袖口要保持整洁干净，衬衫放在裤子里侧； (3)裤袋限放工作证等扁平物品或体积微小的操作工具，避免服装变形； (4)季节更替时，应按规定更换制服，不得擅自替换	(1)制服上有异味或污渍； (2)在套装和衬衫的胸袋内放入钱包、硬币等物品； (3)缺扣、立领、挽袖、挽裤
鞋袜	(1)穿着制服时应按规定穿黑色或深色的皮鞋，鞋面保持干净，黑色皮鞋配深色袜子； (2)女员工着裙装时，长袜颜色应选择与肌肤相贴近的自然色或暗色系中的浅色丝袜； (3)皮鞋应定期清洁，保持干净光亮	(1)穿极度磨损的鞋及露脚趾脚跟的鞋； (2)穿图案过多的袜子和浅色袜子
工牌	(1)挂绳式工号牌的照片和字面应朝向乘客，工号牌绳放在制服外侧； (2)非挂绳式工号牌应佩戴在制服左上侧兜口的正上方位置，工号牌左下角应抵住西服兜口边缘，并与地面保持水平； (3)佩戴党(团)徽时，应将党(团)徽佩戴于工号牌中上方	(1)胸牌上有装饰物； (2)胸牌有损坏； (3)胸牌上的名字模糊、褪色

（2）车站服务人员表情及举止要求。

①笑容。

要求车站服务人员时常带有善意、真诚、自信的微笑。

②眼神。

眼神是一种更含蓄、更微妙、更复杂的语言。让亲善的目光成为车站服务人员建立人格魅力的法宝。注意眼神礼仪，不能对陌生人长久盯视；眼睛眨动不要过快或过慢，不要轻易使用白眼、媚眼、斜眼、蔑视等不好的眼神。

③形体。

站、坐、走、鞠躬、引领等基本仪态及举手投足间，力求协调、昂扬、文明、美感；符合身份、情境的要求。

a. 站姿（图9-1）：要求头正、肩平、臂垂、躯挺、腿并，身体重心在脚掌、脚弓上，上体下肢是一条垂直线。

图9-1 站姿练习

图9-2 坐姿练习

b. 坐姿（图9-2）：要求精神、友好、自然、大方、优雅、轻松。坐下时，强调上身挺直，双膝不能分开。女生如若穿裙装入座，坐下时双手应捋一下裙子，按规范动作坐下。起立时，速度适中，既轻又稳。

c. 走姿：要求协调、昂扬、朝气、节奏感。强调眼睛平视、收腹、挺胸、面带微笑，充满自信和友善。走路时忌讳摇头晃脑，左摆右晃。行走时头要正、颈要直。男性重稳健、有力度；女性重弹性、轻盈。

d. 鞠躬（图9-3）：要求以良好的站姿为基础，双手在身前搭好，双眼注视对方，面带微笑。鞠躬时，以臀部为轴心，将上身挺直地向前倾斜，倾斜的角度一般是15°、30°、90°。目光随身体自然下垂到脚尖1.5m处，鞠躬完之后，再恢复到标准的站姿，目光再注视对方脸部。鞠躬的同时要问好，声音要热情、亲切。在城市轨道交通客运服务中鞠躬的倾斜角度以15°和30°为多。90°鞠躬多用于深度致歉、缅怀等情形。

图9-3 鞠躬练习

e. 手势:要求亲切、适度,如握手、介绍、引领、招手、递物、鼓掌等。

9.2.3 城市轨道交通客运服务语言

1)客运服务规范用语

(1)十字文明用语。请托语:"请";问候语:"您好";致谢语:"谢谢";道歉语:"对不起";告别语:"再见"。

(2)各岗位通用用语。

①当乘客询问时,应面带微笑:"您好,请讲!"

②对问路的乘客:"请走×号口。"(并配有五指并拢的指路动作)

③对重点乘客:得体的称呼+"我能帮助您吗?"

④纠正违章乘客:"对不起,请……"

⑤工作失误、对乘客失礼:"对不起,请原谅。"

⑥受到乘客表扬时:"这是我们应该做的,请多提宝贵意见。"

⑦受到乘客批评时:"对不起,谢谢。"

⑧乘客之间发生矛盾时:"请不要争吵,有问题我们可以商量解决。"

⑨对配合工作的乘客:"谢谢。"

⑩当乘客人多,要穿行时:"对不起,请让让路,谢谢。"

(3)检验票岗用语。

①对出示证件的乘客:"谢谢。"

②为特殊乘客开边门(或专用通道)放行:

a."请"。

b."对不起,请稍等"。

③对持票、卡却无法进/出闸机的乘客:

a.招呼语:"请……"。

b.接卡分析:"请稍等"。

④分析处理后:

a."对不起,卡已过期,请重新购票"。

b."请进/出站。"

c."请补/加×元。"

⑤发售免费出站票:"麻烦,请签字。"(同时递上签字本和处理好的车票)。

⑥对不会使用IC卡或磁卡的乘客:"靠近刷卡区即可""请按箭头方向插入"。

(4)站台岗用语。

①检查危险品时:"对不起,请您将包打开,谢谢。"

②安全宣传:

a."请站在安全线内候车。"

b."请不要拥挤,分散上车。"

③维持秩序:"请先下后上,排队上车。"

④对问询乘客:"您好,请讲"或"请……"。

（5）售票岗用语。
①售票窗口拥挤时："请大家按顺序排队,不要拥挤。"
②对所购车票有异议的乘客："对不起,请稍等。"
③对处理好车票："请拿好。"
④对充资及购储值票的乘客："请确认面值。"（并用手指向显示屏）。
2）城市轨道交通服务人员禁忌服务用语
（1）服务人员应做到：不讲有伤乘客自尊心的话；不讲有伤乘客人格的话；不讲怪话、埋怨乘客的话；不讲粗话、脏话、无理的话和讽刺挖苦的话。
（2）服务人员忌用：撞语、冷语、辩语。
（3）服务人员忌用：责难的语言、污蔑的语言、冷漠的语言、随意的语言。
（4）坚决杜绝客运服务中忌讳的五种服务态度：不热情的态度、不耐烦的态度、不主动的态度、不负责的态度、不尊重的态度。
3）车站服务人员的声音要求
（1）声音美。
声音在语言中的地位相当重要。语言情感的语音表现主要集中在有声语言上,以声传意,以声传情。谈吐礼仪要求人们在讲话时要用有魅力的声音,给人以美的享受。要使自己说话的声音充满魅力,起码要做到两点：一是要在乎自己说话的声音；二是每天不断地练习自己说话的声音,并应从以下几个方面坚持不懈地努力。
①音量大小适中。讲话时声音不宜过高,音量大到让人听清即可,明朗、低沉、愉快的语调最吸引人,放低声音比提高嗓门声嘶力竭地喊让人感到舒适。
②语调柔和。在社交场合中,一般以柔言谈吐为宜。尽可能使声音听起来柔和,避免粗厉尖硬的讲话,以理服人,而不是以声、以势压人。
③讲话速度快慢适中。应尽可能娓娓道来,给他人留下稳健的印象,也给自己留下思考的余地。
④抑扬顿挫。讲话时应注意音调的高低起伏、抑扬顿挫,以增强讲话效果。
⑤吐字清晰,声音清亮圆润,段落分明。讲话时应吐字清晰、段落分明,避免含糊其词、咬字不清和咬舌的习惯。宁可把讲话的速度放慢,也要把话说清楚。
⑥综合运用。要使自己的声音美,不仅指嗓音的动听甜美,更重要的是如何正确发音,使自己的语言保持抑扬顿挫的声调、快慢适中的速度,自然地表达丰富的思想感情。
（2）谈吐文雅。
①态度诚恳亲切。谈话文明礼貌的基本原则是尊重对方和自我谦让。谈话中要给对方认真、和蔼、诚恳的感觉。
②措辞要谦逊文雅。常用的敬语有"请""您""贵方"等。如"请您稍候""请帮我一下""请多关照""请留步"等。这些话中的"请"字不是多余的,多含有谦虚、尊重对方的意思,或使语气委婉。尤其是用在指令性的句子中会分外显得有礼貌,不生硬,有很好的语气调节作用。
（3）谈吐原则。
言谈应该遵循一定的规律和原则,做到言之有据、言之有理、言之有情、言之有文,才能使交谈达到理想的效果。

①明确的目的性原则。明确谈话目的,是取得成功交谈的前提条件。在客运服务中,一定要明确自己说话的目的是什么,切忌漫无目的地闲扯,被服务客户带偏。

②对象性和适应性原则。谈话要有强烈的对象意识,适应语言表达的环境,即适应语境,话因人异,客运服务人员所面对的服务对象来自各行各业,我们在进行语言服务时,要根据谈话对象的年龄、性别、职业、社会地位、文化知识水平及思想状况区别对待。

③分寸性原则。在客运服务过程中,客运服务人员与乘客谈话要有分寸,认清自己的身份,适当考虑措辞,哪些话该说,哪些话不该说,哪些话应该怎样说才能获得更好的交谈目的,是讲究谈话礼仪应注意的。同时,还要注意讲话尽量客观,实事求是,不夸大其词,不断章取义。讲话尽量真诚,要有善意,不说刻薄挖苦别人的话,不说刺激伤害别人的话。

9.3 乘客纠纷处理

城市轨道交通行业作为服务行业,制定了服务流程,加强了职工业务技能和服务技能的培训,转变了服务理念,服务质量有了较大的提高。但在工作中与乘客产生纠纷也是不可避免的事情,但这些纠纷发生后如果得不到及时调解和解决,将会严重影响到城市轨道交通行业在公众中的形象,有的甚至会影响社会的和谐。

9.3.1 端正态度,全心全意为乘客服务

1)端正态度

在客运服务工作中,只有端正了态度,才可以做到全心全意为乘客服务。因此,全体客运服务人员应做到主动、热情、诚恳、周到、文明、礼貌。

> **知识链接**
>
> 乘客满意度:乘客对其要求已被满足程度的感受,是乘客事后可感知的结果与事前的期望之间作比较后的一种差异函数。
>
> 乘客满意度是衡量出行质量和服务质量的一种综合性指标,是衡量城市轨道交通企业经营业绩的一个效益性指标,是衡量国民经济运行质量和趋势的一项新型的社会指标。
>
> "首问负责制":接待乘客问询时,作为被问到的第一个工作人员,首先,应该本着互助的精神,热情回答乘客的问询;其次,回答问话应耐心、细致、周到、详尽;再次,当被问到不了解的情况时,应向对方表示歉意,并帮助找其他人解答,绝不敷衍应付或信口开河。此外,如果乘客表示要投诉或乘客反映问题超出站务员的工作范围,首先应感谢乘客对我们工作的关心,并帮助寻找能解决问题的人,及时为乘客解决。

2)全面服务

(1)接待乘客要文明礼貌,纠正违章要态度和蔼,处理问题要实事求是。

(2)接待乘客热心,解决问题耐心,接受意见虚心,工作认真细心。

(3)主动迎送,主动扶老携幼、照顾重点,主动解决乘客困难,主动介绍乘车常识,主动征求乘客意见。

3)重点照顾

对老、弱、病、残、孕及怀抱婴孩或其他一些有特殊困难的人应重点照顾(在公共场所要处处礼让残疾人,尽可能为他们提供方便和帮助,但提供帮助应先征得他们的同意,等他们同意接受你的帮助并告诉你怎么做时再做)。

①满足乘客的特殊需要。

②解决乘客的特殊困难。

以上内容看似平凡,但要真正做到却不容易,服务人员只有发自内心、真诚地去为乘客服务,才能收到预期的效果。

9.3.2 现场纠纷处理

1)概念

现场服务纠纷是指服务人员在服务过程中与乘客发生争执,造成一定后果的服务质量问题。

2)分类

(1)按性质划分,服务纠纷可以分为一般服务纠纷和恶性服务纠纷。

①一般服务纠纷:指因处置服务矛盾不当,形成影响正常运营服务的服务纠纷。

②恶性服务纠纷:指造成恶劣影响的,造成乘客人身伤残或较大财物损失,造成车辆停驶、严重影响运营秩序的,矛盾激化、引起严重后果的服务纠纷。

(2)投诉分类。

①按乘客投诉内容分类。

a. 对员工服务态度的投诉。

b. 对设施设备的投诉。

c. 对公司政策的投诉。

②按乘客投诉方式分类。

a. 来信投诉。

b. 电话投诉。

c. 口头投诉。

d. 媒体上投诉。

③按乘客投诉信息来源分类。

a. 本单位接受的投诉。

b. 外单位转发的投诉。

④按责任承担方式分类。

a. 有责投诉:在服务中,由于员工服务、设备设施、环境卫生、治安、地铁政策等方面的不足或其他原因引起乘客投诉,造成一定程度负面影响或乘客利益损害,相关部门或人员负有责任的,称为有责投诉。

b. 无责投诉：属于乘客无理取闹的投诉。

3）乘客投诉处理原则与方法

（1）乘客投诉处理原则。

①投诉调查处理工作原则：及时、客观、公正。

②乘客投诉处理时把握四项原则：理解、克制、真诚、快捷。

③坚持处理彻底的原则：原因分析要彻底、责任分析要彻底、整改态度和措施要彻底。

（2）乘客投诉处理方法。

乘客投诉是指乘客通过一定方式或途径，对客运服务质量表示的不满或批评。采取及时、有效的应对方法，可以将乘客的不满降至最低，负面影响降至最小化。

①我们在处理乘客投诉之前，要弄清楚乘客为什么会投诉，搞清楚乘客的实际心理诉求，能帮我们更好地处理投诉事件。一般来说，乘客投诉原因主要有以下几点：

a. 设施设备故障影响出行。

b. 服务人员态度不好，服务质量有问题。

c. 乘客对轨道交通运营企业经营方式及策略不认同。

d. 乘客对轨道交通运营企业服务的衡量尺度与企业自身不同。

②正确对待乘客投诉。重视投诉，充分认识到在服务工作中投诉是不可避免的，通过投诉可以发现或暴露。

耐心倾听乘客投诉，有三大好处：

a. "让乘客说"是平息激动情绪的最好办法。

b. "耐心地倾听"是赢得乘客信任的最好办法。

c. 通过仔细地倾听，可以了解和掌握乘客的心理及事件的前因后果，为处理投诉提供有利的信息。

③开始对话。这是双方情感、思想的互动，是理智解决问题的开始。

④积极反映。

a. 向乘客表示尊重和友好。

b. 向乘客表示歉意。

c. 向乘客表示赞同。

d. 客观地复述事实。

e. 征询乘客意见。

f. 委婉地拒绝乘客的要求。

⑤不要推脱责任。

⑥认真做好记录。记录采用同一格式，记录何事、何人、何时、何地、原委以及事情经过。

⑦对投诉作出合理的处理。

⑧向乘客表示感谢。

（3）处理电话投诉。

应聚精会神地聆听投诉内容，以恰当的语气应答，同时做好记录。如果无法处理投诉，应尽快转交上级或委托人员跟进，无论投诉跟进情况如何，应给予乘客初步回复及定期汇报跟进情况。

(4)处理口头投诉。

应聚精会神地聆听投诉内容,认真做好记录,并以友善的目光与投诉者接触,切勿东张西望,敷衍了事,适当时做出简单的复述,以示了解问题所在。

面对发脾气的乘客,应耐心忍让,友善劝解和说服,语气亲切;乘客有过激行为时,员工应及时巧妙地化解,不得与乘客正面冲突。尊重乘客,妥善处理相关问题,禁止在公众场合因意见分歧而与乘客发生争吵。

 单元实训

1. 任务描述

有一乘客在轨道交通车站下车后,向站务员反映车厢内有人乞讨,站务员却说"我们又没办法。",引起乘客不满投诉。分析该站务员工作中存在的问题。如何处理该事件?

2. 任务目标

(1)培养学生提供优质服务的能力。

(2)培养学生理论应用于实践的能力。

3. 任务要求

(1)学员4人一组,分演车站不同岗位工种,按照演练步骤,根据本单元所学内容,制订本组演练方案,桌面演练应急处理情况。

(2)学生可反复演练,逐步完善演练效果。

(3)各组设置观察员1名,用摄像机、手机等视录设备将演练过程拍摄下来,使用观察清单记录和分析该小组演练问题及演练程序中关键点的时间把控程度。演练视频也是教师评价依据之一。

(4)演练后应对演练效果进行评价,并汇报说明演练中存在的问题,提出改进措施。

4. 任务实施与评估标准

(1)任务实施:能对乘客在地铁内一系列违规行为进行规范,遵循处理的规章规范,按照应急预案基本程序编制小组演练方案;依据演练方案完整有序地完成桌面演练;演练完毕做好自我评估总结和汇报。

(2)评估标准:演练方案思路清晰、程序正确完整;桌面演练准备得当,组织有力,分工明确,小组成员扮演各岗位的应急工作程序执行准确,节奏紧凑,动作和用语规范,预案关键点控制得当;本组演练总结客观全面,意见中肯,能发现本组演练中的问题和不足并提出改进意见,汇报话语流畅,表达准确、得体、清楚。

5. 检测评价

完成本次课程,根据同学在角色扮演中的表现,结合训练的要求,给予客观评分。

项目	类别		
	组员自评	小组自评	小组互评
团队和谐(10分)			
团队分工(15分)			
角色设置(10分)			

单元9　城市轨道交通客运服务

续上表

项目	类别		
	组员自评	小组自评	小组互评
工具使用(5分)			
规范使用工具(5分)			
处理程序(15分)			
处理技巧(15分)			
汇报效果(25分)			
总分(100分)			

 单元检测

一、单选题

1.城市轨道交通客运服务人员需具备以下素养:(　　)、主动服务行动、坚持主动学习、具备阳光心态。

　　A.主动服务意识　　B.主动沟通　　C.坚持主动巡岗　　D.具备良好心态

2.以下哪些是服务用语禁忌?(　　)

　　A.我不清楚　　B.请慢走　　C.非常抱歉　　D.请原谅

二、多选题

1.职业道德的价值在于(　　)。

　　A.有利于企业提高产品和服务的质量

　　B.可以降低成本、提高劳动生产率和经济效益

　　C.有利于协调职工之间及职工与领导之间的关系

　　D.有利于企业树立良好形象,创造著名品牌

2.下列属于乘客服务事务处理原则的是(　　)。

　　A.首问责任制原则　　　　　　　　B.现场处理原则

　　C.满意原则　　　　　　　　　　　D.百分之百回复原则

3.特殊重点乘客群体指(　　)。

　　A.老　　B.幼　　C.病　　D.残

三、判断题

1.满意原则是指在乘客处理乘客服务事务时,需迅速响应乘客的需求,必须满足乘客的全部需要。(　　)

2.值班站长负责本班员工开站工作,对本班车站运营全面负责,包括车站的票务、服务、行车、施工等方面所有的工作。(　　)

3.回答乘客问题时,可以用"对不起,我不知道"这样的服务用语。(　　)

4.调查发现有辱骂、训斥、殴打乘客或对乘客做出侮辱性动作、行为的行为属于有效投诉。(　　)

参 考 文 献

[1] 管莉军.城市轨道交通票务管理[M].北京:人民交通出版社股份有限公司,2018.
[2] 于涛.城市轨道交通票务管理[M].3版.北京:人民交通出版社股份有限公司,2023.
[3] 谢淑润,张美晴.城市轨道交通票务管理[M].北京:人民交通出版社股份有限公司,2021.
[4] 裴瑞江.城市轨道交通客运服务[M].3版.北京:机械工业出版社,2022.
[5] 刘菊美,韩松龄,广州轨道教育科技股份有限公司.城市轨道交通站务[M].北京:高等教育出版社,2022.